Chinese Conversation

이원준 편저

즉석에서 바로바로 활용하는

중국어회화
완전정복
2205

무료제공
MP3
www.bansok.co.kr

Bansok

즉석에서 바로바로 활용하는
중국어회화 완전정복 2205

저 자 이원준
발행인 고본화
발 행 반석출판사
2016년 12월 5일 초판 10쇄 인쇄
2016년 12월 10일 초판 10쇄 발행
반석출판사 www.bansok.co.kr
이메일 bansok@bansok.co.kr
블로그 blog.naver.com/bansokbooks

157-779 서울시 강서구 양천로 583번지 B동 904호
 (서울시 강서구 염창동 240-21번지 우림블루나인 비즈니스센터 B동 904호)
대표전화 02) 2093-3399 **팩 스** 02) 2093-3393
출 판 부 02) 2093-3395 **영업부** 02) 2093-3396
등록번호 제315-2008-000033호

Copyright ⓒ 이원준

ISBN 978-89-7172-585-6 (13720)

- 교재 관련 문의 : bansok@bansok.co.kr을 이용해 주시기 바랍니다.
- 이 책에 게재된 내용의 일부 또는 전체를 무단으로 복제 및 발췌하는 것을 금합니다.
- 파본 및 잘못된 제품은 구입처에서 교환해 드립니다.

즉석에서 바로바로 활용하는

중국어회화

완전정복
2205

머리말

중국이 멀지않아 국가총생산에서도 미국을 추월한다는 전망을 언론매체에서 자주 접하게 됩니다. 2003년만 해도 우리의 3배인 9.1%의 고도성장을 한 중국은 전세계에 차이나 충격을 던지고 있습니다. 중국은 멀지않아 우리에게 기회보다는 위협적인 존재로 보다 강하게 대두될 것입니다. 한마디로 우리의 밥줄에 톡톡히 한몫을 하고 있는 셈이고 이러한 의존 현상은 더욱 심화될 가능성이 높습니다. 이에, 우리나라의 미래에 중국은 커다란 비중을 차지하고 있으므로 중국어의 필요성은 더욱 클 것입니다.

또한, 중국어는 세계에서 가장 널리 사용되는 언어로 알려져 있습니다. 단순하게는 인구수가 많기 때문이지만, 여기에 경제력이 가세한다면 그 힘은 실로 어마어마할 것입니다.

따라서 이 책은 중국어 기초 정도의 실력을 가지고 회화를 막 시작하려는 학습자를 대상으로 일상생활, 여행 등에 기본적으로 쓰일 수 있는 회화 표현을 다음과 같은 특징으로 엮었습니다.

※ 중국어 초보자도 쉽게 접근할 수 있는 기본적인 회화 표현
※ 일상생활에서 흔히 접할 수 있는 4,000여 회화 표현 수록
※ 장면별 구성으로 어느 상황에서든 유용하게 쓸 수 있는 사전식 구성
※ 중국어 초보자도 가볍게 접근할 수 있도록 병음과 함께 한글로 발음 표기
※ 한권으로 중국어 초급회화에서 중급회화까지 마스터
※ 즉석에서 바로바로 활용할 수 있는 구성 및 기획서

이 책은 어떤 장면이나 상황에서도 중국어 회화를 가능한 정확하고 다양하게 익힐 수 있도록 체계적으로 배려하였습니다.

끝으로 이 책이 세상에 나오기까지 기획에서 편집, 제작에 이르기까지 정성을 다해 주신 여러 분들께 감사드립니다.

아무쪼록 이 책이 독자 여러분의 학습에 많은 도움이 된다면 더 이상 바랄 것이 없으며, 아낌없는 성원과 질정을 부탁드립니다.

2010. 4

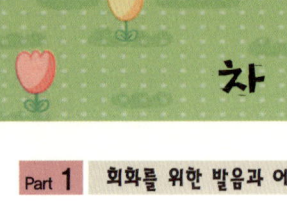

차 례

Part 1 회화를 위한 발음과 어법

01 중국어의 특징 ·········· 12
1. 중국어의 특징 12
2. 보통말(普通话) 13
3. 번체자와 간체자 13
4. 한어병음 14

02 중국어의 발음 ·········· 14
1. 운모(韵母) 14
2. 성모(声母) 16
3. 성조(声调) 17

03 중국어의 기초어법 ·········· 18
1. 중국어의 품사와 약어 18
2. 중국어의 문장성분 18
3. 의문문 20
4. 어기조사了와 동태조사了 21
5. 比를 이용한 비교문 22
6. 在와 有의 비교 23
7. 동작의 진행형 23
8. 会와 能의 비교 24

Part 2 자연스런 만남의 표현

01 일상적인 만남의 인사 ·········· 26
1. 아는 사람을 만났을 때 26
2. 안녕·건강에 대한 인사 28
3. 오랜만에 만났을 때 29
4. 안부인사를 할 때 31

02 처음 만났을 때의 인사 ·········· 32
1. 처음 만났을 때의 인사 32
2. 이름을 묻고 답할 때 34
3. 자신에 대해 소개할 때 35
4. 서로에 대해 알고 싶을 때 37

03 헤어질 때의 인사 ·········· 39
1. 자리를 뜨거나 헤어질 때 39
2. 떠나는 사람에게 40
3. 전화·연락 등을 바랄 때 41
4. 안부를 전할 때 42

Part 3 세련된 교제를 위한 표현

01 고마움을 나타낼 때 ··········
1. 고마움을 나타낼 때 44
2. 감사 표시에 대한 응답 45

02 사죄·사과를 할 때 ··········
1. 사과·사죄할 때 47
2. 실례할 때 48
3. 사과·사죄에 대한 응답 49

03 축하를 할 때 ··········
1. 축하할 때 50
2. 행운을 빌 때 51
3. 새해 인사를 할 때 52

04 초대를 할 때 ··········
1. 초대할 때 53
2. 초대에 응할 때 54
3. 초대를 거절할 때 55

05 방문을 할 때 ··········
1. 방문지에서 56
2. 대접을 할 때 57
3. 방문을 마칠 때 58
4. 방문을 마치고 떠나는 사람에게 59

06 약속을 할 때 ··········
1. 만남을 제의할 때 60
2. 약속 제의에 응답할 때 61
3. 약속 날짜와 시간을 정할 때 62
4. 약속 장소를 정할 때 63
5. 약속을 연기하거나 취소할 때 64

Part 4 유창한 대화를 위한 표현

01 질문을 할 때 ··········
1. 질문할 때 66
2. 질문에 응대할 때 68

02 응답을 할 때 ··········
1. 긍정·부정할 때 70
2. 의견이 마음에 들 때 71

Contents

- 동의·찬성할 때 72
- 반대할 때 73

맞장구를 칠 때 ······ 75
1. 맞장구칠 때 75
2. 부정의 맞장구 77

되물음과 이해를 나타낼 때 ······ 79
1. 되물을 때 79
2. 다시 말해달라고 할 때 80
3. 설명을 요구할 때 80
4. 이해를 확인할 때 81
5. 이해를 했을 때 82
6. 이해를 못했을 때 83

제안과 권유를 할 때 ······ 84
1. 제안할 때 84
2. 제안을 받아들일 때 86
3. 제안을 거절할 때 87
4. 권유할 때 88
5. 권유에 대한 응대 90
6. 권유의 감사에 대한 응대 90

부탁과 요구를 할 때 ······ 91
1. 부탁할 때 91
2. 부탁을 승낙할 때 93
3. 부탁을 거절할 때 94
4. 요청하거나 요구할 때 96
5. 바램을 나타낼 때 97

재촉하거나 여유를 말할 때 ······ 98
1. 말을 재촉할 때 98
2. 행동을 재촉할 때 99
3. 여유를 가지라고 말할 때 101

주의와 충고를 할 때 ······ 102
1. 주의를 줄 때 102
2. 충고할 때 103

5 거리낌없는 감정 표현

희로애락과 호불호 ······ 106
1. 기쁘거나 즐거울 때 106

2. 화가 날 때 108
3. 슬플 때 109
4. 좋아하는 것을 말할 때 110
5. 싫어하는 것을 말할 때 111

02 여러 가지 감정을 나타낼 때 ······ 112
1. 부끄러울 때 112
2. 유감스러울 때 113
3. 부러울 때 113
4. 질투할 때 114
5. 초조할 때 114
6. 무서울 때 115

03 걱정과 후회를 나타낼 때 ······ 116
1. 상대의 걱정을 물을 때 116
2. 걱정을 말할 때 118
3. 걱정을 위로할 때 118
4. 아쉬워할 때 120
5. 후회할 때 121

04 불만과 불평을 할 때 ······ 123
1. 짜증날 때 123
2. 귀찮을 때 125
3. 불평할 때 125
4. 불평·불만을 말릴 때 127

05 감탄과 칭찬을 할 때 ······ 128
1. 감탄할 때 128
2. 성과를 칭찬할 때 129
3. 외모를 칭찬할 때 130
4. 능력·재주를 칭찬할 때 132
5. 그밖에 칭찬의 표현 133
6. 칭찬에 대한 응답 134

06 비난과 화해를 할 때 ······ 135
1. 가볍게 비난할 때 135
2. 강하게 비난할 때 136
3. 비난에 대응할 때 137
4. 다툴 때 138
5. 꾸중할 때 140
6. 진정시킬 때 141
7. 화해할 때 142

Part 6 일상생활의 화제 표현

01 가족에 대해서 …………… 144
1. 가족에 대해 물을 때 144
2. 가족에 대해 대답할 때 145
3. 자녀에 대해 묻고 답할 때 147
4. 형제자매에 대해 말할 때 148

02 직장에 대해서 …………… 149
1. 직업을 묻고 말할 때 149
2. 직장을 묻고 말할 때 150
3. 출퇴근에 대해 말할 때 151
4. 근무에 대해 말할 때 151
5. 급료에 대해 말할 때 152
6. 휴가에 대해 말할 때 153

03 학교에 대해서 …………… 154
1. 학교·학생에 대해 말할 때 154
2. 학위와 전공에 대해 말할 때 155
3. 학교생활에 대해 말할 때 156

04 거주와 주거에 대해서 …………… 158
1. 고향에 대해 말할 때 158
2. 거주지를 물을 때 159
3. 집안의 시설을 물을 때 160

05 나이와 결혼에 대해서 …………… 161
1. 나이에 대해 물을 때 161
2. 나이에 대해 대답할 때 162
3. 생일에 대해 말할 때 163
4. 결혼에 대해 묻고 답할 때 164
5. 이혼·재혼에 대해 말할 때 165

06 취미에 대해서 …………… 166
1. 취미와 흥미를 물을 때 166
2. 취미와 흥미에 대해 대답할 때 167

07 여가와 오락에 대해서 …………… 169
1. 여가에 대해 물을 때 169
2. 유흥을 즐길 때 170
3. 오락을 즐길 때 172
4. 레저를 즐길 때 173
5. 여행을 즐길 때 174

08 예술과 문화생활에 대해서 …………… 1
1. 음악에 대해 말할 때 175
2. 그림에 대해 말할 때 176
3. 독서에 대해 말할 때 177
4. 영화와 연극에 대해 말할 때 178
5. 텔레비전에 대해 말할 때 180

09 건강과 스포츠에 대해서 …………… 1
1. 건강 상태를 말할 때 181
2. 건강 유지에 대해 말할 때 182
3. 스포츠를 화제로 할 때 184
4. 경기를 관전할 때 185

10 날씨와 계절에 대해서 …………… 1
1. 날씨를 물을 때 187
2. 날씨가 좋을 때 188
3. 날씨가 나쁠 때 188
4. 비가 내릴 때 189
5. 바람이 불 때 190
6. 사계절에 대해서 191

11 시간과 연월일에 대해서 …………… 1
1. 시각을 묻고 답할 때 193
2. 시간에 대해 말할 때 194
3. 일(日)을 말할 때 196
4. 요일을 말할 때 197
5. 월(月)과 년(年)에 대해 말할 때 1
6. 기간을 말할 때 199

12 미용과 세탁에 대해서 …………… 2
1. 이발소에서 200
2. 미장원에서 201
3. 세탁소에서 202

Part 7 통신과 교통에 관한 표현

01 전화를 걸고 받을 때 …………… 2
1. 전화를 걸기 전에 204

2. 전화를 걸 때 205
3. 국제전화를 걸 때 206
4. 전화를 받을 때 207
5. 용건을 물을 때 208
6. 전화를 끊을 때 209

전화 통화와 트러블 210
1. 통화중일 때 210
2. 전화를 바꿔줄 때 211
3. 전화를 달라고 부탁할 때 212
4. 전화를 잘못 걸었을 때 213

우체국과 은행을 이용할 때 214
1. 우체국을 이용할 때 214
2. 은행을 이용할 때 216

인터넷과 휴대폰을 이용할 때 217
1. 컴퓨터에 대해 말할 때 217
2. 인터넷에 대해 말할 때 218
3. 채팅에 대해 말할 때 219
4. 이메일에 대해 말할 때 220
5. 인터넷 쇼핑에 대해 말할 때 221
6. 휴대폰에 대해 말할 때 221

길을 묻고 답할 때 222
1. 길을 물을 때 222
2. 길을 잃었을 때 224
3. 길을 가리켜줄 때 225
4. 길을 잘 모를 때 226

대중교통을 이용할 때 227
1. 택시를 타기 전에 227
2. 택시를 탈 때 228
3. 택시에서 내릴 때 229
4. 시내·시외버스를 탈 때 230
5. 관광버스를 탈 때 231
6. 지하철역에서 232
7. 지하철을 탔을 때 233
8. 열차표를 구입할 때 235
9. 열차를 탈 때 236
10. 열차 안에서 237
11. 열차에서 트러블이 있을 때 238
12. 국내선 항공권을 예약할 때 239
13. 국내선 항공기 체크인과 탑승 239

07 자동차를 운전할 때 241
1. 자동차를 빌릴 때 241
2. 차종을 고를 때 242
3. 렌터카 요금과 보험을 물을 때 242
4. 차를 운전하면서 243
5. 주유·주차·세차를 할 때 245
6. 차가 고장났을 때 246

Part 8 여행과 출장에 관한 표현

01 출국 비행기 안에서 248
1. 좌석에 앉을 때까지 248
2. 기내 서비스를 받을 때 249
3. 면세품 구입과 몸이 불편할 때 250
4. 환승할 때 251
5. 페리(선박)를 이용할 때 252

02 공항에 도착해서 254
1. 입국심사를 받을 때 254
2. 짐을 찾을 때 256
3. 세관검사를 받을 때 257
4. 관광안내소에서 259
5. 포터를 이용할 때 260

03 호텔을 이용할 때 261
1. 체크인할 때 261
2. 방으로 들어갈 때 262
3. 룸서비스를 부탁할 때 264
4. 모닝콜과 전화를 할 때 265
5. 룸서비스가 들어올 때 266
6. 호텔내의 시설을 이용할 때 266
7. 방으로 들어갈 수 없을 때 268
8. 호텔에서의 트러블 269
9. 체크아웃을 준비할 때 271
10. 체크아웃할 때 272
11. 계산을 할 때 273

04 식당을 이용할 때 274
1. 식당을 찾을 때 274
2. 식당을 예약할 때 276
3. 자리에 앉을 때까지 278
4. 메뉴를 볼 때 279
5. 주문을 받을 때 280

6. 주문을 할 때 280
7. 먹는 법과 재료를 물을 때 282
8. 필요한 것을 부탁할 때 282
9. 디저트·식사를 마칠 때 283
10. 술을 주문할 때 284
11. 술을 마실 때 286
12. 요리가 늦게 나올 때 287
13. 주문을 취소하거나 바꿀 때 287
14. 요리에 문제가 있을 때 288
15. 패스트푸드를 주문할 때 289
16. 패스트푸드 주문을 마칠 때 291
17. 지불방법을 말할 때 292
18. 계산할 때 293

05 관광을 할 때 295
1. 시내의 관광안내소에서 295
2. 거리·시간 등을 물을 때 297
3. 투어를 이용할 때 297
4. 관광버스 안에서 299
5. 관광을 할 때 300
6. 관람을 할 때 301
7. 사진촬영을 허락받을 때 303
8. 사진촬영을 부탁할 때 304
9. 필름가게에서 305
10. 기념품점에서 306

06 쇼핑을 할 때 307
1. 쇼핑센터를 찾을 때 307
2. 가게를 찾을 때 308
3. 가게로 가고자 할 때 309
4. 가게에 들어갔을 때 309
5. 물건을 찾을 때 310
6. 구체적으로 찾는 물건을 말할 때 311
7. 물건을 고를 때 312
8. 색상을 고를 때 313
9. 디자인을 고를 때 313
10. 사이즈를 고를 때 314
11. 품질에 대해 물을 때 315
12. 값을 물을 때 316
13. 값을 흥정할 때 317
14. 구입 결정과 지불 방법 318
15. 포장을 부탁할 때 318
16. 배달을 부탁할 때 319
17. 배송을 부탁할 때 320
18. 구입한 물건을 교환할 때 321

19. 구입한 물건을 반품할 때 322
20. 환불과 배달사고 323

07 여행을 마치고 귀국할 때
1. 돌아갈 항공편을 예약할 때 324
2. 예약을 재확인할 때 325
3. 예약 변경과 취소를 할 때 326
4. 탑승수속을 할 때 326
5. 수하물을 체크할 때 327
6. 탑승안내 328

Part 9 긴급상황에 관한 표현

01 난처하거나 말이 통하지 않을 때
1. 난처할 때 330
2. 위급할 때 331
3. 중국어의 이해 332
4. 말을 못 알아들을 때 333
5. 통역과 한국어에 대해서 334

02 분실·도난을 당했을 때
1. 분실했을 때 335
2. 도난당했을 때 336
3. 경찰서에서 337

03 교통사고를 당했을 때
1. 교통사고를 당했을 때 338
2. 교통사고를 냈을 때 339
3. 사고 경위를 진술할 때 340

04 몸이 아플 때
1. 병원에서 341
2. 상태를 말할 때 342
3. 병의 증상을 물을 때 343
4. 내과에서 344
5. 신경외과에서 345
6. 외과에서 346
7. 안과·치과에서 347
8. 건강검진과 수술을 받을 때 348
9. 입원과 병문안을 할 때 349
10. 퇴원에 대해서 350
11. 약을 조제받을 때 351
12. 약을 구입할 때 352

회화를 위한 발음과 어법

1. 중국어의 특징
2. 중국어의 발음
3. 중국어의 기초어법

중국어는 매우 즐겁게 배울 수 있는 매력 있는 언어입니다. 무조건 어렵다고만 생각하지 말고 자신에게 맞는 공부방법을 찾아서 공부하는 것이 필요하다고 생각합니다. 여기서는 중국어를 공부하는 데 있어서 필수적인 중국어 특징과 함께 발음, 문장성분에 대한 개요를 간략하게 정리하여 학습자 여러분이 중국어 어법과 개념을 파악할 수 있도록 하였습니다.

중국어의 특징

Unit 1 중국어의 특징

1. 어순이 다르다.

중국어의 어순은 영어와 비슷하다. 예를 들어 「나는 학생입니다.」를 영어로는 「I am a student.(주어 + 동사 + 목적어)」로 중국어로는 「我是学生。(주어 + 술어 + 빈어)」로 표현한다.

2. 인칭이나 격에 따라 어형이 변하는 일이 없다.

예를 들면 「我」는 그 놓인 자리에 따라 주격(내가…)이 되기도 하고, 목적격(나를…), 소유격(나의…)이 되기도 한다.

3. 과거나 미래시제의 어미변화가 없다.

과거나 미래시제의 어미변화가 없어서 경험을 나타내는 동사가 붙어 앞뒤 문장을 보고 해석을 하게 된다.

4. 중국어에는 존칭어가 없다.

2인칭 你(너)의 존칭어인 您(당신)이 있을 뿐이며 우리말의 존칭을 나타내는 「…님」과 같은 어미가 없다.

5. 원칙적으로 중국어는 띄어쓰기를 하지 않는다.

6. 四声(사성)이라는 특별한 성조(声调)가 있다.

Unit 2 보통화(普通话)

표준 중국어를 중국에서는 흔히 보통화(普通话 pǔtōnghuà)라고 하며, 학교나 매스컴에 쓰는 말은 모두 보통어이다. 중국은 전체 인구의 94%를 차지하고 있는 한족(汉族)과 나머지를 차지하고 있는 55개 소수민족으로 구성된 다민족국가이다. 그렇기 때문에 「중국어」라고 하면 한족의 언어뿐만 아니라, 소수민족의 언어까지도 포함하는 말이 되므로, 중국에서는 그 구분을 위해서 한족의 언어를 「한어(汉语)」라고 부르고 있다. 물론 이는 방언까지를 포함한 말이지만, 좁은 뜻으로는 표준어의 개념으로 흔히 쓰인다. 따라서 우리가 습관적으로 중국어라 부르는 것이 바로 이 한어라 할 수 있다. 그런데 그 한어에도 수많은 방언이 있어서 하나의 표준적인 공통어가 필요하게 되었다. 그래서 북경어(베이징어)의 음을 표준음으로 하고, 북방어를 기초 어휘로 하며 전형적인 현대 백화문(白话文) 저작물을 토대로 문법적인 기준으로 하여 표준어가 제정되었는데, 이것을 오늘날 중국에서는 보통어라고 부르고 있다. 통상적으로 중국어를 한어라고도 하며, 포르투갈어로 번역되어 「만다린어(Mandarin)」라고도 한다.

Unit 3 번체자와 간체자

우리가 흔히 사용하는 한자를 중국에서는 번체자(繁体字)라 하고 이것을 단순화시킨 것을 간체자(简体字)라고 하여 중국 내의 모든 공식문서를 비롯하여 출판물에 사용하고 있다. 우리는 어릴 때부터 한자를 많이 접하여 중국어가 그다지 낯설지는 않지만 간혹 익숙지 못한 글자가 나타나기도 하는데, 이는 중국대륙에서 사용되는 간체자와 한국, 일본, 대만, 홍콩 등지에서 사용되는 번체자의 차이 때문이다. 중국 대륙은 1955년부터 1964년에 걸친 작업 끝에 2,238개 한자의 표기법을 통합 정리하고 간략화 하였다. 근래 중국 대륙과의 수교 이후 간체자를 이용하여 중국어를 익히고 있다.

중국어의 특징

Unit 4 한어병음

우리말이나 영어는 표음문자로써 글자만 보고도 정해진 규칙대로 발음할 수 있지만 한자는 표의문자로서 글자를 보고 의미를 짐작할 수는 있어도 발음하기는 힘들기 때문에 중국에서는 한자의 발음을 로마자로 표기하는 한자병음(汉语拼音)을 제정, 공포하여 좀더 쉽고 정확하게 음을 익힐 수 있게 하였다. 1958년에 한어병음방안(汉语拼音方案)에 따라 표음부호로서 공식 제정되어 표준말의 보급에 절대적인 공헌을 하고 있다. 흔히 汉拼으로 약칭하며, 알파벳 26자 중 「v」자를 제외한 25자와 특수모음 「ü」로 구성된다. 이는 애초에 중국어를 표의문자인 한자 대신에 표음문자인 라틴문자(로마자)로 바꿔 쓰기 위한 수단으로 개발된 것으로서, 몇 차례 수정 보완을 거쳐 병음자모로서 공식적으로 제정되기에 이르렀다.

Chapter 02 중국어의 발음

Unit 1 운모(韵母)

운모(韵母)란 우리말(표음문자)의 모음과 대체적으로 같은 것으로, 모두 16개의 일반운모와 22개의 결합운모로 이루어져 있다.

단 운 모	a	o	e	i	u	ü
복 운 모	ai	ei	ao	ou		
부성운모	an	en	ang	eng		
권설운모	er					

단운모 「i, u, ü」 및 이들과 결합하여 이루어지는 결합운모는 성모와 결합하지 않고 단독음절로 쓰일 때 「i, u, ü」는 각각 「yi, wu, yu」로 표기한다.

1. 단운모(单韵母)
운모 중 가장 기본이 되는 발음이며, 발음할 때 처음부터 끝까지 입 모양과 혀의 위치가 변하지 않는다.

2. 복운모(复韵母)
두개의 单韵母가 결합하여 이루어진 것으로, 입 모양과 혀의 위치는 발음을 시작할 때와 끝날 때가 각각 다르다.

3. 부성운모(附声韵母)
단운모에 비음운미(鼻音韵尾)인 「n·ng」가 결합하여 이루어진 것으로 입 모양과 혀의 위치는 시작할 때와 끝날 때가 각각 다르다.

4. 권설운모(卷舌韵母)
성모와 결합하지 않고 단독으로 쓰이거나, 때로는 병음의 끝에 붙어서 발음 변화를 일으키기도 한다.

■ 결합운모(结合韵母)
개운모인 「i·u·ü」와 결합하여 만들어진 복합운모를 말하는데 「i」와 결합된 것 8개, 「u」와 결합된 것 8개, 「ü」와 결합된 것 4개로 총 20개가 있다.

제치음 (齐齿音)	ya (ia)	ye (ie)	yao (iao)	you (iu)	yan (ian)	yin (in)	yang (iang)	ying (ing)
합구음 (合口音)	wa (ua)	wo (uo)	wai (uai)	wei (ui)	wan (uan)	wen (un)	wang (uang)	weng (ong)
촬구음 (撮口音)	yue (ue/üe)	yuan (uan)	yun (un)	yong (iong)				

중국어의 발음

Unit 2 성모(声母)

성모(声母)란 표음문자의 자음과 대체적으로 같은 것으로 발음 부위와 방법에 따라 다음과 같이 분류할 수 있다.

순 음(脣 音)	b	p	m	f
설첨음(舌尖音)	d	t	n	l
설근음(舌根音)	g	k	h	
설면음(舌面音)	j	q	x	
권설음(卷舌音)	zh	ch	sh	r
평설음(平舌音)	z	c	s	

성모 중에 「zh, sh, r, z, c, s」를 제외하고는 단음으로, 독립적으로 음을 나타낼 수 없으며 반드시 모음 앞에서 첫소리만 낸다.

1. **순음(脣音)**
   윗입술과 아랫입술, 또는 윗니와 아랫입술이 작용하여 내는 소리. 모두 「워」 음을 붙여서 읽는다.

2. **설첨음(舌尖音)**
   혀끝과 윗잇몸이 작용하여 내는 소리이다. 모두 「어」음을 붙여서 읽는다.

3. **설근음(舌根音)**
   혀뿌리와 여린입천장이 작용하여 내는 소리이다. 모두 「어」음이 붙어 발음한다.

4. **설면음(舌面音)**
   혓바닥과 경구개가 작용하여 내는 소리이다. 모두 「이」음이 들어간다.

5. **권설음(卷舌音)**
   혀끝 뒷편과 경구개가 작용하여 나는 소리이다. 모두 「으」음을 붙여 발음한다.

6. 평설음(平舌音)

혀끝과 윗니가 작용하여 내는 소리이다. 권설음에 상대하여 평설음이라고 한다. 발음할 때 혀를 펴고 해야 한다. 「i(으)」를 붙여 발음한다.

Unit 3 성조(声调)

1. 사성(四声)

중국어는 다른 언어와 다르게 특별한 높낮이를 가지며 네 가지로 구분해서 소리를 내는데 이것을 4성(四声)이라고 한다.
보통 성조를 표시할 때 그림과 같이 높낮이 구분을 한다. 여기서 중간음은 일반적인 대화를 할 때 자신이 내는 음의 높이를 말한다.
이 중간음을 기준으로 조금 높게 발음하면 고음, 즉 1성의 소리영역이 되고, 이 중간음에서 약간 낮게 발음하면 3성을 낼 수가 있다.

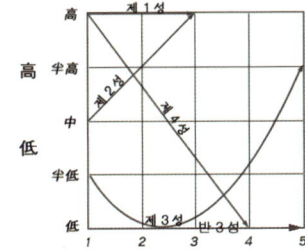

보통 말하는 톤은 개인마다 다르기 때문에 그 음역도 달라진다. 일반적으로 남자는 좀더 낮은 톤으로 여자는 높은 톤으로 발음하게 된다.

제1성은 높고 평탄하게 발음한다.
ā   mā   gē   yī   pāi   shān   guāng

제2성은 중간에서 높은 음으로 올리며 내는 소리이다.
má   péng   míng   lá   huí   yé   réng

제3성은 중저음에서 저음으로 내렸다가 다시 올라가면서 발음한다.
nǎi   yǎn   wǔ   zhǎng   nǐ   guǎng   yǔn

제4성은 짧고 세게 발음한다.
mài   kàn   shù   fàng   suàn   huì   yuè   yùn

중국어의 기초어법

Unit 1 중국어의 품사와 약어

구 분	중국어 품사명	略 语
명 사	名 词	(名)
대 명 사	代 词	(代)
동 사	动 词	(动)
조 동 사	能愿动词	(能动)
형 용 사	形 容 词	(形)
수 사	数 词	(数)
양 사	量 词	(量)
부 사	副 词	(副)
전 치 사	介 词	(介)
접 속 사	连 词	(连)
조 사	助 词	(助)
감 탄 사	叹 词	(叹)
의 성 어	拟声词	(拟声)
의 태 어	拟态词	(拟态)

Unit 2 중국어의 문장성분

1. **主语(주어)와 谓语(술어)**

   중국어도 한국어와 마찬가지로 문장에서 주어와 술어의 위치는 같고 문법적 의미도 같다.

   Nǐhǎo!
   예 你好! 안녕하세요!

18 회화를 위한 발음과 어법

Wǒ qù shūdiàn。
예) 我去书店。　나는 서점에 갑니다.

회화에서는 주어와 술어가 생략될 수 있다.

Nǐhǎo ma?
예) 你好吗？　안녕하세요?

(wǒ) hěn hǎo。
➡ (我)很好。　(저는) 네. '我' 주어가 생략

Shéi shì xuéshēng?
예) 谁是学生？　누가 학생이죠?

Tā。
➡ 他。　그 입니다. '是学生' 술어가 생략

2. 宾语 (목적어)

목적어는 주로 동사 뒤에서 동작이나 행위를 구체적이고 명확하게 해 준다.

Wǒ yǒu péngyǒu。
예) 我有朋友。　저는 친구가 있습니다.

Tā shì dàxuéshēng。
예) 他是大学生。　그는 대학생이다.

3. 定语 (한정어)

한정어는 주로 명사를 수식합니다. 한정어와 중심어 사이에는 조사 '的'를 붙인다.

Tā shì lǎoshī
예) 他是老师。　그는 선생님이다.

Wǒ de shū
예) 我的书。　나의 책이다.

명사가 중심어로 될 때는 '的'를 생략할 수 있다.

> Wǒ (de) gēge
> 예 我(的)哥哥。 저의 형님입니다.(친족 관계)

> Tā (de) jiā
> 예 他(的)家。 그의 집이다.

3. 状语(부사어)

부사어는 일반적으로 동사와 형용사를 수식하며 수식어 앞에 놓인다.

> Lǎoshī hěn máng
> 예 老师很忙。 선생님은 매우 바쁘시다.

> Tāmen dōu zǒu le
> 예 他们都走了。 그들은 모두 갔다.

Unit 3 의문문

1. 吗(ma)의 의문문

> Nín shì lǎoshī ma
> 예 您是老师吗? 당신은 선생님입니까?

2. 긍정, 부정 의문문

긍정과 부정을 같이 나열하여 선택하게 하는 방식이다.

> Nǐ de shū, shì bu shì
> 예 你的书，是不是? 당신 책입니까?

> Nǐ de shū, duì bu duì
> 예 你的书，对不对? 당신 책이 맞나요?

> Zhè yī běn shū, shì bu shì nǐ de
> 예 这一本书，是不是你的? 이 책은 당신 것입니까?

3. 의문대명사를 사용하는 의문문

의문대명사 '谁(shéi) 누구, 什么(shénme) 무엇, 怎么样(zěnmeyàng) 어떠한, 几(jǐ) 몇' 등을 이용합니다.

　　　Shéi shì nǐ de māma
예 谁是你的妈妈?　누가 당신의 어머니입니까?

　　　Jīntiān xīngqī jǐ
예 今天星期几?　오늘은 무슨 요일입니까?

3. 还是(hái shì)의 선택의문문

의문문을 제기한 사람이 두 개의 답이 나올 것이라는 예측을 했을 때를 이용하여 선택의문문을 만든다.

　　　Nǐ qù háishì búqù
예 你去还是不去?　당신은 갈 겁니까, 안 갈 겁니까?

3. 呢(ne)를 이용한 의문문

　　　Wǒ hěn hǎo , nǐ ne
예 我很好, 你呢?　나는 매우 좋아요, 당신은요?

4. 好吗(hǎo ma)의 의문문

　　　Wǒmen qù shāngdiàn , hǎo ma
예 我们去商店, 好吗?　우리 상점에 가는 것이 좋습니까?

 어기조사 了와 동태조사 了

어기조사는 문장 끝에서 어떤 사건이나 정황이 이미 발생한 것을 강조합니다. 그러나 동태조사는 동사의 끝에서 동작이 이미 완성되었거나 반드시 완성되는 것을 강조합니다.

1. 사건의 발생 - 어기조사 了(le)

Zuótiān nǐ qù nar le
예 昨天你去哪儿了？ 당신은 어제 어디 갔었습니까?

Wǒ qù xuéxiào le
예 我去学校了。 학교에 갔었습니다.

2. 동태조사 - 동작의 완성

Nǐ mǎi le shénme dōngxī
예 你买了什么东西？ 당신은 어떤 물건을 샀습니까?

Wǒ mǎi le yī jiàn yīfú
예 我买了一件衣服。 저는 옷 한 벌을 샀습니다.

Unit 5 比를 이용한 비교문

개사는 2개 사물의 성질, 특징을 비교할 수 있는데, 이것을 이용한 문장에서는 와 같은 정도부사를 넣을 수 있다.

Tā bǐ wǒ gāo
예 他比我高。 그는 나보다 크다.

Tā bǐ wǒ gāo de duō
➡ 他比我高得多。 그는 나보다 매우 크다.

Zhègè bǐ nàgè hǎo
예 这个比那个好。 이것은 그것보다 좋다.

Zhègè bǐ nàgè hǎo dé duō
➡ 这个比那个好得多。 이것은 그것보다 매우 좋다.

Unit 6 在와 有의 비교

1. 在(zài)는 문장의 주체가 어떤 장소에 존재함을 나타낸다.

   사람(사물) + 在 + 장소

   Tā zài jiālǐ
   예) 他在家里。 그는 집에 있다.

   Shū zài zhuōzǐ shàng
   예) 书在桌子上。 책이 책상 위에 있다.

2. 有(yǒu)는 어떤 장소에 사람이나 사물이 위치하고 있음을 의미한다.

   장소 + 有 + 사람(사물)

   Jiālǐ yǒu rén
   예) 家里有人 。 집에 사람이 있다.

   Zhuōzǐ shàng yǒu shū
   예) 桌子上有书 。 책상 위에 책이 있다.

Unit 7 동작의 진행형

1. 正在(zhèngzài)

   Wǒ zhèngzài kàn diànshì ní
   예) 我正在看电视呢。 지금 나는 텔레비전을 보고 있다.

2. 正(zhèng)

   Nǐ lái de zhènghǎo
   예) 你来的正好。 당신은 마침 잘 왔습니다.

3. 在(zài)

   Tā zài kànshū ne
   예) 他在看书呢。 그는 (지금)책을 보고 있다.

Unit 8 会와 能의 비교

1. 会(huì)는 일종의 능력을 표시한다.

　　　　Tā huì shuō hànyǔ
　예 他会说汉语。　그는 중국어를 할 줄 안다.

2. 能(néng)은 자연적인 능력을 표시한다.

　　　　Tā néng xué
　예 他能学。　그는 배울 수 있다.

문장성분	사용되는 품사	내　　용
주　어 (主语)	명사, 대명사	사람이나 사물을 가리키며 동작이나 존재의 주체를 나타낸다.
술　어 (谓词)	동사, 형용사	주어의 행위나 동작, 상태를 설명해 준다. 중국어의 가장 중요한 성분요소이다.
빈　어 (宾语)	명사, 대명사	목적어라고도 하며 동사술어 뒤에서 동작이나 행위를 명확히 나타낸다.
보　어 (补语)	동사, 형용사, 수량사, 부사	술어 뒤에서 술어를 W보충 설명해주는 구실을 한다.
상황어 (状语)	부사, 형용사,	술어 앞에서 상태, 시간, 정도, 장소 등을 수식하거나 제한하는 구실을 한다.
한정어 (定语)	형용사, 수량사, 명사, 대명사	주로 명사 앞에서 쓰여 그것을 수식하거나 제한하는 구실을 한다.

자연스런 만남의 표현

1. 일상적인 만남의 인사
2. 처음 만났을 때의 인사
3. 헤어질 때의 인사

중국인들은 인사할 때 우리처럼 고개를 숙이는 신체적인 행위는 하지 않습니다. 어떻게 보면 무성의해 보이기도 하나, 어떤 면에서는 참 간편한 인사법이라 할 수 있습니다. 일상생활에서 빈번히 쓰이는 기본적인 인사 표현은 충실히 익혀두어 자연스런 만남이 이루어지도록 합시다.

일상적인 만남의 인사

Key Point

손아랫사람에게는 你(nǐ)를 사용하고, 손윗사람에게는 您(nín)을 사용합니다. 您은 你의 경어표현이지만 실제 대화에서는 你로 사용을 해도 무방합니다. 중국에서는 일반적인 인사표현으로 你好(nǐhǎo)가 있으며, 이것은 하루종일 사용할 수 있는 인사입니다. 또한 아침인사를 早安(zǎoān) / 早上好(zǎoshànghǎo), 점심인사는 午安(wǔān), 저녁인사는 晚安(wǎnān) / 晚上好(wǎnshànghǎo)로 나누어 사용하기도 합니다.

Unit 1 아는 사람을 만났을 때

0001 안녕하세요?
你好。
Nǐ hǎo
니하오
* 3성이 두 번 이어질 경우에는 처음 3성은 2성으로 발음한다.

0002 안녕하세요?
您好。
Nín hǎo
닌하오
* 您은 你의 존칭으로 손윗사람에 인사할 때 쓰이지만, 실제로는 你好를 사용해도 무방하다.

0003 안녕하세요(안녕히 주무셨어요)?
你早。
Nǐ zǎo
니자오
* 아침에 만났을 하는 인사로 흔히 早만 쓰기도 한다.

0004 어디에 갑니까?
去哪儿啊?
Qù nǎ r a
취날아
* 자주 만나는 친한 사람일 경우에는 이처럼 상대가 현재 하고 있는 일을 화제로 하여 인사하는 경우가 많다.

자연스런 만남의 표현

0005 뭐 하러 가십니까?
干吗去呀?
Gàn má qù ya
깐마 취야

0006 뭐 하고 계십니까?
干吗呢?
Gàn má ne
깐마 너

0007 여기에 계셨군요.
你在这儿呢。
Nǐ zài zhè r ne
니 짜이 쩌너

0008 마침 잘 오셨습니다.
你来得正好。
Nǐ lái de zhèng hǎo
니 라이더 쩡하오

0009 잘 다녀오셨어요?
回来啦!
Huí lái la
후이라이라
* 외출을 마치고 집에 돌아오는 사람을 맞이할 때 하는 인사

0010 안녕하세요?
晚上好!
Wǎnshàng hǎo
완샹 하오
* 저녁에 만났을 때 하는 인사

0011 시간이 늦었습니다.
时候儿不早了。
Shí hòu r bù zǎo le
스허울 뿌자오러

0012 안녕히 주무세요.
晚安!
Wǎn ān
완안

※ 의문문을 만드는 방법
① 평서문 끝에 吗를 붙이면 의문문이 된다.
② 의문사를 사용한다. (什么, 哪, 哪儿 등)
③ 「긍정＋부정」을 하면 정반의문이 된다.
　(你是不是中国人?)
②와 ③의 경우에는 吗를 쓰지 않는다.

오늘 바쁘세요?
0013 **今天忙吗?**
Jīn tiān máng mǎ
진티엔 망마

 항상 똑같죠.
0014 **和往常一样。**
Hé wǎngcháng yī yàng
허왕챵 이양

 **Unit 2 안녕·건강에 대한 인사**

 요즘 어떻게 지냅니까?
0015 **最近怎么样?**
Zuì jìn zěn me yàng
쭈이진 쩐머양

*怎么(어떻게) 뒤에 부정어가 오면「왜, 어째서」의 뜻이 된다.
예) 你怎么不去? 어 왜 가지 않나?

 잘 지내세요?
0016 **还好吗?**
Hái hǎo mǎ
하이하오마

 예, 잘 지냅니다.
0017 **不错, 挺好的。**
Bú cuò tǐng hǎo de
부춰 팅 하오더

 건강은 어떠세요?
0018 **身体好了吗?**
Shēn tǐ hǎo le ma
션티 하오러 마

*몸이 아픈 친한 사람에게 하는 인사

 건강하세요?
0019 **你身体好吗?**
Nǐ shēn tǐ hǎo ma
니션티 하오마

※ 인칭대명사
1인칭 我(wǒ) 나
2인칭 你(nǐ) 당신, 너
　　　 您(nín) 你의 존칭
3인칭 他(tā) 그
　　　 她(tā) 그녀
　　　 它(tā) 사람이 아닌 생물·무생물

28 자연스런 만남의 표현

그리 좋지 않아요.
0020 **不是太好。**
Bú shì tài hǎo
부스 타이하오
*是 ~이다, 不是 ~이(가) 아니다

 별로 편하지 못합니다.
0021 **不太舒服。**
Bú tài shū fú
부타이 수푸

 그럭저럭 지냅니다.
0022 **马马虎虎。**
Mǎ mǎ hū hū
마마후후

 여전합니다.
0023 **还是老样子。**
Hái shì lǎo yàng zǐ
하이스 라오양쯔

 **Unit 3 오랜만에 만났을 때**

 오랜만입니다.
0024 **好久不见了。**
Hǎo jiǔ bù jiàn le
하오지우 부지엔러

몇 년 만이죠?
0025 **有几年了?**
Yǒu jǐ nián le
여우 지니엔러

 여전하군요.
0026 **你一点没变啊!**
Nǐ yì diǎn méi biàn a
니 이디엔 메이삐엔아

0027 오랜만이군요. 어떻게 지내세요?
好久不见，过得怎么样？
Hǎo jiǔ bù jiàn guò de zěn me yàng
하오지우 부지엔 꿔더 쩐머양
* 위의 표현은「어떻게 지냈어요?」라고 현재, 과거 표현 모두 가능하다.

0028 못 알아보게 변했군요.
都快认不出你了。
Dōu kuài rèn bù chū nǐ le
떠우콰이 런뿌추 니러
* 认出(rènchū) 분별하다, 식별하다 ↔ 认不出(rènbùchū)

0029 오랫동안 만나 뵙지 못했네요.
好久没有见面。
Hǎo jiǔ méi yǒu jiàn miàn
하오지우 메이여우 지엔미엔

0030 생각이 많이 났습니다.
挺想你的。
Tǐng xiǎng nǐ de
팅썅 니더

0031 어떻게 여기에 계십니까?
你怎么也在这儿？
Nǐ zěn me yě zài zhè r
니 쩐머예 짜이펄

0032 어떻게 여기에 오셨습니까?
你怎么到这儿来了？
Nǐ zěn me dào zhè r lái le
니 쩐머 따오펄 라이러

0033 너는 지금 어디에 있니?
你现在在哪儿呢？
Nǐ xiàn zài zài nǎ r ne
니 씨엔짜이 짜이날너

0034 예뻐지셨군요.
你变漂亮了。
Nǐ biàn piāo liàng le
니 삐엔 퍄오량러

많이 변하셨군요.
0035 **你变样了。**
Nǐ biànyàng le
니 삐엔양러

아직 거기에 사세요?
0036 **你家还住在那儿吗?**
Nǐ jiā hái zhù zài nà r ma
니쟈 하이 쭈짜이 날마

여기서 당신을 만나리라고는 생각지도 못했어요.
0037 **没想到能在这儿碰见你。**
Méi xiǎng dào néng zài zhè r pèng jiàn nǐ
메이샹따오 넝 짜이쩔 펑지엔니
*碰见 뜻밖에 우연히 만나다 / 没想到 생각지도 못하다, 뜻밖이다

정말 대단한 우연이군요.
0038 **真是挺巧的。**
Zhēn shì tǐng qiǎo de
전스 팅챠오더

Unit 4 안부인사를 할 때

가족 모두 안녕하신가요?
0039 **你家里人都好吗?**
Nǐ jiā lǐ rén dōu hǎo ma
니 쟈리런 떠우 하오마

부인께서도 안녕하시지요?
0040 **你的爱人也好吧?**
Nǐ de ài rén yě hǎo ba
니더 아이런예 하오바
*爱人 부인, 배우자 / 情人(qíngrén) 애인

당신의 아이는 어때요?
0041 **你的孩子怎么样?**
Nǐ de hái zi zěn me yàng
니더 하이즈 쩐머양

일상적인 만남의 인사 31

처음 만났을 때의 인사

Key Point

「자기소개」는 중국어로 自我介绍(zìwǒjièshào)라고 합니다. 초면에는 认识你好高兴 (rènshínǐhǎogāoxīng 만나서 반갑습니다), 请多指教(qǐngduōzhǐjiào 많이 가르쳐주세요, 잘 부탁합니다) 등의 표현을 자주 사용합니다.
소개할 때 주로 쓰이는 동사는 介绍(jièshào)이며, 여기서 「주다」라는 뜻을 가진 동사 给(gěi)가 「~에게」라는 전치사로 쓰이는 것에 주의합시다.

Unit 1 처음 만났을 때의 인사

0042
제 소개부터 하겠습니다.
我先自我介绍一下儿。
Wǒ xiān zì wǒ jiè shào yī xià r
워 씨엔 쯔워지에샤오 이 샬

0043
처음 뵙겠습니다. 잘 부탁합니다.
初次见面请多关照。
chū cì jiàn miànqǐng duō guānzhào
추 츠 지엔미엔 칭뚜오 꾸안자오

0044
저야말로 잘 부탁드립니다.
我请您多关照。
wǒ qǐng nín duō guānzhào
워칭닌 뚜오꾸안자오

0045
만나서 반갑습니다.
见到你很高兴!
Jiàn dào nǐ hěn gāo xīng
지엔따오 니 헌까오싱

0046
전부터 들어 잘 알고 있습니다.
久仰久仰。
Jiǔ yǎng jiǔ yǎng
지우양 지우양

32 자연스런 만남의 표현

0047 성함은 많이 들었습니다.
久闻大名。
Jiǔ wén dà míng
지우원 따밍

0048 당신을 만나서 저도 무척 기쁩니다.
认识你我也很高兴!
Rèn shí nǐ wǒ yě hěn gāo xīng
런스니 워예 헌까오씽

* 也 ~도

0049 알게 되어 기쁩니다.
认识你很高兴。
Rèn shí nǐ hěn gāo xīng
런스니 헌까오씽

* 영어의 Nice to meet you.의 번역. 일반적으로 중국인 사이에서는 你好만으로 인사하는 경우가 많다.

0050 뵙게 되어 영광입니다.
能认识您我感到很荣幸。
néng rèn shí nín wǒ gǎn dào hěn róng xìng
넝런스닌 워깐따오 헌롱씽

0051 앞으로 잘 부탁드립니다.
今后，请多帮助。
Jīn hòu qǐng duō bāng zhù
찐허우 칭뚸빵쭈

0052 우린 어디서 본 것 같은데요.
我们好像在哪儿见过。
wǒ mén hǎo xiàng zài nǎ r jiàn guò
워먼 하오샹 짜이날 지엔꿔

0053 이전부터 아는 사이입니까?
以前你们认识吗?
yǐ qián nǐ mén rèn shí mǎ
이치엔 니먼 런스마

0054 우리들은 벌써 아는 사이입니다.
我们早就认识。
wǒ mén zǎo jiù rèn shí
워먼 자오지우 런스

처음 만났을 때의 인사

Unit 2 이름을 묻고 답할 때

0055 성함이 어떻게 되십니까?
您贵姓?
Nín guì xìng
닌꾸이씽

0056 당신의 이름은 무엇입니까?
你的名字是什么?
Nǐ de míng zì shì shén me
니더밍쯔 스션머
*什么 무엇

0057 존함을 여쭤도 되겠습니까?
请问你的尊姓大名?
Qǐng wèn nǐ de zūn xìng dà míng
칭원 니더 쭌싱따밍

0058 저는 장군이라고 합니다.
我叫张军。
Wǒ jiào Zhāng jūn
워쟈오 장쥔
*叫 ~라고 부르다

0059 저는 성이 왕이고, 왕력이라고 합니다.
我姓王, 叫王力。
Wǒ xìng wáng   jiào Wáng lì
워씽왕   쟈오왕리

0060 이것은 제 명함입니다.
这是我的名片。
Zhè shì wǒ de míng piàn
쩌스 워더 밍피엔

0061 잘 부탁드립니다.
请多关照。
Qǐng duō guānzhào
칭뚜어꽌쟈오
*请 상대방에게 어떤 일을 부탁하거나 권할 때 쓰는 경어이다.

34 자연스런 만남의 표현

저 분은 누구입니까?
那位是谁?
Nà wèi shì shéi
나웨이 스쉐이
*位는 양사로 쓰일 때는 「분」을 나타낸다.

그의 성은 무엇입니까?
他姓什么?
Tā xìng shén me
타씽 션머

그의 이름은 무엇입니까?
他叫什么名字?
Tā jiào shén me míng zì
타쟈오 션머밍즈

그는 누구입니까?
他是谁?
Tā shì shéi
타스쉐이

 ## 자신에 대해 소개할 때

제 소개를 할까요?
我能介绍自己吗?
Wǒ néng jiè shào zì jǐ mǎ
워넝 지에샤오 쯔지마
*介绍 소개하다, 중매하다, 소개, 설명

제 소개를 하겠습니다.
我介绍一下自己。
Wǒ jiè shào yī xià zì jǐ
워 지에샤오이샤 쯔지

저희 집은 대(소)가족입니다.
我家是个大(小)家族。
Wǒ jiā shì gè dà xiǎo jiā zú
워쟈 스거 따(쌰오)쟈주

0069 저는 부모님과 함께 살고 있습니다.
我跟父母一起过。
Wǒ gēn fù mǔ yī qǐ guò
워껀푸무 이치궈
*一起 함께

0070 전 독자입니다.
我是个独生子
Wǒ shì gè dú shēng zǐ
워스거 두셩즈

0071 전 장남입니다.
我是长子。
Wǒ shì cháng zǐ
워스창즈

0072 전 맏딸입니다.
我是长女。
Wǒ shì cháng nǚ
워스 창뉘

0073 전 아직 독신입니다.
我还是单身。
Wǒ hái shì dān shēn
워 하이스 딴션
*还 아직

0074 두 분이 서로 인사 나누셨습니까?
你们俩打过招呼了?
Nǐ men liǎ dǎ guò zhāo hū le
니먼랴 따궈 쟈오후러

0075 이쪽은 제 동료인 왕문입니다.
这是我同事王文。
Zhè shì wǒ tóng shì Wángwén
쩌스 워퉁스 왕원

0076 저는 왕문이고 이쪽은 제 아내입니다.
我叫王文，这是我妻子。
Wǒ jiào Wángwén zhè shì wǒ qī zǐ
워쟈오 왕원 쩌스 워치즈

36 자연스런 만남의 표현

0077 전에 한번 뵌 적이 있는 것 같습니다..
我们好像见过一面。
Wǒ men hǎo xiàng jiàn guò yī miàn
워먼 하오썅 지엔꿔 이미엔
*好像 ~같다

0078 저 사람이 바로 당신이 늘 말하던 그 사람입니까?
他就是您常提起过的那个人吗?
Tā jiù shì nín cháng tí qǐ guò de nà gè rén mǎ
타지우스 닌창 티치궈더 나거런마

0079 오래 전부터 한번 찾아뵙고 싶었습니다.
久仰大名，早就想拜见您。
Jiǔ yǎng dà míng zǎo jiù xiǎng bài jiàn nín
지우 양따밍 자오지우 썅 빠이지엔닌

0080 우린 여러 번 당신 이야길 했었지요.
我们常常谈起您。
Wǒ men cháng cháng tán qǐ nín
워먼 창창 탄치닌

0081 선생님 말씀 많이 들었습니다.
我常听人提起先生您。
Wǒ cháng tīng rén tí qǐ xiān shēng nín
워창 팅런 티치 씨엔셩닌

Unit 4 서로에 대해 알고 싶을 때

0082 저는 샘 실업에 근무하고 있습니다.
我在清泉实业工作。
Wǒ zài qīng quán shí yè gōng zuò
워짜이 칭쳰스예 꿍쭈오
*在 ~에게 있다, ~에서

0083 우리 좋은 친구가 되었으면 합니다.
希望我们能够成为好朋友。
Xī wàng wǒ men néng gòu chéng wéi hǎo péng yǒu
시왕 워먼 넝꺼우 쳥웨이 하오펑여우

처음 만났을 때의 인사 37

0084 명함 한 장 주시겠어요?
能给我一张名片吗?
Néng gěi wǒ yī zhāng míngpiàn mǎ
넝게이워 이짱 밍피엔마

0085 이건 제 명함입니다.
这是我的名片。
Zhè shì wǒ de míngpiàn
쩌스 워더 밍피엔

0086 만나서 매우 반가웠습니다.
见到您太高兴了。
Jiàn dào nín tài gāo xīng le
지엔따오닌 타이 까오씽러

0087 어디서 오셨습니까?
您从什么地方来?
Nín cóng shén me dì fāng lái
닌 총 션머띠팡 라이
*从 ~로부터

0088 고향이 어디십니까?
您老家是哪里?
Nín lǎo jiā shì nǎ lǐ
닌 라오쟈 스 나리
*老家 고향

0089 어느 나라 분이십니까?
请问您是哪国人?
Qǐngwèn nín shì nǎ guó rén
칭원 닌스 나궈런

0090 저는 한국 사람입니다.
我是韩国人。
Wǒ shì hán guó rén
워 스 한궈런

0091 앞으로 많은 부탁드립니다.
今后，请多帮助。
Jīn hòu qǐng duō bāng zhù
진허우 칭뚸 방주

자연스런 만남의 표현

헤어질 때의 인사

Key Point

일반적으로 再见(zàijiàn)을 많이 사용하지만, 상황에 따라 사용되는 인사표현은 매우 다양합니다. 再见은 말 그대로 '다시 만납시다'라는 의미를 가지고 있습니다. 특히 연인간의 이별을 뜻할 수도 있기 때문에 사용에 주의해야 합니다. 초대를 받은 곳에서의 分手(fēnshǒu) 작별인사는 주인 측에서는 慢走(mànzǒu), 我陪送你吧(wǒ péisòng nǐ ba) 등의 표현이 있고, 손님 측에서는 请留步(qǐng liúbù), 我太感谢你的招待(wǒ tài gǎnxiè nǐ de zhāodài) 등의 표현이 있습니다.

Unit 1 자리를 뜨거나 헤어질 때

 먼저 실례하겠습니다.
0092 我先告辞了。
Wǒ xiān gào cí le
워 씨엔 까오츠러

 먼저 가보겠습니다.
0093 我先回去了。
Wǒ xiān huí qù le
워 씨엔 훼이취러

 저는 이만 실례하겠습니다.
0094 我马上要回去了!
Wǒ mǎ shàng yào huí qù le
워 마샹 야오 훼이취러

 이만 일어서겠습니다.
0095 我先失陪了。
Wǒ xiān shī péi le
워 씨엔 스페이러

 안녕히 계세요(가세요).
0096 再见!
Zài jiàn
짜이지엔
*헤어질 때의 인사

내일 봐요.
0097 明天见。
Míng tiān jiàn
밍티엔 지엔
*昨天 어제 ← 今天 오늘 → 明天 내일

나중에 봐요.
0098 回头见。
Huí tóu jiàn
후이터우 지엔

나중에 또 만납시다.
0099 咱们后会有期!
Zán men hòu huì yǒu qī
짠먼 허우후이 여우치

나중에 기회가 있으면 다시 만날 수 있기를 바랍니다.
0100 希望以后有机会再见!
Xī wàng yǐ hòu yǒu jī huì zài jiàn
씨왕 이허우 여우지후이 짜이지엔

Unit 2 떠나는 사람에게

조심해 가세요.
0101 请慢走。
Qǐng màn zǒu
칭 만저우

시간이 있으면 자주 오세요.
0102 有空常来。
Yǒu kōng cháng lái
여우콩 창 라이
*空 (시간 등을) 내다

시간이 있으면 놀러 오세요.
0103 有时间过来玩。
Yǒu shí jiān guò lái wán
여우스지엔 꿔라이완

0104 나중에 다시 만났으면 좋겠어요.
希望还能见面。
Xī wàng hái néng jiàn miàn
씨왕 하이넝 지엔미엔

0105 도착하면 편지 주세요.
到了以后给我来封信。
Dào le yǐ hòu gěi wǒ lái fēng xìn
따오러 이허우 게이워 라이펑씬

0106 성공을 빌겠습니다.
祝你成功。
Zhù nǐ chénggōng
쭈니 청꿍

＊祝 빌다, 축하하다, 축원하다

0107 즐거운 여행이 되세요.
祝你旅游愉快!
Zhù nǐ lǚ yóu yú kuài
쭈니 뤼여우 위콰이

0108 몸조심하세요.
保重身体。
bǎo zhòng shēn tǐ
바오중 션티

Unit 3 전화·연락 등을 바랄 때

0109 가끔 전화 주세요.
请常来电话。
Qǐng cháng lái diàn huà
칭 창라이 띠엔화

0110 얘기 즐거웠어요.
跟你谈话真愉快。
Gēn nǐ tán huà zhēn yú kuài
껀니 탄화 쩐 위콰이

＊跟은 개사로 쓰일 때 「~(에)게」의 뜻으로 동작과 관계되는 대상을 이끌어 낸다.

헤어질 때의 인사 41

조만 간에 또 놀러 오세요.
0111 请您找机会再来。
Qǐng nín zhǎo jī huì zài lái
칭닌 자오지후이 짜이라이

나중에 저희 집으로 초대하고 싶은데요.
0112 我想请您到我家做客。
Wǒ xiǎng qǐng nín dào wǒ jiā zuò kè
워쌍 칭닌 따오워쟈 쭤커

종종 연락할게요.
0113 我会常跟您联系。
Wǒ huì cháng gēn nín lián xì
워후이창 껀닌 리엔씨

Unit 4 안부를 전할 때

당신 가족에게 제 안부 전해 주세요.
0114 请给你的家人带个好。
Qǐng gěi nǐ de jiā rén dài gè hǎo
칭 게이 니더 쟈런 따이거 하오
*请给 ~해 주세요

아무쪼록 가족들에게 안부 부탁합니다.
0115 拜托您给您的家人带个好。
Bài tuō nín gěi nín de jiā rén dài gè hǎo
바이퉈 닌 게이 닌더 쟈런 따이거 하오

어머님께 안부 전해 주세요.
0116 向你母亲问好。
Xiàng nǐ mǔ qīn wèn hǎo
썅 니무친 원하오
*母亲 어머니 ↔ 父亲(fùqīn) 아버지

당신 아내에게 안부 전해 주세요.
0117 请给您夫人带个好。
Qǐng gěi nín fū rén dài gè hǎo
칭 게이 닌푸런 따이거 하오

세련된 교제를 위한 표현

1. 고마움을 나타낼 때
2. 사죄·사과를 할 때
3. 축하를 할 때
4. 초대를 할 때
5. 방문을 할 때
6. 약속을 할 때

중국인과 세련되고 예의바른 교제를 원한다면 이 장에서 소개되는 감사, 사죄, 방문 등의 표현을 잘 익혀두어야 합니다. 식사 초대는 중국인에게 있어서 최고의 호의이므로 받아들이는 것이 좋으며, 초대에 참석할 때는 주인의 안내를 따르는 것이 예의입니다. 방문할 때는 반드시 주인에게 감사 표시를 해야 합니다.

Chapter 1 고마움을 나타낼 때

Key Point

상대의 행위나 배려에 고마움을 표현할 때 谢谢(xièxie) 하나만 알고 있는 경우가 많습니다. 다양한 표현법을 익히고 무엇에 대한 감사인지 덧붙여서 말하는 습관을 들이도록 합시다. 참고로 중국인은 선물을 주고받는 것을 무척 좋아합니다. 만약 여러분이 중국인을 만날 기회가 있다면 선물을 준비해두는 것도 빨리 친해지는 한 방법이 될지도 모릅니다.

Unit 1 고마움을 나타낼 때

0118
감사합니다.
谢谢!
Xiè xie
씨에시에

0119
도와주셔서 고맙습니다.
很感谢你对我的帮助。
Hěn gǎn xiè nǐ duì wǒ de bāng zhù
헌 깐씨에 니 뚜이 워더 빵주

0120
대단히 감사합니다.
非常感谢。
Fēi cháng gǎn xiè
페이창 깐씨에

0121
수고하셨습니다.
您辛苦了。
Nín xīn kǔ le
닌 씬쿠러
* 남에게 일을 부탁하거나 노고를 위로할 때 쓰는 인사말

0122
대단히 감사드립니다.
太谢谢你了。
Tài xiè xie nǐ le
타이 씨에시에 니러

0123 배려에 감사드립니다.
谢谢您的关心。
Xiè xie nín de guān xīn
씨에시에 닌 더 꽌씬

0124 호의에 감사드립니다.
谢谢你的好意。
Xiè xie nǐ de hǎo yì
씨에시에 니 더 하오이

0125 폐가 많았습니다.
太麻烦你了。
Tài má fán nǐ le
타이 마판니러

* 麻烦 귀찮게(번거롭게) 하다, 성가시게 굴다, 부담을 주다, 폐를 끼치다

0126 어떻게 감사를 드려야 할지 모르겠습니다.
我真不知道怎么感谢您才好。
Wǒ zhēn bù zhī dào zěn me gǎn xiè nín cái hǎo
워 전 뿌즈따오 쩐머깐씨에 닌 차이 하오

Unit 2 감사 표기에 대한 응답

0127 별말씀을 다 하십니다.
不用客气。
Bú yòng kè qì
뿌융 커치

* 客气 예의가 바르다, 정중하다

0128 감사할 필요까지야.
不用谢。
Bú yòng xiè
뿌융 씨에

0129 천만의 말씀입니다.
哪里哪里。
Nǎ lǐ nǎ lǐ
나리 나리

0130 그러실 필요까지 없습니다.
你太见外了。
Nǐ tài jiàn wài le
니 타이 지엔와이러

0131 괘념치 마십시오.
请不要张罗。
Qǐng bú yào zhāng luo
칭부야오 장루어

0132 별것 아닙니다.
没什么。
Méi shén me
메이 션머

0133 감사합니다. 그럼 사양하지 않겠습니다.
谢谢。 那，我就不客气了。
Xiè xie   nà   wǒ jiù bù kè qì le
씨에시에   나   워 지우 부커치러

※ 不客气 1. 무례하다, 버릇없다. 2. 사양하지 마세요. 3. 천만에요, 원 별말씀을요

0134 잘 먹었습니다.
谢谢你的款待！
Xiè xie nǐ de kuǎn dài
씨에시에 니더 콴따이

0135 도움이 되어 다행입니다.
能帮上忙，我很高兴。
Néng bāng shàng máng   wǒ hěn gāo xīng
넝 빵샹망   워 헌 까오씽

※ 帮 돕다, 거들어 주다

46 세련된 교제를 위한 표현

사죄·사과를 할 때

Key Point

서로 다른 사고방식을 가진 사람들 사이에서의 대화에서 오해나 충돌이 생길 때가 많습니다. 실수를 하거나 잘못을 구할 때 일반적으로 가장 많이 쓰이는 표현으로는 对不起(duìbùqǐ)가 있습니다. 그밖에 抱歉(bàoqiàn) / 过意不去(guòyìbùqù) / 不好意思(bùhǎoyìsi) 등의 사죄 표현도 잘 익혀두도록 합시다.

Unit 1 사과·사죄할 때

0136 미안합니다.
对不起。
Duì bù qǐ
뚜이부치

0137 정말로 죄송합니다.
实在对不起。
Shí zài duì bù qǐ
스짜이 뚜이부치

0138 죄송합니다.
很抱歉。
Hěn bào qiàn
헌 빠오치엔

0139 폐를 끼쳐 드렸습니다.
给您添麻烦了。
Gěi nín tiān má fán le
게이닌 티엔 마판러

0140 늦게 와서 죄송합니다.
对不起，我来晚了。
Duì bù qǐ wǒ lái wǎn le
뚜이부치 워 라이 완러

용서해주십시오.
请您原谅!
Qǐng nín yuánliàng
칭닌 위엔량

부디 양해해 주십시오.
请原谅。
Qǐngyuánliàng
칭 위엔량

제가 잘못했습니다.
是我不对。
Shì wǒ bù duì
스워 부뚜이

오래 기다리게 해서 죄송합니다.
对不起, 让您久等了。
Duì bù qǐ　　ràng nín jiǔ děng le
뚜이부치　　랑닌 지우떵러

＊对不起는 사죄할 때 쓰이는 말로 우리말의 「미안합니다」에 해당한다.

폐가 많았습니다.
让您费心了。
Ràng nín fèi xīn le
랑닌 페이씬러

Unit 2　실례할 때

실례합니다.
借光借光。
Jiè guāng jiè guāng
지에꽝 지에꽝

＊위의 표현은 길을 비켜달라고 할 때 쓰이는 말이다.

미안합니다. 말씀 중에 실례합니다.
对不起, 我说一句。
Duì bù qǐ　　wǒ shuō yī jù
뚜이부치　　워숴 이쥐

Unit 3 사과·사죄에 대한 응답

0148 괜찮습니다.
没关系。
Méi guān xì
메이꽌씨
*没关系 1. 관계가 없다 2. 괜찮다, 문제없다, 염려 없다

0149 마음에 두지 마십시오.
你不必担心。
Nǐ bù bì dān xīn
니 부비 딴씬

0150 천만에요.
不用谢。
Bù yòng xiè
뿌용 씨에

0151 사양하지 마세요.
你不要客气。
Nǐ bù yào kè qì
니 뿌야오 커치
*客气 예의가 바르다, 정중하다

0152 개의치 마세요.
您别介意。
Nín bié jiè yì
닌 비에 지에이

0153 사과하실 필요가 없습니다.
你不用陪礼。
Nǐ bù yòng péi lǐ
니 부용 페이리
*陪礼 사과하다, 유감을 표하다

0154 피차일반입니다.
彼此, 彼此。
Bǐ cǐ bǐ cǐ
비츠 비츠

사죄·사과를 할 때

축하를 할 때

Key Point

축하할 일에 문장 앞에 祝(zhù)를 자주 붙여 사용하며, 이 祝은 「축하(祝贺 zhùhè)한다」는 의미와 「~하기를 기원한다(祝愿 zhùyuàn)」라는 의미를 나타냅니다. 또한 恭喜(gōngxǐ)라는 표현도 많이 사용하는데, 이 표현은 중첩하여 恭喜恭喜(gōngxǐgōngxǐ)로 더 많이 사용합니다. 새해나 명절에 쓰이는 표현은 관용화되어 있으므로 잘 익혀둡시다.

Unit 1 축하할 때

0155 축하합니다.
祝贺你。
Zhù hè nǐ
쭈 허 니

0156 축하드립니다.
恭喜恭喜。
Gōng xǐ gōng xǐ
꽁씨 꽁씨
*恭喜 축하하다

0157 생일 축하합니다.
祝你生日快乐。
Zhù nǐ shēng rì kuài lè
쭈 니 셩르 콰이러

0158 취직을 축하드립니다.
祝贺你参加工作!
Zhù hè nǐ cān jiā gōng zuò
쭈 허 니 찬쟈 꽁쭤

0159 승진을 축하합니다.
恭喜你升职!
Gōng xǐ nǐ shēng zhí
꽁씨 니 셩즈

50 세련된 교제를 위한 표현

대학 합격을 축하합니다.
0160 祝贺你考上大学。
Zhù hè nǐ kǎo shàng dà xué
쭈허 니 카오샹 따쉬에

졸업을 축하합니다.
0161 祝贺你毕业!
Zhù hè nǐ bì yè
쭈허 니 삐예
*毕业 졸업 ↔ 入学(rùxué) 입학

임신을 축하합니다.
0162 祝贺你怀孕。
Zhù hè nǐ huái yùn
쭈허 니 화이윈

아들이 태어났다니 축하하네.
0163 恭喜你生了个儿子!
Gōng xǐ nǐ shēng le gè r zǐ
꿍씨 니 셩러거즈

Unit 2 행운을 빌 때

행운이 있기를 바랍니다.
0164 祝你好运。
Zhù nǐ hǎo yùn
쭈니 하오윈

건강하시기를 빌겠습니다.
0165 祝你身体健康。
Zhù nǐ shēn tǐ jiàn kāng
쭈니 션티 지엔캉

잘 다녀오시기 바랍니다.
0166 祝你一路顺风。
Zhù nǐ yī lù shùn fēng
쭈니 이루슌펑
*먼 길을 떠나는 사람에 하는 인사

0167 성공을 빌겠습니다.
祝你成功。
Zhù nǐ chénggōng
쭈니 쳥꽁
*成功 성공 ↔ 失败(shībài) 실패

0168 좋은 성적을 거두기를 바랍니다.
祝你取得好成绩。
Zhù nǐ qǔ dé hǎo chéng jī
쭈니 취더 하오 쳥지

0169 모든 일이 순조롭기를 바랍니다.
祝你一切顺利!
Zhù nǐ yī qiē shùn lì
쭈니 이치에 슌리

Unit 3 새해 인사를 할 때

0170 새해 복많이 받으십시오.
新年快乐。
Xīn nián kuài lè
씬니엔 콰이러

0171 새해는 모든 일이 잘 되기를 바랍니다.
祝你在新的一年里马到成功!
Zhù nǐ zài xīn de yì nián lǐ mǎ dào chénggōng
주니 짜이 씬더 이니엔리 마따오 쳥꽁

0172 새해에 즐겁게 보내시기 바랍니다.
祝你新年愉快!
Zhù nǐ xīn nián yú kuài
주니 씬니엔 위콰이

초대를 할 때

Key Point

일단 알게 된 사람이나 친구와 한층 더 친해지기 위해서는 자신의 집이나 파티에 초대해서 대화를 나누는 것은 서로의 거리낌없는 친분을 쌓는 데 매우 중요한 의미를 갖습니다. 중국사람들은 우리나라와 마찬가지로 기쁜 일이 있을 때 많은 사람들이 모여 축하를 해줍니다. 식사를 대접할 때에는 음식을 부족하지 않게 준비합시다. 우리가 흔히 쓰는「한 턱 내다, 식사를 대접하다」라는 표현은 중국어로 请客(qǐngkè)라고 합니다.

Unit 1 초대할 때

0173 함께 저녁식사를 합시다.
一起吃晚饭吧。
Yī qǐ chī wǎn fàn bā
이치 츠 완판바
*吧는 추측, 권유를 나타내는 어기조사이다.

0174 내일 저희 집에 놀러 오십시오.
明天请到我家来玩儿吧。
Míng tiān qǐng dào wǒ jiā lái wán r bā
밍티엔 칭따오 워쟈 라이 왈바

0175 저희 집에 놀러 오세요.
请您来我家作客。
Qǐng nín lái wǒ jiā zuò kè
칭닌 라이 워쟈 쭤커

0176 점심을 대접하고 싶습니다.
我想请你吃午饭。
Wǒ xiǎng qǐng nǐ chī wǔ fàn
워쌍 칭니 츠 우판

0177 오늘 오후에 시간이 있습니까?
今天下午有空吗?
jīn tiān xià wǔ yǒu kōng mǎ
진티엔 쌰우 여우 콩마

초대를 할 때

0178 술을 대접하고 싶습니다.
我想请你喝酒。
Wǒ xiǎngqǐng nǐ hē jiǔ
워쌍 칭니 허지우

0179 오늘은 제가 한턱 내겠습니다.
今天我请客。
Jīn tiān wǒ qǐng kè
찐티엔 워 칭커
*请客 한턱내다, 손님을 초대하다

0180 6시에 마중을 나가겠습니다.
六点钟我去接你。
Liù diǎnzhōng wǒ qù jiē nǐ
리우디엔종 워취 지에니

0181 나중에 저희 집으로 초대하고 싶은데요.
我想请您到我家做客。
Wǒ xiǎngqǐng nín dào wǒ jiā zuò kè
워쌍 칭닌 따오워쟈 쮜커

0182 제 초청을 받아주시겠습니까?
肯接受我的邀请吗?
Kěn jiē shòu wǒ dè yāo qǐng mǎ
컨지에소우 워더 야오칭마

Unit 2　초대에 응할 때

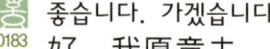

0183 좋습니다. 가겠습니다.
好，我愿意去。
Hǎo　wǒ yuàn yì qù
하오 워 위엔이 취

0184 네, 기꺼이 가겠습니다.
是，我乐意去。
Shì　wǒ lè yì qù
스 워 러이 취

0185 기꺼이 방문하겠습니다.
我乐意拜访您。
Wǒ lè yì bài fǎng nín
워 러이 빠이팡 닌

0186 꼭 갈게.
我肯定去。
Wǒ kěn dìng qù
워 컨딩 취

Unit 3 초대를 거절할 때

0187 죄송합니다만, 다른 약속이 있습니다.
抱歉，我有别的约会。
Bào qiàn wǒ yǒu bié de yuē huì
빠오치엔 워 여우 비에더 위에후이

0188 그 날 저는 스케줄이 있습니다.
那天我有个安排。
Nà tiān wǒ yǒu gè ān pái
나티엔 워 여우거 안파이

0189 감사하지만, 됐습니다.
谢谢，我看免了吧。
Xiè xie wǒ kàn miǎn le ba
씨에시에 워 칸미엔러바

0190 몸이 안 좋습니다.
我不舒服。
Wǒ bù shū fú
워 뿌수푸

＊舒服 편안하다(부정을 나타내는 不는 동사나 형용사 앞에 쓴다.

0191 오늘은 너무 바쁩니다.
今天我太忙了。
Jīn tiān wǒ tài máng le
찐티엔 워 타이망러

＊太 지나치게, 몹시, 너무 (정도가 일정한 한도를 지나친 것을 나타낸다.)

방문을 할 때

Key Point

초대한 사람은 방문자를 친절히 안내하며, 초대받은 사람은 감사의 의미를 표현합니다. 이 때 请(qǐng)이란 말을 자주 사용합니다. 문장 속의 请은 경어(敬语)로 높임의 의미를 나타내고, 또한 请은 뒤에 표현을 생략하여 단독으로 쓰여도 상황에 맞게 우리말의 「드십시오, 이쪽으로 오세요, 앉으세요」라는 의미를 나타낼 수 있습니다.

Unit 1 방문지에서

0192 초대해 주셔서 감사합니다.
谢谢您的招待。
Xiè xie nín de zhāo dài
씨에시에 닌더 자오따이

0193 와 주셔서 감사합니다.
欢迎光临。
Huānyíng guāng lín
환잉 꾸앙린

0194 어서 들어오십시오.
快请进吧。
Kuài qǐng jìn ba
콰이 칭진바

0195 이쪽으로 오시죠.
往这边来。
Wǎng zhè biān lái
왕 저비엔 라이

*往은「~를 향하여, ~쪽으로」라는 의미로 방향을 나타낸다.

0196 초대해주셔서 고맙습니다.
谢谢你的招待。
Xiè xie nǐ de zhāo dài
씨에시에 니더 자오따이

0197 초대를 해주셔서 영광입니다.
很荣幸能够接受你的邀请。
Hěn róng xìng néng gòu jiē shòu nǐ dè yāo qǐng
헌롱씽 넝꺼우 지에쇼우 니더 야오칭

0198 와주셔 감사합니다.
谢谢你的光临。
Xiè xiè nǐ dè guāng lín
씨에시에 니더 꽝린

0199 편히 하세요.
随便一点。
Suí biàn yī diǎn
쑤이비엔 이디엔

*随意는 직역을 하면 「마음대로 하다, 하고 싶은 대로 하다」라는 의미가 되지만 「편하게 하세요」라고 해석을 하는 것이 적절하겠다.

0200 아무데나 편하게 앉으세요.
请随便坐。
Qǐng suí biàn zuò
칭 쑤이비엔 쭤

0201 사양치 마시고 편하게 제집처럼 여기세요.
别客气, 你就当是自己的家。
Bié kè qì nǐ jiù dāng shì zì jǐ dè jiā
비에커치 니 지우 땅스 쯔지더 쟈

Unit 2 대접을 할 때

0202 차 드세요.
请喝茶。
Qǐng hē chá
칭 흐어차

0203 뭘 드시겠어요?
您要喝点儿什么?
Nín yào hē diǎn r shén mè
닌 야오 허디알 썬머

방문을 할 때 57

커피 한 잔 끓여드릴게요.
0204 我给您煮杯咖啡吧。
Wǒ gěi nín zhǔ bēi kā fēi ba
워 게이 닌 주 뻬이 카페이바

녹차 한 잔 하시겠어요?
0205 要不要来一杯绿茶?
Yào bú yào lái yì bēi lǜ chá
야오부야오 라이 이뻬이 뤼차
*要不要 정반의문문

음료수 한 잔 가져올까요?
0206 来一杯饮料怎么样?
Lái yì bēi yǐn liào zěn me yàng
라이 이뻬이 인랴오 쩐머양
*怎么样 어떻게 (성질, 상황, 방식 따위를 물음)

마음껏 드세요.
0207 多吃一点儿啊。
Duō chī yī diǎn r a
뚸츠 이디알아

Unit 3 방문을 마칠 때

집에 가야겠습니다.
0208 我该回家了。
Wǒ gāi huí jiā le
워 까이 후이쟈러

시간을 너무 빼앗고 싶지 않습니다.
0209 我不想占用你太多时间。
Wǒ bù xiǎng zhān yòng nǐ tài duō shí jiān
워 뿌썅 쨘융 니 타이뚸 스지엔

융숭한 대접에 감사 드립니다.
0210 谢谢你的盛情款待。
Xiè xie nǐ de shèngqíng kuǎn dài
씨에시에 니더 셩칭 콴따이

58 세련된 교제를 위한 표현

늦었는데 이만 가봐야겠습니다.
0211 时间不早了，我得告辞了。
Shí jiān bù zǎo le　　wǒ děi gào cí le
스지엔 뿌짜오러　　워 떼이 까오츠러

*得는 구조조사일 경우에는 「de(더)」로 읽으며, 「~해야 한다」의 뜻으로 쓰일 경우에는 「děi(떼이)」로 읽는다.

Unit 4 방문을 마치고 떠나는 사람에게

지금 가신다는 말씀이세요?
0212 你这就要走?
Nǐ zhè jiù yào zǒu
니 쩌지우 야오저우

좀더 계시다 가세요.
0213 再多坐一会儿吧!
Zài duō zuò yī huì r ba
짜이 뛰줴 이후일바

그럼, 더 이상 붙들지 않겠습니다.
0214 那我就不在挽留你了。
Nà wǒ jiù bú zài wǎn liú nǐ le
나 워 지우 부짜이 왈리우 니러

제가 차로 모셔다 드리겠습니다.
0215 我用车送你吧。
Wǒ yòng chē sòng nǐ ba
워 융처 쏭니바

아직 이른데 저녁식사를 하고 가세요.
0216 时间还早呢，吃晚饭再走吧。
Shí jiān hái zǎo ne　chī wǎn fàn zài zǒu ba
스지엔 하이 자오너 츠 왈판 짜이 저우바

살펴 가세요. 시간이 있으면 또 놀러 오세요.
0217 您走好，有时间再来玩儿啊。
Nín zǒu hǎo　yǒu shí jiān zài lái wán r a
닌 저우하오　여우 스지엔 짜이 라이왈아

약속을 할 때

Key Point

약속을 할 때는 우선 상대의 사정을 묻는 것이 에티켓입니다. 이 때 쓰는 말로는 您看有时间吗(nín kànyǒu shíjiān má 시간 있으세요)가 있습니다. 또한 중국에서도 시간약속은 지키는 것이 중요합니다. 미리 장소와 시간을 알아두어 상대방을 기다리게 하는 불상사는 없도록 합시다. 예를 들어 「북경역 앞에서 보기로 합시다」라고 했다면 서로 간에 엇갈리는 경우 생길 것입니다. 넓은 장소에서 만날 때는 정확한 위치를 정해놓고 만나도록 합시다.

Unit 1 만남을 제의할 때

0218
시간이 있으세요?
您看有时间吗?
Nín kàn yǒu shí jiān má
닌 칸 여우 스지엔마

0219
만나고 싶은데요.
我想与您见面。
Wǒ xiǎng yǔ nín jiàn miàn
워씨앙 위닌 지엔미엔

0220
이쪽으로 와주실 수 없으세요?
您能不能到我这里来?
Nín néng bú néng dào wǒ zhè lǐ lái
닌 넝부넝 따오 워쩌리 라이

0221
언제 한번 만나요.
找时间见个面吧。
Zhǎo shí jiān jiàn ge miàn ba
자오 스지엔 지엔거 미엔바

*找时间은「시간을 찾다」라고 해석하면 안 되며「시간 내서」라고 해석을 해야 맞다.

0222
잠깐 만날 수 있을까요?
我能见见你吗?
Wǒ néng jiàn jiàn nǐ má
워넝 지엔지엔 니마

60 세련된 교제를 위한 표현

0223 내일 한번 만날까요?
明天咱们见个面?
Míngtiān zánmen jiàn gè miàn
밍티엔 잔먼 지엔거 미엔

0224 이번 주말에 시간 있으세요?
这个周末你有时间吗?
Zhè gè zhōu mò nǐ yǒu shí jiān mǎ
쩌거 쩌우모 니 여우 스지엔마

0225 내일 약속 있으세요?
明天有没有约会?
Míngtiān yǒu méi yǒu yuē huì
밍티엔 여우메이여우 위에후이

Unit 2  약속 제의에 응답할 때

0226 왜 그러는데요?
干嘛要见?
Gàn má yào jiàn
깐마 야오지엔
* 공손한 표현은 아니므로, 친한 사이이거나 안면이 있는 손아랫사람에게만 사용해야 한다.

0227 무슨 일로 절 만나자는 거죠?
你为什么要见我?
Nǐ wéi shén me yào jiàn wǒ
니 웨이션머 야오 지엔워
* 为什么 무엇 때문에, 왜, 어째서 (원인 혹은 목적을 물음)

0228 좋아요, 시간 괜찮아요.
好，我有时间。
Hǎo   wǒ yǒu shí jiān
하오 워 여우 쓰지엔

0229 이번 주말엔 별다른 계획이 없어요.
这个周末没有别的约会。
Zhè gè zhōu mò méi yǒu bié dè yuē huì
쩌거 쩌우모 메이여우 비에더 위에후이

약속을 할 때 **61**

미안해요, 제가 오늘 좀 바빠서요.
0230 对不起，今天我有点忙。
Duì bù qǐ   jīn tiān wǒ yǒu diǎn máng
뚜이부치   찐티엔 워 여우디엔 망

시간이 없는데요.
0231 没有时间啊。
Méi yǒu shí jiān a
메이여우 스지엔아

선약이 있어서요.
0232 我已经有约会。
Wǒ yǐ jīng yǒu yuē huì
워 이징 여우 위에후이

다음으로 미루는 게 좋겠어요.
0233 推迟下次好了。
Tuī chí xià cì hǎo le
투이츠 쌰츠 하오러

이번 주말엔 다른 계획이 있어요.
0234 这个周末我另有计划。
Zhè gè zhōu mò wǒ lìng yǒu jì huá
쩌거 저우모 워 링여우 지후아

*另은 另外와 같은 의미로「그 밖의, 다른」의 의미로 사용된다.

Unit 3 약속 날짜와 시간을 정할 때

언제 방문하면 좋겠습니까?
0235 什么时候拜访您好呢?
Shén me shí hòu bài fǎng nín hǎo ne
션머스허우 빠이팡 닌 하오너

몇 시로 했으면 좋겠어요?
0236 你说定几点好?
Nǐ shuōdìng jǐ diǎn hǎo
니 숴 딩 지디엔 하오

0237 몇 시가 편하십니까?
几点钟方便?
Jǐ diǎn zhōng fāng biàn
지디엔즁 팡비엔
*点钟 시, 시간

0238 언제 시간이 나십니까?
您什么时候有空?
Nín shén me shí hòu yǒu kōng
닌 션머스허우 여우콩

0239 오전 9시는 어떻습니까?
上午九点怎么样?
Shàng wǔ jiǔ diǎn zěn me yàng
샹우 지우디엔 쩐머양

0240 어느 정도 시간을 내주실 수 있습니까?
能抽出多长时间?
Néng chōu chū duō cháng shí jiān
넝 쳐우추 뚸창 스지엔

Unit 4 약속 장소를 정할 때

0241 어디서 볼까요?
我们在什么地方见面?
Wǒ men zài shén me dì fāng jiàn miàn
워먼 짜이 션머띠팡 지엔미엔

0242 장소는 어디가 좋을까요?
在哪儿见面好呢?
Zài nǎ r jiàn miàn hǎo ne
짜이날 지엔미엔 하오너

0243 이곳으로 올 수 있습니까?
你能到这里来吗?
Nǐ néng dào zhè lǐ lái ma
니넝 따오쩌리 라이마
*能 ~될 수 있다, ~할 수 있다, ~일 수 있다 (가능)

약속을 할 때 63

0244 그곳이 좋을 것 같습니다.
我看那个地方好。
Wǒ kàn nà gè dì fāng hǎo
워칸 나거띠팡 하오

0245 어디서 만나야 하지?
在哪儿见面呢?
Zài nǎ r jiàn miàn ne
짜이날 지엔미엔너

0246 네가 장소를 결정해.
你决定地点吧。
Nǐ jué dìng dì diǎn ba
니 쉐딩 디디엔바

Unit 5 약속을 연기 하거나 취소할 때

0247 날짜를 변경해 주시겠습니까?
请改一下日子，好吗?
Qǐng gǎi yī xià rì zǐ hǎo mǎ
칭 까이 이샤 르쯔 하오마

0248 미안하지만, 오늘 갈 수 없게 되었습니다.
很抱歉，今天我去不了了。
Hěn bào qiàn jīn tiān wǒ qù bù liǎo le
헌 빠오치엔 찐티엔 워취뿌랴오러
* ~不了 ~할 수 있다
去不了 갈 수 없다, 吃不了 먹을 수 없다, 买不了 살 수 없다 受不了 견딜 수 없다

0249 문제가 좀 생겨서 방문을 할 수 없습니다.
出了些问题，我不能拜访您了。
Chū le xiē wèn tí wǒ bù néng bài fǎng nín le
추러 씨에 원티 워 뿌넝 빠이팡 닌러

Chinese Coversation for Beginners

유창한 대화를 위한 표현

1. 질문을 할 때
2. 응답을 할 때
3. 맞장구를 칠 때
4. 되물음과 이해를 나타낼 때
5. 제안과 권유를 할 때
6. 부탁과 요구를 할 때
7. 재촉하거나 여유를 말할 때
8. 주의와 충고를 할 때

여기서는 중국어로 대화할 때 필요한 기본적인 표현을 익히도록 하였습니다. 참고로 중국인과 대면 중에 특히 조심해야 할 점은 절대로 중국인의 자존심을 상하게 하거나 약점을 들추어 중국인의 목숨만큼이나 중시하는 체면(面子 : 미옌즈)을 상하게 해서는 안 됩니다. 중국인의 체면 중시 사고는 과거 중화사상에 젖어 있던 향수와 함께 사회주의 혁명에 의한 평균주의 사고 방식에 의해 심화되었습니다.

질문을 할 때

Key Point

실생활에서 낯선 곳에 가거나, 의문점이 생기면 사용되는 표현으로, 묻는 주제에 따라서 표현법이 다릅니다. 이유를 물을 때는 「为什么(wéishénme)」, 방법을 물을 때는 「怎么(zěnme)」, 정도를 물을 때는 「多么(duōme)」, 때를 물을 때는 「什么时候(shénmeshíhòu)」, 방향·장소를 물을 때는 「哪儿(nǎr)」 등을 쓰며, 우리말에 육하원칙이 이에 해당합니다.

Unit 1 질문할 때

0250 말 좀 물읍시다.
请问一下。
Qǐng wèn yí xià
칭원 이 쌰

0251 질문 하나 있습니다.
我有一个问题。
Wǒ yǒu yī gè wèn tí
워 여우 이거 원티
*선생님께 질문을 드릴 때 자주 사용되는 표현이다

0252 사적인 질문을 하나 해도 되겠습니까?
可以问一个私人问题吗?
Kě yǐ wèn yī gè sī rén wèn tí må
커이 원 이거 쓰런 원티마

0253 구체적인 질문 몇 가지를 드리겠습니다.
下面我问几个具体问题。
Xià miàn wǒ wèn jǐ gè jù tǐ wèn tí
싸미엔 워 원 지거 쥐티원티

0254 당신에게 질문할 것이 많이 있습니다.
我有许多问题问您请教。
Wǒ yǒu xǔ duō wèn tí wèn nín qǐng jiào
워 여우 쉬뚸원티 원닌 칭쟈오

66 유창한 대화를 위한 표현

0255 그건 무엇으로 만드셨어요?
请问这个中文怎么说?
那是用什么做的?
Nà shì yòngshén me zuò de
나스 융션머 쭤더

0256 이것은 중국어로 뭐라고 하죠?
请问这个中文怎么说?
Qǐngwèn zhè ge zhōngwén zěn me shuō
칭원 쩌거 중원 쩐머숴
*「어떻게」는 怎么이고, 「무엇」은 什么이다.

0257 이 단어를 어떻게 발음하죠?
请问这个词怎么发音?
Qǐngwèn zhè ge cí zěn me fā yīn
칭원 쩌거츠 쩐머 파인

0258 누구한테 물어봐야 되죠?
不知应该问哪位?
Bù zhī yīng gāi wèn nǎ wèi
뿌즈 잉까이 원 나웨이
*哪位는 谁와 같은 의미이고 바꾸어 사용할 수 있다.

0259 그건 어디에 쓰는 거죠?
那是用在什么地方的?
Nà shì yòng zài shén me dì fāng de
나스 융짜이 션머띠팡더
*什么地方 어디, 어느 곳

0260 질문을 잘 들으세요.
请听好我的提问。
Qǐng tīng hǎo wǒ de tí wèn
칭 팅하오 워더티원

0261 모르시겠어요?
你不知道吗?
Nǐ bù zhī dào ma
니 뿌즈따오마

0262 답을 말해 보세요.
请说出答案。
Qǐng shuō chū dá àn
칭 쉬추 따안

내 질문에 답을 하세요.
请您回答我的问题。
Qǐng nín huí dá wǒ de wèn tí
칭닌 후이다 워더 원티

 도대체 이유가 뭡니까?
到底为什么呢?
Dào dǐ wéi shén me ne
따오디 웨이썬머너

*呢는 의문사로도 사용이 되지만 감탄문에서도 사용되기도 한다. 즉, 呢가 붙었다고 무조건 의문문은 아니다.

 이유를 물어봐도 될까요?
可以问理由吗?
Kě yǐ wèn lǐ yóu ma
커이원 리여우마

 왜 그런 겁니까?
为什么那样做呢?
Wéi shén me nà yàng zuò ne
웨이썬머 나양 쭤너

Unit 2 질문에 응대할 때

 말씀하세요. 무슨 문제인가요?
您说吧, 什么问题?
Nín shuō ba shén me wèn tí
닌 숴바   썬머원티

 더 이상 묻지 마세요.
请不要再问了。
Qǐng bú yào zài wèn le
칭 부야오 짜이원러

 답변하고 싶지 않습니다.
我不想回答。
Wǒ bù xiǎng huí dá
워 뿌샹 훼이다

*想 ~하고 싶다 不想 ~하고 싶지 않다

0270 말하지 않겠소.
我不回答。
Wǒ bù huí dá
워 뿌훼이다

0271 제가 그 문제를 어떻게 알겠어요?
我上哪儿知道这个问题?
Wǒ shàng nǎ r zhī dào zhè gè wèn tí
워 상날 즈따오 쩌거원티

0272 뭐라고 대답해야 좋을지 모르겠습니다.
不知道该怎么回答。
Bù zhī dào gāi zěn me huí dá
뿌즈따오 까이 쩐머 훼이다

0273 좋은 질문입니다.
这个问题提得好。
Zhè gè wèn tí tí dé hǎo
쩌거원티 티더 하오

*这个问题很好。라고 말을 해도 되겠지만, 이 문장에서는 정도보어를 사용하여 문장을 만들었다.

0274 저는 모르겠습니다.
这我不知道。
Zhè wǒ bù zhī dào
쩌 워 뿌즈따오

0275 모르기는 저도 마찬가지입니다.
我同样不知道。
Wǒ tóngyàng bù zhī dào
워 통양 뿌즈따오

0276 제가 어떻게 알겠어요?
我上哪儿知道这个问题?
Wǒ shàng nǎ r zhī dào zhè ge wèn tí
워 상날 즈따오 쩌거원티

0277 여기까지 다른 질문은 없습니까?
到此为止，没有别的问题吗?
Dào cǐ wéi zhǐ méi yǒu bié de wèn tí mǎ
따오츠웨이즈 메여우 삐에더 원티마

응답을 할 때

Key Point

전적으로 동의를 할 때는 完全(wánquán), 很(hěn), 真(zhēn) 등을 사용하면 동의하는 것을 강조할 수 있습니다. 부정과 반대를 나타낼 때에는 不(bù), 没(méi), 没有(méiyǒu) 라는 부정어구가 들어가게 되는데, 不는 의지를 나타내며, 앞으로 일어날 일에 대한 부정을 할 때 사용됩니다. 没는 과거의 일에 대한 부정과 소유에 대한 부정을 나타냅니다.

Unit 1 긍정·부정할 때

0278
예
是。/ 对。
Shì   Duì
스   뚜이

0279
그렇습니다.
是的。/ 是啊
Shì de   Shì a
스더   스아

0280
당연합니다.
当然了。
Dāng rán le
땅란러

0281
정말 그렇습니다.
真是这样。
Zhēn shì zhè yàng
쩐스 쩌양

0282
정말입니다.
真的。
Zhēn de
쩐더

0283 아니오.
不。／不是。
Bù　　Bú shì
뿌　　　부스

0284 아니오, 그렇지 않습니다.
不，不是。
Bù　bú shì
뿌　부스

*不는 원래 4성이지만 4성 앞에서는 2성으로 변한다. 4성으로 읽을 때는 강하게 「뿌」로 읽고, 2성으로 읽을 때는 약하게 「부」로 읽는다.

Unit 2 의견이 마음에 들 때

0285 좋습니다.
好。
Hǎo
하오

0286 좋고 말고요.
可以，可以。
Kě yǐ　　kě yǐ
커이　　　커이

0287 저도 그래요.
我也是。
Wǒ yě shì
워예 스

0288 네, 맞아요.
对，不错。
Duì　bú cuò
뚜이　부춰

0289 그거 좋아요.
那好。
Nà hǎo
나하오

응답을 할 때

매우 좋아요.
好极了。
Hǎo jí le
하오 지러

그래도 돼요.
也行。
Yě xíng
예씽

역시 좋아요.
也可以。
Yě kě yǐ
예 커이

옳아요.
没意见。
Méi yì jiàn
메이 이지엔

좋은 생각이야!
好主意!
Hǎo zhǔ yì
하오 주이

* 主意 (일정한) 생각, 의견

 동의·찬성할 때

다른 의견은 없습니다.
我没别的意见。
Wǒ méi bié de yì jiàn
워 메이 삐에더 이지엔

* 别的 다른 것, 딴 것

동의합니다.
我同意。
Wǒ tóng yì
워 통이

당신의 의견에 동의합니다.
0297 **我同意你的意见。**
Wǒ tóng yì nǐ de yì jiàn
워 통이 니더 이지엔

전적으로 동의합니다.
0298 **我完全同意。**
Wǒ wánquántóng yì
워 완첸 통이
*完全 완전히, 전혀, 전적으로, 참으로, 절대로, 아주, 전부

그 의견에 찬성합니다.
0299 **我赞成那意见。**
Wǒ zàn chéng nà yì jiàn
워 짠청 나이지엔

이 의견은 좋은 것 같습니다.
0300 **这意见好像不错。**
Zhè yì jiàn hǎo xiàng bù cuò
쩌이지엔 하오씨앙 부춰

당신 좋을 대로 하세요.
0301 **怎么方便怎么来吧。**
Zěn me fāng biàn zěn me lái ba
쩐머 팡삐엔 쩐머 라이바
*想~就做~ 등 이런 식의 문장은 「~하고 싶으면 ~해라」 즉 「마음대로 해라」라는 의미이다. 怎么~怎么~ 「~하다면 ~하다」

 반대할 때

이 의견에 반대하지 않습니다.
0302 **对这意见不反对。**
Duì zhè yì jiàn bù fǎn duì
뚜이 쩌이지엔 뿌판뚜이

저는 잘 이해하지 못하겠습니다.
0303 **我不大明白。**
Wǒ bú dà míng bái
워 부따 밍바이

의견이 있습니다.
0304 **我有看法。**
Wǒ yǒu kàn fǎ
워 여우 칸파

저는 찬성하지 않습니다.
0305 **我不赞成。**
Wǒ bú zàn chéng
워 부판청

반대합니다.
0306 **反对。**
Fǎn duì
판뚜이

저는 동의할 수 없습니다.
0307 **我不能同意。**
Wǒ bú néng tóng yì
워 부넝 통이

당신에게 동의할 수 없습니다.
0308 **我不能同意你。**
Wǒ bù néng tóng yì nǐ
워 뿌넝 통이 니

이 의견에 반대합니다.
0309 **我反对这意见。**
Wǒ fǎn duì zhè yì jiàn
워 판뚜이 쩌 이지엔

당신의 의견을 지지할 수 없습니다.
0310 **我不能支持你的意见。**
Wǒ bù néng zhī chí nǐ de yì jiàn
워 뿌넝 즈츠 니더 이지엔

제 의견은 당신과 다릅니다.
0311 **我跟你的看法不一样。**
Wǒ gēn nǐ de kàn fǎ bù yī yàng
워 껀니더 칸파 뿌이양

맞장구를 칠 때

Key Point

대화의 흐름을 원활하게 하기위한 표현으로「그래 맞아, 그렇구나」의 표현으로는 你手的对(nǐshǒudeduì), 就是(jiùshì), 原来如此(yuánláirúcǐ)'등을 들 수 있습니다.
맞장구는 상대방의 말에 동의의 표현이 많지만, 되물을 때의 표현 是吗(shìmǎ)?, 真的(zhēnde)?이지만 긍정도 부정도 아닌 표현인 嗯(ńg)이 쓰일 때도 있습니다.

Unit 1 맞장구칠 때

0312
옳아요. / 그래요.
是的。
Shì de
스더

0313
맞아요.
对。
Duì
뚜이

0314
맞습니다, 그렇습니다.
对了, 对了。
Duì le duì le
뚜이러 뚜이러

0315
됐습니다.
好了。
Hǎo le
하오러

0316
좋아요.
好的。
Hǎo de
하오더

맞장구를 칠 때 75

0317 좋아요. / 괜찮아요.
可以。
Kě yǐ。
커이

0318 그렇고 말고요. / 물론이죠.
可不是吗。
Kě bù shì ma。
커 부스마

0319 좋아요. / 괜찮아요.
行。
Xíng。
씽

0320 알겠어요.
知道了。
Zhī dào le
즈다오러

0321 당연합니다.
当然。
Dāng rán
땅란

0322 그거 괜찮은데요.
那不错吗。
Nà bú cuò mǎ
나 부춰마

*错는「틀리다, 나쁘다」라는 의미이지만 不错는「틀리지 않다, 나쁘지 않다」는 의미가 아니라「좋다」라고 해석한다.

0323 예, 그렇습니다.
是啊。
Shì a
스아

0324 정말이세요?
真的吗?
Zhēn de mǎ
쩐더마

*真 정말(로), 참으로, 실로, 진실로

76 유창한 대화를 위한 표현

0325 정말 좋습니다.
真好。
Zhēn hǎo
쩐하오

0326 그렇습니까?
是吗?
Shì ma
스마

0327 그럴지도 모르지요.
也许会那样的吧。
Yě xǔ huì nà yàng de ba
예쉬 후이 나양더바

0328 아, 그러니까 생각이 나는군요.
啊，你这么说才想起来。
Ā nǐ zhè me shuō cái xiǎng qǐ lái
아 니 쩌머숴 차이 썅치라이

* 才는 「비로소」라는 의미로 뒤늦게 무슨 일이 발생함을 나타낸다.

0329 아마 당신 말이 맞을 거예요.
也许你说得不错。
Yě xǔ nǐ shuō de bù cuò
예쉬 니숴더 뿌춰

* 也许는 好象, 可能 등으로 바꿔 사용할 수 있으며 추측을 표현한다.

Unit 2 부정의 맞장구

0330 설마!
至于吗!
Zhì yú ma
즈위마

0331 안돼요.
不行。
Bù xíng
뿌씽

0332 할 줄 몰라요.
不会。
Bú huì
부후이
*会 배워서 할 줄 안다

0333 틀린 것 같아요.
我看不对。
Wǒ kàn bú duì
워칸 부뚜이
*我看 내가 보기에

0334 그렇지 않은 것 같아요.
我觉得不对。
Wǒ jué dé bú duì
워 쥐에더 부뚜이

0335 그렇지 않을 거예요.
恐怕不是那样。
Kǒng pà bú shì nà yàng
콩파 부스 나양

0336 할 수 없어요.
不能。
Bù néng
뿌넝

0337 안 됩니다.
不可以。
Bù kě yǐ
뿌커이

0338 그건 하기 힘들겠어요.
那不好办。
Nà bù hǎo bàn
나 뿌하오빤

0339 그렇게 하지 않아도 될 것 같아요.
我看不必了。
Wǒ kàn bú bì le
워칸 부삐러

Chapter 04 되물음과 이해를 나타낼 때

Key Point

초보자들에게 중국인과 대화를 하면서 잘 알아듣지 못했을 때 아래의 표현들이 사용되는데, 이 때 무작정 묻기보다는 미안하다는 표현인 「对不起(duìbùqǐ) / 不好意思(bùhǎoyìsi)」 등을 덧붙이면 더욱 좋겠죠? 설명을 요구할 때에는 문장 앞에 정중한 표현인 「请(qǐng)」을 써주는 것이 좋습니다. '请은 "부디 ~해주십시오"라는 의미로 동사 앞에 놓여서 경의를 표시합니다. 부분적인 설명을 요구할 때에는 그 부분에 「什么(shénme)」를 넣어서 물어보면 됩니다.

Unit 1 되물을 때

0340
뭐라고?
什么?
Shén me
션머

0341
뭐라고 했지?
说什么来着?
Shuōshén me lái zhuó
숴 션머 라이줘

*문장에 의문사가 포함되어 있다면 吗가 없어도 의문문이 된다.

0342
방금 뭐라고 말씀하셨죠?
你刚才说什么了?
Nǐ gāng cái shuōshén me le
니 깡차이 숴 션머러

0343
뭐라고요?
你说什么?
Nǐ shuōshén me
니 숴 션머

0344
죄송하지만, 못 들었어요.
对不起, 听不请楚了。
duì bù qǐ   tīng bù qǐng chu le
뚜이부치   팅부칭추러

되물음과 이해를 나타낼 때 79

Unit 2 다시 말해달라고 할 때

0345 다시 말씀해 주시겠어요?
你能再说一遍吗?
Nǐ néng zài shuō yí biàn ma
니 넝 짜이 쉬 이비엔 마
*「한 번」이라는 의미로 一遍 대신 一次로 바꿔 쓸 수 있다.

0346 다시 한번 말씀해 주십시오.
请你再说一遍。
Qǐng nǐ zài shuō yí biàn
칭 니 짜이 쉬 이비엔
*请은 동사로 쓰이면「청하다, 부탁하다」이지만, 문장 앞에 붙여 경어를 나타내기도 한다.

0347 미안하지만, 다시 말씀해 주십시오.
不好意思，请再说一遍。
bù hǎo yì sī qǐng zài shuō yí biàn
뿌하오이스 칭 짜이쉬 이비엔
*不好意思는 对不起로 바꾸어 쓸 수 있다.

0348 잘 못 들었어요. 다시 말씀해 주시겠어요?
我听不请楚了，请再说一遍，好吗?
Wǒ tīng bù qǐng chu le qǐng zài shuō yí biàn hǎo má
워 팅뿌칭추러 칭 짜이쉬 이비엔 하오마

Unit 3 설명을 요구할 때

0349 해석을 좀 해주시겠습니까?
请给我解释一下吧?
Qǐng gěi wǒ jiě shì yí xià bá
칭 게이워 지에스 이쌰 바

0350 무슨 말인지 전혀 모르겠어요.
全然不知道是什么意思。
Quán rán bù zhī dao shì shén me yì sī
췐란 뿌즈다오 스 선머이쓰
*不는 원래는 4声이나 뒤에 단어가 4声일 경우에는 2声으로 읽는다.

80 유창한 대화를 위한 표현

도무지 감이 잡히질 않습니다.

0351 **一点儿摸不着头绪。**
Yì diǎn r mō bù zhuó tóu xù
이디알 모부줘 터우쉬

*着는 zhe로 읽으면 진행의 의미를 갖고, zháo로 읽으면 결과보어로써 해석한다.

 Unit 4 이해를 확인할 때

 이해하시겠어요?

0352 **你能理解吗?**
Nǐ néng lǐ jiě ma
니넝 리지에마

*能은 가능을 나타내는 조동사로서 숲와 같은 의미이나 숲는 배워서 할 수 있는 것을 나타내고, 能은 선천적으로 할 수 있는 것 혹은 본래의 능력을 나타낸다.
⑩ 你能说汉语吗?(X) 你会说汉语吗?(O)

제가 한 말을 알겠어요?

0353 **你明白我说的话吗?**
Nǐ míng bái wǒ shuō de huà ma
니 밍바이 워숴더화마

제 말 뜻을 이해하시겠어요?

0354 **你理解我说的意思吗?**
Nǐ lǐ jiě wǒ shuō de yì sī ma
니 리지에 워숴더 이쓰마

지금까지 제가 한 말을 이해하시겠어요?

0355 **你能理解我至今说的话吗?**
Nǐ néng lǐ jiě wǒ zhì jīn shuō de huà ma
니넝 리지에 워 즈찐 숴더화마

 무슨 뜻인지 이해하시겠어요?

0356 **你能理解是什么意思吗?**
Nǐ néng lǐ jiě shì shén me yì sī ma
니넝 리지에 스 션머이쓰마

*意思는 「의미」라는 뜻으로 쓰이기도 하고, 「재미」라는 뜻으로 쓰이기도 하므로 문맥에 맞게 해석해야 한다.
⑩ 文章的意思. (문장의 의미) 有意思. (재미있다)

Unit 5 이해를 했을 때

0357 이해했어요.
我理解。
Wǒ lǐ jiě
워 리지에

*理解는 자주 사용되는 단어로 명사, 동사 모두 사용된다. 이와 같은 의미의 단어로는 了解, 明白가 있다.

0358 아, 알겠습니다.
哦，明白了。
ò míng bai le
어 밍빠이러

*상대방의 말뜻을 알아들었을 때 明白了, 知道了와 같은 표현을 즐겨 쓴다.

0359 아, 무슨 말씀인지 알겠습니다.
啊，我明白是什么意思了。
ā wǒ míng bai shì shén me yì si le
아 워 밍빠이 스션머이쓰러

0360 알겠군요.
明白了。
Míng bai le
밍바이러

0361 이해가 되는군요.
可以理解。
Kě yǐ lǐ jiě
커이 리지에

0362 와, 그러니까 감이 잡히는군요.
哇，这下我摸到头绪了。
Wā zhè xià wǒ mō dào tóu xù le
와 쩌샤 워 모따오 터우쉬러

0363 충분히 이해할 수 있어요.
我能够理解。
Wǒ néng gòu lǐ jiě
워 넝꺼우 리지에

0364 당신의 입장을 이해합니다.
我理解你的立场。
Wǒ lǐ jiě nǐ dè lì chǎng
워 리지에 니 더 리창

0365 시간이 지나면 알게 될 겁니다.
过了时间自会了解的。
Guò le shí jiān zì huì liǎo jiě dè
꿔러 스지엔 쯔후이 랴오지에더

Unit 6 이해를 못했을 때

0366 이해가 안 됩니다.
我没法理解。
Wǒ méi fǎ lǐ jiě
워 메이파 리지에
*没 뒤에는 有가 생략되어 있다. 이렇게 有는 생략되어 사용할 수도 있다.

0367 무슨 말을 하는지 모르겠어요.
我不知你讲的是什么。
Wǒ bù zhī nǐ jiǎng dè shì shén mè
워 뿌즈 니장더 스선머

0368 당신 말씀을 이해할 수 없습니다.
我无法理解你的话。
Wǒ wú fǎ lǐ jiě nǐ dè huà
워 우파 리지에 니더화

0369 이해하기 어렵군요.
很难理解。
Hěn nán lǐ jiě
헌난 리지에

0370 그건 이해가 안 되는군요.
我无法理解那点。
Wǒ wú fǎ lǐ jiě nà diǎn
워 우파 리지에 나디엔

되물음과 이해를 나타낼 때 83

제안과 권유를 할 때

Key Point

중국어에서 제안이나 권유의 표현을 나타내는 문장은 「평서문+怎么样(zěnmeyàng)」의 형태로 만들 수 있습니다. 예) 跟我一起看怎么样?(같이 보는 게 어때요?)
　　　　　　　　　　　　　　　　　　　gēn wǒ yì qǐ kàn zěn me yàng
또한 「吧(ba)」를 이용하여 문장을 만들 수도 있는데, 吧로 물어보는 것은 긍정적인 대답을 예상하고 묻는 질문이 대부분입니다.

Unit 1 제안할 때

0371
우리 돌아가야 하지 않겠어요?
我们是不是该回去了?
Wǒ men shì bù shì gāi huí qù le
워먼 스부스 까이 훼이취 러

0372
지금 출발해야겠어요.
我们得出发了。
Wǒ men děi chū fā le
워먼 데이 추파러
*得가「~해야 한다」라는 의미로 사용될 때에는 děi로 읽는다.

0373
제가 도와드릴 일이라도 있나요?
有没有需要我帮忙的?
Yǒu méi yǒu xū yào wǒ bāngmáng de
여우메이여우 쉬야오 워 빵망더

0374
시험삼아 한번 해 봅시다.
那我们就试一试。
Nà wǒ men jiù shì yi shì
나 워먼 지우 스이스

0375
털어놓고 얘기합시다.
咱们打开天窗说亮话。
Zán men dǎ kāi tiānchuāngshuōliàng huà
짠먼 따카이 티엔추앙 쉬량화

84 유창한 대화를 위한 표현

0376 오늘은 이만 합시다.
今天就到这儿吧。
Jīn tiān jiù dào zhè r ba
진티엔 지우따오 쩔바

0377 이런 식으로 표현하는 것이 어떨까요?
就这个方式表达可不可以?
Jiù zhè gè fāng shì biǎo dá kě bù kě yǐ
지우 쩌거 팡쓰 뺘오다 커부커이

0378 화해합시다.
咱们和好吧。
Zán men hé hǎo ba
짠먼 허하오바

0379 내게 좋은 생각이 있어요.
我倒有个好主意。
Wǒ dǎo yǒu gè hǎo zhǔ yì
워 따오 여우거 하오 주이

0380 주의하는 것이 좋겠어요!
我看还是注意点好。
Wǒ kàn hái shì zhù yì diǎn hǎo
워칸 하이스 쭈이 디엔하오

0381 지금 시작하는 것이 좋을 것입니다.
还是立即开始好一些。
Hái shì lì jí kāi shǐ hǎo yī xiē
하이스 리지 카이쓰 하오 이씨에

0382 술을 끊는 게 좋겠어요.
你还是戒酒吧。
Nǐ hái shì jiè jiǔ ba
니 하이스 지에지우바

*还是는「그래도 ~하는 것이 낫다」라는 의미로 제안의 의미를 갖는다.

0383 괜찮다면 같이 가시죠.
方便的话一起走吧。
Fāngbiàn de huà yī qǐ zǒu ba
팡비엔더화 이치 조우바

Unit 2 제안을 받아들일 때

0384 좋습니다.
好吧。
Hǎo ba
하오바

* 「좋다」는 말은 好, 行, 同意등의 말이 있고, 很, 太, 完全등의 부사를 사용하여 의미를 강조하기도 한다.

0385 네, 그렇게 하겠습니다.
好, 就那样吧。
Hǎo jiù nà yàng ba
하오 지우 나양바

0386 감사합니다. 그렇게 해 주세요.
谢谢, 那就请吧。
Xiè xie nà jiù qǐng ba
씨에시에 나지우 칭바

0387 그거 좋은 생각이군요.
那想法真不错。
Nà xiǎng fǎ zhēn bù cuò
나 썅파 전 부춰

* 不错를 직역하면 「틀리지 않다, 나쁘지 않다」 즉 「그저 그렇다」라고 해석이 되는데 不错는 很好 (매우 좋다)의 의미임을 꼭 기억해두자.

0388 그거 재미있겠는데요.
肯定会有意思的。
Kěn dìng huì yǒu yì sī de
컨띵 후이여우 이쓰더

* 肯定은 가정을 나타내는 조동사로서 「~할 것이다, ~할 것 같다」라고 해석이 된다.

0389 그렇게 합시다.
就那么的吧。
Jiù nà me de ba
지우 나머더바

0390 그거 괜찮겠군요.
那好哇。
Nà hǎo wā
나 하오와

0391 기꺼이 당신의 제의를 받아들이겠습니다.
我很高兴地接受您的提议。
Wǒ hěn gāo xīng de jiē shòu nín dē tí yì
워헌 까오씽더 지에셔우 닌더 티이

* 조사 地는 的와 같은 역할을 하는데, 地는 형용사나 부사에 붙고, 특히 2음절의 형용사가 중첩이 될 때에는 반드시 붙여줘야 한다.

Unit 3 제안을 거절할 때

0392 그럴 기분이 아닙니다.
我没有心思这么做。
Wǒ méi yǒu xīn sī zhè mè zuò
워 메이여유 씬쓰 쩌머쭤

0393 그렇게 하지 마세요.
不要那么做。
Bú yào nà mè zuò
부야오 나머 쭤

* 要는「~하려하다, ~해야만 한다」라고 해석하며 의지를 나타낸다.

0394 고맙지만, 됐습니다.
谢谢，不用了。
Xiè xie bú yòng le
씨에시에 부융러

0395 그럴 생각이 없습니다.
我不想那样。
Wǒ bù xiǎng nà yàng
워 뿌샹 나양

0396 다음 기회로 미룰까요?
下次再找机会好不好?
Xià cì zài zhǎo jī huì hǎo bù hǎo
샤츠 짜이자오 지후이 하오부하오

0397 그러고 싶지만, 선약이 있어요.
我倒是想去，可已经约了人。
Wǒ dǎo shì xiǎng qù   kě yǐ jīng yuē le rén
워 따오스 쌍취   커이징 위에러런

* 已经은「이미」라는 의미로 과거형 문장과 함께 사용된다.

Unit 4 권유할 때

0398 앉으십시오.
请坐。
Qǐng zuò
칭 쭤

*请을 문장 앞에 붙여서 부탁의 의미나 공경의 의미를 표현한다.

0399 보십시오.
请看。
Qǐng kàn
칭 칸

0400 들어오십시오.
请进。
Qǐng jìn
칭 찐

0401 드십시오.
请吃。
Qǐng chī
칭 츠

0402 좀더 드십시오.
请再多吃点儿。
Qǐng zài duō chī diǎnr
칭 짜이뛰 츠디알

0403 식사하며 이야기를 나눌 수 있을까요?
可不可以边吃边谈。
Kě bù kě yǐ biān chī biān tán
커부 커이 비엔츠 비엔탄

*边~边~는「한편으로는 ~하고, 또 한편으로는 ~하다」라는 의미로 우리말의「~하면서 ~하자」라고 해석하면 된다. 두 가지 동작이 동시에 일어나는 상황을 묘사할 때 자주 사용되는 표현이다.

0404 담배 피우세요.
请抽烟。
Qǐng chōu yān
칭 처우옌

88 유창한 대화를 위한 표현

0405 편하실 대로하십시오.
请随便。
Qǐng suí biàn
칭 수이비엔

0406 테니스 치러 가시죠?
去不去打网球?
Qù bù qù dǎ wǎng qiú
취부취 따 왕치우

0407 커피 한 잔 드시겠어요?
来一杯咖啡吧?
Lái yī bēi kā fēi ba
라이 이뻬이 카페이바

*来는 원래「오다」라는 의미의 동사이나, 이 문장에서는「마시다」라고 해석하는 것이 옳다.

0408 저하고 쇼핑 가실래요?
跟我一起去购物, 好吗?
Gēn wǒ yī qǐ qù gòu wù hǎo má
껀워 이치처 꺼우우 하오마

*상대은 쇼핑 갈 뜻이 없지만, 본인이혼자 가고 싶지 않아 부탁하는 경우
*跟 ~와 함께 = 和(hé)

0409 창문을 열까요?
开开窗户, 好吗?
Kāi kāi chuāng hù hǎo má
카이카이 추앙후 하오마

0410 제가 가방을 들어 드릴까요?
我给您玲包, 好码?
Wǒ gěi nín líng bāo hǎo mǎ
워 게이닌 링빠오 하오마

0411 맥주 한 잔 하시겠어요?
来一杯啤酒, 好吗?
Lái yī bēi pí jiǔ hǎo má
라이 이뻬이 피지우 하오마

0412 제가 안내를 해 드릴까요?
我给你做导游, 好吗?
Wǒ gěi nǐ zuò dǎo yóu hǎo má
워 게이니 쭤 따오여우 하오마

Unit 5 권유에 대한 응대

0413 감사합니다.
谢谢你。
Xiè xie nǐ
씨에시에 니

0414 정말로 감사합니다.
非常感谢!
Fēi cháng gǎn xiè
페이창 깐씨에

我很感谢。
Wǒ hěn gǎn xiè
워헌 깐씨에

0415 진심으로 감사드립니다. (관심을 가져 주셔서 감사드립니다)
谢谢你的关心。
Xiè xie nǐ de guān xīn
씨에시에 니 더 꽌씬

Unit 6  권유의 감사에 대한 응대

0416 천만에요.
不客气。
Bú kè qì
부커치

没关系。
Méi guān xì
메이꽌씨

不用谢。
Bú yòng xiè
부용씨에

0417 신경 쓰지 마십시오.
请不要张罗。
Qǐng bú yào zhāng luó
칭 부야오 장루어

90 유창한 대화를 위한 표현

부탁과 요구를 할 때

Key Point

부탁을 할 때에는 「请(qǐng)」을 문장 앞에 붙여서 부탁의 의미나 공경의 의미를 표현합니다. 부탁이나 의뢰를 할 때는 「可以(kěyǐ), 能(néng)」 등의 가능을 물어보는 조동사가 함께 쓰입니다. 이 때 문장 마지막에 「吗(ma)」를 붙여서 의문문을 만들 수도 있지만 조동사의 긍정과 부정을 함께 사용하여 의문문을 만들 수도 있습니다. 부탁과 의뢰의 대답은 상대방이 묻는 문장에 사용한 조동사를 이용하여 대답을 하면 됩니다.

Unit 1 부탁할 때

0418 부탁드려도 되겠습니까?
托你办件事，行吗?
Tuō nǐ bàn jiàn shì   xíng ma
퉈니 빤지엔스   씽마

0419 부탁 하나 해도 될까요?
可以拜托您一件事吗?
Kě yǐ bài tuō nín yí jiàn shì ma
커이 바이퉈닌 이지엔스마

0420 부탁드릴 일이 있습니다.
有件事想拜托您。
Yǒu jiàn shì xiǎng bài tuō nín
여우지엔스 씨앙 빠이퉈닌

0421 몇 가지 부탁드려도 될까요?
我可以托付你几件事吗?
Wǒ kě yǐ tuō fù nǐ jǐ jiàn shì ma
워 커이 퉈푸니 지지엔스마

0422 길 안내 좀 부탁드립니다.
请给我带路，好吗?
Qǐng gěi wǒ dài lù   hǎo ma
칭 게이워 따이루   하오마

0423 전화 좀 해 주시겠어요?
你给我打电话，好吗?
Nǐ gěi wǒ dǎ diàn huà hǎo ma
니 게이워 따띠엔화　하오마

0424 미안하지만, 잠깐 묻겠습니다.
麻烦你，打听一下。
Má fán nǐ dǎ tīng yī xià
마판니　따팅 이싸

0425 이것을 잠깐 보여 주세요.
请给我看看这个。
Qǐng gěi wǒ kàn kan zhè ge
칭 게이워 칸칸 쩌거

0426 잠깐 시간 좀 내 주시겠어요?
请给我一点儿时间。
Qǐng gěi wǒ yī diǎn r shí jiān
칭 게이워 이디알 스지엔

0427 좀 서둘러 주세요.
请快点儿。
Qǐng kuài diǎn r
칭 콰이디알

0428 잠시 폐를 끼쳐도 될까요?
可以打扰您一下吗
Kě yǐ dǎ rǎo nín yí xià má
커이 따라오 닌 이싸마

*打扰는 「방해하다, 지장을 주다」라는 의미로 麻烦과 같은 의미로 사용될 수 있다.

0429 제가 좀 끼어도 될까요?
可以算我一个吗?
Kě yǐ suàn wǒ yí gè má
커이 쑤안워 이거마

0430 제 자동차 문을 열어 주시겠습니까?
麻烦您帮我打开车门行吗?
Má fán nín bāng wǒ dǎ kāi chē mén xíng má
마판닌 빵워 따카이 처먼 씽마

*위 문장에서 麻烦은 请의 의미로 사용되어 청유형 문장을 만든다.

 Unit 2   부탁을 승낙할 때

0431 좋습니다(됩니다).
行。
Xíng
씽

0432 좋습니다. 하십시오.
可以，请。
Kě yǐ qǐng
커이   칭

0433 좋아요, 하세요.
好，请吧。
Hǎo qǐng ba
하오 칭바

0434 괜찮습니다.
没关系。
Méi guān xì
메이 꽌씨

0435 문제없습니다.
没问题。
Méi wèn tí
메이 원티

0436 물론 됩니다.
当然可以。
Dāng rán kě yǐ
땅란 커이

0437 그렇게 하세요. (서슴지 않고 부탁을 들어줄 때)
完全可以。
Wánquán kě yǐ
완췐 커이

0438 문제없습니다. 꼭 해드리겠습니다.
没问题，我一定给你办。
Méi wèn tí   wǒ yī dìng gěi nǐ bàn
메이 원티 워 이띵 게이니 빤

부탁과 요구를 할 때 93

가능하다면, 제가 하겠습니다.
0439
要是可能的话，我来。
Yào shì kě néng de huà　　wǒ lái
야오 스커넝더후아　　워라이

뭐, 그 정도쯤이야.
0440
咳，那算啥?
Hāi　　nà suàn shá
하이　　나쏸사

힘껏 해 보겠습니다.
0441
我会尽力的。
Wǒ huì jìn lì de
워후이 진리더

Unit 3 부탁을 거절할 때

미안합니다만, 안 됩니다.
0442
对不起，不行。
Duì bù qǐ　　bù xíng
뚜이뿌치　　뿌씽
*行은 「되다, 하다」의 의미로 사용되었으며, 허가에 대한 물음에 답할 때에도 사용된다.

그렇게는 안 되겠습니다.
0443
可能不至于吧。
Kě néng bú zhì yú bā
커넝 부즈위바

고맙지만, 필요 없습니다.
0444
谢谢，我不要了。
Xiè xie　　wǒ bú yào le
씨에시에　　워 부야오러

미안합니다, 정말 못합니다.
0445
对不起，我真的不会。
Duì bù qǐ　　wǒ zhēn de bú huì
뚜이부치　　워 쩐더 부후이

94 유창한 대화를 위한 표현

0446 이건 너무 심한 것 같습니다.
我实在是无能为力啊。
Wǒ shí zài shì wú néng wéi lì a
워 스짜이스 우넝 웨이리아

0447 다음 기회로 하죠.
下次机会吧。
Xià cì jī huì ba
쌰츠 지후이바

0448 다음에 다시 불러 주십시오.
下次再请我吧。
Xià cì zài qǐng wǒ ba
쌰츠 짜이 칭워바

0449 안 되겠는데요.
这恐怕不行。
Zhè kǒng pà bù xíng
쩌 콩파 뿌씽

*恐怕는「아마~일 것이다」라는 의미로 나쁜 결과가 예상되는 문장에 사용된다.

0450 다음에 다시 이야기합시다.
下次再说吧。
Xià cì zài shuō ba
쌰츠짜이쉬바

0451 미안하지만, 도와드릴 수 없습니다.
对不起，我帮不了您的忙。
Duì bù qǐ wǒ bāng bù liǎo nín de máng
뚜이부치 워 빵부랴오 닌더망

0452 잠시 생각해 보겠습니다.
让我考虑考虑。
Ràng wǒ kǎo lǜ kǎo lǜ
랑워 카오뤼카오뤼

0453 나중에 또 기회가 있겠지요.
以后还会有机会的。
Yǐ hòu hái huì yǒu jī huì de
이허우 하이후이여우 지후이더

Unit 4 요청하거나 요구할 때

0454 잠깐만 기다려 주십시오.
请等一下。
Qǐng děng yī xià
칭 떵이쌰

0455 저를 따라 오십시오.
请跟我来。
Qǐng gēn wǒ lái
칭 껀워라이

0456 다시 한번 말씀해 주십시오.
请再说一遍。
Qǐng zài shuō yī biàn
칭 짜이숴 이비엔

0457 좀 천천히 말씀해 주십시오.
请说慢一点儿。
Qǐng shuō màn yī diǎn r
칭숴 만이디얄

0458 계속 말씀하십시오.
请接着说。
Qǐng jiē zhe shuō
칭 지에서숴

0459 여기에 써 주십시오.
请写在这儿。
Qǐng xiě zài zhè r
칭 씨에 짜이쩔

0460 말을 전해 주십시오.
请转告。
Qǐng zhuǎn gào
칭 쫜까오

0461 잠깐 제 대신 좀 해 주시겠어요?
您能替我一会儿吗?
nín néng tì wǒ yí huì r má
닌넝 티워 이후일마

96 유창한 대화를 위한 표현

Unit 5 바램을 나타낼 때

0462 방해하지 말아 주십시오.
请勿打扰。
Qǐng wù dǎ rǎo
칭우 따라오

0463 원합니다.
我要。
Wǒ yào
워야오

0464 원하지 않습니다.
我不要。
Wǒ bú yào
워 부야오

0465 아무것도 필요 없습니다.
我什么都不要。
Wǒ shén me dōu bú yào
워 선머떠우 부야오

0466 선물을 좀 사고 싶습니다.
我想买点儿礼品。
Wǒ xiǎng mǎi diǎn r lǐ pǐn
워씨앙 마이 디얄 리핀

0467 가고 싶지 않습니다.
我不想去。
Wǒ bù xiǎng qù
워 뿌썅 취

0468 먹고 싶지 않습니다.
我不想吃。
Wǒ bù xiǎng chī
워 뿌썅 츠

0469 아무것도 먹고 싶지 않습니다.
我什么都不想吃。
Wǒ shén me dōu bù xiǎng chī
워 선머떠우 뿌썅 츠

부탁과 요구를 할 때

재촉하거나 여유를 말할 때

Key Point

중국어에서는 상대가 머뭇거리거나 말하기를 꺼려할 때, 또는 궁금한 사항에 대해서 이야기를 해주기를 재촉할 때는 동사를 중첩하여 어기를 더욱 강조하는 표현을 만듭니다. 또한 상대에게 빠른 행동을 재촉할 때는 快(kuài)를 접속하여 표현합니다. 반대로 상대가 조급하게 서두를 때는 여유를 가지라고 慢(màn)을 사용합니다.

Unit 1 말을 재촉할 때

0470 제발 말씀해 주세요.
求求您，告诉我。
Qiú qiú nín, gào su wǒ
치우치우닌   까오수 워
* 중국어에서는 동사를 중첩하여 어기를 더욱 강조하는 표현을 만든다.

0471 할말이 있으면 하세요.
您有话就说吧。
Nín yǒu huà jiù shuō ba
닌 요우화 지우 숴바

0472 이유를 말해 보세요.
请讲讲理由。
Qǐng jiǎngjiǎng lǐ yóu
칭 쟝쟝 리여우

0473 누가 그랬는지 말해 보세요.
你说说是谁干的。
Nǐ shuōshuō shì shéi gān dè
니 숴숴 스셰이 깐더

0474 그래서 당신은 뭐라고 했습니까?
那你说什么了?
Nà nǐ shuōshén me le
나 니숴 션머러

98 유창한 대화를 위한 표현

하고 싶은 말을 하세요.
0475 **你想说什么就说吧。**
nǐ xiǎng shuō shén me jiù shuō bā
니 샹 숴 선머지우 쥐바
*吧로 끝나는 문장은 권유를 나타내거나 긍정적인 대답을 요구하는 문장에 쓰인다.

 행동을 재촉할 때

서두르세요!
0476 **请抓点紧。**
Qǐng zhuā diǎn jǐn
칭 좌디엔진

서둘러 주시겠습니까?
0477 **请快一点好吗?**
Qǐng kuài yī diǎn hǎo mǎ
칭 콰이이디엔 하오마

서두르자.
0478 **我们赶紧吧。**
Wǒ mén gǎn jǐn bā
워먼 깐진바
*紧 서둘러, 힘껏

저 몹시 급해요.
0479 **我很着急的。**
Wǒ hěn zháo jí dè
워헌 쟈오지더

서둘러, 시간이 넉넉하지 않아.
0480 **快点, 时间不多了!**
Kuàidiǎn shí jiān bù duō le
콰이디엔 스지엔 뿌둬러

빨리 하세요!
0481 **快点干吧!**
Kuàidiǎn gān bā
콰이디엔 깐바

0482 지체할 시간이 없어요.
没有功夫耽误了。
Méi yǒu gōng fū dān wù le
메이여유 꽁푸 딴우러

0483 가능한 빨리 하세요.
尽可能快点吧。
Jìn kě néng kuài diǎn bā
찐커넝 콰이디엔바

0484 빨리 움직여!
快点动起来!
Kuài diǎn dòng qǐ lái
콰이띠엔 똥치라이

0485 빨리 나오세요!
快出来!
Kuài chū lái
콰이 추라이

0486 속도를 좀 내세요.
加快点速度!
Jiā kuài diǎn sù dù
쟈콰이디엔 쑤두

0487 지금 당장 해 주세요.
现在立即处理吧。
Xiàn zài lì jí chù lǐ bā
씨엔짜이 리지 추리바

*立即 즉시, 당장

0488 빨리 해 주세요.
请尽快办好。
Qǐng jìn kuài bàn hǎo
칭찐 콰이빤 하오

0489 시간이 없어요.
没有时间。
Méi yǒu shí jiān
메이여유 스지엔

 Unit 3 여유를 가지라고 말할 때

0490 천천히 하세요.
请慢慢来。
Qǐng mànmàn lái
칭 만만라이
*来 (어떤 동작이나 행동을) 하다, 구체적인 동사를 대신하여 사용함

0491 서두를 필요 없어요.
用不着着忙的。
Yòng bù zháozhuómáng de
융부쟈오 쭈어망더

0492 나중에 해도 돼요.
以后再干也行。
Yǐhòu zài gàn yě xíng
이허우 짜이깐예 씽

0493 너무 재촉하지 마세요.
不要催得那么厉害!
Bù yào cuī dé nà me lì hài
부야오 추이더 나머 리하이

0494 서두른다고 일이 빨리 되진 않아요.
你以为着急就能快呀?
Nǐ yǐ wéi zháo jí jiù néng kuài yā
니 이웨이 쟈오지 지우 넝콰이야

0495 시간이 많이 있습니다.
时间很充分。
Shí jiān hěn chōng fēn
스지엔 헌 충펀

0496 날 재촉하지 마!
你不要催我!
Nǐ bú yào cuī wǒ
니 부야오 추이워

주의와 충고를 할 때

Key Point

중국어에서 조언이나 충고를 할 때 자주 쓰이는 표현 중 하나가 「~하지 않는 편이 좋습니다」라는 것이 있습니다. 「最好(zuìhǎo)~」로 표기하며, 주로 뒤에 「~ 때문에, ~하니까」 등의 단서가 붙습니다. 예문) 你最好禁止吸烟, 因为抽烟对身体不好. (담배 Nǐ zuì hǎo jìn zhǐ xī yān yīn wèi chōu yān duì shēn tǐ bù hǎo 는 몸에 해롭기 때문에 금연하는 것이 좋습니다.)

Unit 1 주의를 줄 때

0497
화를 내지 마세요.
你不要发火。
Nǐ bù yào fā huǒ
니 부야오 파훠

0498
자동차를 조심하세요!
当心汽车!
Dāng xīn qì chē
땅씬 치처

0499
그러면 안 돼요.
你可不要那样。
Nǐ kě bú yào nà yàng
니 커부야오 나양

0500
이러시면 안 되는 데요.
你这样做可不好。
Nǐ zhè yàng zuò kě bù hǎo
니 쩌양쭤 커뿌하오

0501
개의치 마십시오.
你不要介意。
Nǐ bú yào jiè yì
니 부야오 찌에이

쓸데없는 짓 말아요.
0502 你不要白费心了。
Nǐ bú yào bái fèi xīn le
니 부야오 바이페이씬러

그것을 중지하도록 하세요.
0503 那个就那么停止吧。
Nà gè jiù nà me tíng zhǐ bā
나거 찌우 나머 팅즈바

주의하는 것이 좋겠어요!
0504 我看你还是注意点好。
Wǒ kàn nǐ hái shì zhù yì diǎn hǎo
워칸 니 하이스 주이 디엔 하오

 Unit 2 충고할 때

나를 실망시키지 마세요.
0505 不要让我失望。
Bù yào ràng wǒ shī wàng
부야오 랑워 스왕

잊지 말고 기억하세요.
0506 你可要记住, 别忘了!
Nǐ kě yào jì zhù   bié wàng le
니 커야오 찌주   비에 왕러

*住는 동작을 통해 대상에 영향을 주고 그 영향을 받은 대상을 한 지점에 고정시킨다.
*记住 기억하는 동작을 하고 계속 기억 속에 두다.

자존심을 버리세요.
0507 抛弃你的自尊吧。
Pāo qì nǐ de zì zūn bā
파오치 니더 쯔쭌바

선수를 치세요.
0508 你要先发制人。
Nǐ yào xiān fā zhì rén
니야오 씨엔 파즈런

주의와 충고를 할 때 103

0509 일찍 자고 일찍 일어나는 게 좋아요.
还是早睡早起好。
Hái shì zǎo shuì zǎo qǐ hǎo
하이스 짜오쑤이 짜오치 하오

0510 너는 진지해야 해.
你一定要真诚。
Nǐ yī dìng yào zhēnchéng
니 이띵야오 전청

0511 남의 말을 액면 그대로 받아들이지 마세요!
可不要人家说什么信什么。
Kě bù yào rén jiā shuō shén me xìn shén me
커부야오 런쟈 숴션머 씬션머
*人家 남, 다른 사람

0512 최선을 다해라.
你一定要全力以赴啊!
Nǐ yī dìng yào quán lì yǐ fù ā
니 이띵야오 첸리 이푸아

0513 규칙대로 하는 것이 좋을 겁니다.
还是照规矩来好一些。
Hái shì zhào guī jǔ lái hǎo yī xiē
하이스 자오꾸이쥐라이 하오이씨에

0514 말보다는 행동이 중요해요.
行动比宣言更重要。
Xíngdòng bǐ xuān yán gèngzhòng yào
씽똥 비쉔옌 껑 쫑야오

0515 담배를 끊으셔야 해요.
烟是一定要戒的。
Yān shì yī dìng yào jiè de
옌스 이띵야오 찌에더

0516 당신은 그 생각을 버려야 해요.
你要抛弃这种 想法。
Nǐ yào pāo qì zhè zhǒng xiǎng fǎ
니야오 파오치 쩌쫑 썅파

거리낌없는 감정 표현

Chinese Coversation for Beginners — 5

1. 희로애락과 호불호
2. 여러 가지 감정을 나타낼 때
3. 걱정과 후회를 나타낼 때
4. 불만과 불평을 할 때
5. 감탄과 칭찬을 할 때
6. 비난과 화해를 할 때

중국인은 감정을 표시할 때 아주 신중하며 직접적인 감정표현을 경시하는 경향이 있습니다. 이것은 개인의 내면에 관계되는 생활의 일체이며 상당히 엄격하게 지켜집니다. 때로는 어떤 상황에서든지 약간의 감정조차 표시하려 들지 않습니다. 따라서 이별이나 사망 시에도 노골적으로 나타내지 않습니다. 여기서는 자연스럽게 자신의 감정을 드러내는 다양한 표현을 익히도록 합니다.

희로애락과 호불호

Key Point

감정을 나타내는 표현들은 무수히 많습니다. 「기쁘다, 즐겁다」 등의 표현에는 대표적으로 高兴(gāoxìng), 开心(kāixīn) 등이 사용되며, 「화나다」는 生气(shēngqì), 「슬프다」는 伤心(shāngxīn), 悲哀(bēiāi) 등의 표현이 자주 쓰입니다. 또한 감정을 강조할 때는 非常(fēicháng), 很(hěn) 등의 부사를 사용하여 강조합니다.

Unit 1 기쁘거나 즐거울 때

0517 전 몹시 기쁩니다.
我非常高兴!
Wǒ fēi cháng gāo xìng
워 페이챵 까오씽
*非常 대단히, 심히

0518 무척 기뻐요!
我太高兴了!
Wǒ tài gāo xìng le
워 타이 까오씽러

0519 정말 즐겁습니다.
真愉快!
Zhēn yú kuài
쩐 위콰이

0520 날아갈 듯 해.
高兴得要飞了!
Gāo xìng de yào fēi le
까오씽더 야오페이러

0521 기분 끝내주는군!
心情盖了冒了!
Xīn qíng gài le mào le
씬칭 까이러마오러

0522 정말 재미있습니다.
很有意思。
Hěn yǒu yì sī
헌여우이스

0523 좋아서 미치겠어요.
高兴得要疯了!
Gāo xìng de yào fēng le
까오씽더 야오펑러

0524 마음이 아주 편안해요.
心情好安详啊。
Xīn qíng hǎo ān xiáng a
씬칭 하오안샹아

0525 네가 잘돼서 나도 기뻐!
你好了我也高兴。
Nǐ hǎo le wǒ yě gāo xìng
니하오러 워예 까오씽

0526 듣던 중 반가운 소식인데요.
好久才盼来好消息。
hǎo jiǔ cái pàn lái hǎo xiāo xī
하오지우 차이판라이 하오쌰오씨

0527 이 얼마나 다행인가요.
这多么幸运啊
Zhè duō me xìng yùn a
쩌 뚸머 씽윈아

0528 야, 만세!
哇, 万岁!
Wā   wàn suì
와   완쑤이
*万岁 만세 (장구하기를 축복하는 말)

0529 브라보!
好! 好哇!
Hǎo   hǎo wā
하오   하오와
*哇 아, 와!, 어머! (뜻밖의 놀람을 나타낼 때 단독으로 쓰이는 감탄사)

희로애락과 호불호 107

Unit 2 화가 날 때

0530 왜 저한테 화를 내세요?
你为什么跟我生气?
Nǐ wéi shén me gēn wǒ shēng qì
니 웨이선머 껀워 셩치

0531 날 화나게 하지 마세요.
请你不要惹我生气。
Qǐng nǐ bù yào rě wǒ shēng qì
칭니 부야오 러워 셩치

0532 화내지 마세요.
别生气了。
Bié shēng qì le
삐에 셩치러

0533 그가 또 약속을 어겼어. 너무 화가 나.
他又没有守约, 真气死人了。
Tā yòu méi yǒu shǒu yuē zhēn qì sǐ rén le
타 여우 메이여우 셔우위에 쩐 치쓰런러

0534 미치겠어요.
气疯了。
Qì fēng le
치펑러

0535 참는 것도 한도가 있어요.
忍耐是有限度的。
Rěn nài shì yǒu xiàn dù de
런나이스 여우시엔뚜더

0536 정말 열 받는군!
真叫人气死了。
Zhēn jiào rén qì sǐ le
쩐 쟈오런 치쓰러

0537 더 이상은 못 참겠어요.
我再也忍受不了了。
Wǒ zài yě rěn shòu bù liǎo le
워짜이예 런셔우뿌랴오러

Unit 3 슬플 때

0538 아, 슬퍼요!
啊, 真悲伤!
Ā zhēn bēi shāng
아 쩐 베이샹

0539 나는 마음이 아픕니다.
我心里好痛苦。
Wǒ xīn lǐ hǎo tòng kǔ
워 씬리 하오통쿠

0540 슬퍼서 울고만 싶습니다.
我很伤心, 只想哭。
Wǒ hěn shāng xīn zhǐ xiǎng kū
워 헌샹씬 즈썅쿠

0541 슬퍼하지 마세요.
不要伤心了。
Bú yào shāng xīn le
부야오 샹씬러
* 不要 ~하지 마라 = 別(bié)

0542 기분을 좀 푸세요.
开开心吧。
Kāi kai xīn bā
카이카이씬바
* 开心 기분을 풀다

0543 진정하십시오.
请你镇静。
Qǐng nǐ zhèn jìng
칭니 쩐징

0544 이래서는 안 됩니다.
这可怎么行呢。
Zhè kě zěn me xíng ne
쩌커 쩐머 씽너
* 行(xíng) 되다, 不行(bùxíng) 안 되다

Unit 4 좋아하는 것을 말할 때

0545 어떤 종류의 영화를 좋아하세요?
你喜欢什么类型的电影?
Nǐ xǐ huān shén me lèi xíng de diànyǐng
니 시환 션머레이씽더 띠엔잉

0546 재즈를 좋아하세요?
你喜欢爵士舞吗?
Nǐ xǐ huān jué shì wǔ mǎ
니 시환 쮀스우마

0547 어느 프로그램을 가장 좋아합니까?
你最喜欢看哪个栏目?
Nǐ zuì xǐ huān kàn nǎ gè lán mù
니 쭈이 시환 칸 나거 란무

0548 어떤 날씨를 좋아하세요?
你喜欢什么样的天气?
Nǐ xǐ huān shén me yàng de tiān qì
니 시환 션머양더 티엔치

0549 나는 춤추러 가는 것을 좋아합니다.
我喜欢去舞厅跳舞。
Wǒ xǐ huān qù wǔ tīng tiào wǔ
워 시환 취 우팅 탸오우

0550 나는 음악 듣기를 좋아합니다.
我喜欢听音乐。
Wǒ xǐ huān tīng yīn yuè
워 시환 팅인위에

0551 나는 비디오게임광입니다.
我是电脑游戏迷。
Wǒ shì diàn nǎo yóu xì mí
워스 띠엔나오 여우씨미

0552 난 그가 좋아 미칠 지경이야.
我喜欢他喜欢得快要疯了。
Wǒ xǐ huān tā xǐ huān dé kuài yào fēng le
워 시환 타 시환더 콰이야오 펑러

110 거리낌없는 감정 표현

0553 커피보다는 홍차를 마시겠습니다.
喝咖啡还不如喝红茶呢。
Hē kā fēi hái bù rú hē hóng chá ne
허 카페이 하이뿌루 허 훙차너

0554 토크쇼 보는 것을 가장 좋아합니다.
最喜欢看访谈节目。
Zuì xǐ huān kàn fǎng tán jié mù
쭈이시환 칸팡탄 졔무

0555 나는 포도주보다는 맥주가 좋습니다.
比起葡萄酒我更喜欢啤酒。
Bǐ qǐ pú táo jiǔ wǒ gèng xǐ huān pí jiǔ
비치 푸타오지우 워 껑씨환 피지우

Unit 5 싫어하는 것을 말할 때

0556 나는 춤추는 것을 몹시 싫어합니다.
我最讨厌跳舞了。
Wǒ zuì tǎo yàn tiào wǔ le
워 쭈이 타오옌 탸오우러

0557 나는 이런 종류의 음식이 싫습니다.
我不喜欢吃这种类型的食物。
Wǒ bù xǐ huān chī zhè zhǒng lèi xíng de shí wù
워 뿌씨환 츠 쩌중 레이씽더 스우

0558 그다지 좋아하는 것은 아닙니다.
我并不是太喜欢。
Wǒ bìng bú shì tài xǐ huān
워 삥부스 타이 씨환

0559 나는 팝 음악을 싫어해.
我讨厌流行音乐。
Wǒ tǎo yàn liú xíng yīn yuè
워 타오옌 리우씽 인위에

*讨厌 싫어하다

희로애락과 호불호 111

여러 가지 감정을 나타낼 때

Key Point

모든 감탄사는 상황에 따라 어감에 따라 다르게 사용될 수 있습니다. 감탄사는 문법적인 체계가 아닌, 관습으로 형성되기 때문입니다. 갑작스런 상황에서 나오는 감탄사를 잘 구사한다면 중국인들과의 교감이 잘 이루어질 것입니다. 「긴장」이라는 말은 紧张(jǐnzhāng)이라고 표기를 하는데 紧张은 「긴장하다」라는 의미 이외에 「기대된다」라는 의미로도 사용됩니다.

Unit 1 부끄러울 때

0560
당신 차례예요. 수줍어 마세요.
轮到你了, 不要不好意思。
Lún dào nǐ le   bú yào bù hǎo yì sī
룬따오니러   부야오 뿌하오이스

0561
저는 이에 대해 부끄럽게 생각합니다.
我对此感到很惭愧。
Wǒ duì cǐ gǎn dào hěn cán kuì
워뚜이츠 깐따오 헌 찬쿠이

0562
이 일은 나로서는 수치입니다.
这事对我来说是个羞耻。
Zhè shì duì wǒ lái shuō shì gè xiū chǐ
쩌스 뚜이워 라이숴 스거 씨우츠

0563
너는 창피한 줄 알아야지.
你要知道羞耻。
Nǐ yào zhī dào xiū chǐ
니야오 즈따오 씨우츠

0564
창피한 줄 아세요.
你不嫌丢脸吗?
Nǐ bù xián diū liǎn má
니 뿌씨엔 디우리엔마

Unit 2 유감스러울 때

정말 유감입니다.
真遗憾。
Zhēn yí hàn
쩐 이한

만약 그렇다면, 너무나 유감스럽습니다.
要是那样，那太遗憾了。
Yào shì nà yàng nà tài yí hàn le
야오스 나양 나타이 이한러

당신이 오시지 않아서 너무 유감스러웠습니다.
你不能来真是太遗憾了！
Nǐ bù néng lái zhēn shì tài yí hàn le
니 뿌넝라이 쩐스 타이 이한러

유감스럽지만, 아닙니다.
很遗憾，不是的。
Hěn yí hàn bú shì de
헌 이한 부스더

Unit 3 부러울 때

무척 부럽습니다.
非常羡慕。
Fēi cháng xiàn mù
페이창 씨엔무

난 네가 정말 부러워.
我真羡慕你！
Wǒ zhēn xiàn mù nǐ
워쩐 씨엔무 니

저도 당신의 용기가 부럽습니다.
我也很羡慕你的勇气。
Wǒ yě hěn xiàn mù nǐ de yǒng qì
워예 헌시엔무 니더용치

Unit 4 질투할 때

다른 사람을 시기해본 적이 있어요?
你妒忌过别人吗?
Nǐ dù jì guò bié rén mǎ
니 뚜지꿔 삐에런마

서로 의심하고 질투하지 말아요.
你们不要互相猜忌。
Nǐ mèn bú yào hù xiāng cāi jì
니먼 부야오 후씨앙 차이지

남을 질투하는 것은 나쁜 버릇입니다.
嫉妒别人是不好的习惯。
Jí dù bié rén shì bù hǎo dè xí guàn
지뚜 삐에런 스 뿌하오더 시판

Unit 5 초조할 때

무슨 걱정거리가 있습니까?
有什么心事吗?
Yǒu shén mè xīn shi mǎ
여우션머 씬스마

무슨 걱정이라도 있습니까?
你有什么忧虑吗?
Nǐ yǒu shén mè yōu lǜ mǎ
니 여우션머 여우뤼마

그는 왜 안절부절못하죠?
他怎么坐立不安呢?
Tā zěn mè zuò lì bù ān ne
타 쩐머 쭤리뿌안너

무슨 일로 그렇게 조급해 하세요?
你有什么事那么着急?
Nǐ yǒu shén mè shì nà mè zháo jí
니여우 션머스 나머 쨔오지

난 지금 좀 긴장돼.
我现在有点紧张。
Wǒ xiàn zài yǒu diǎn jǐn zhāng
워 씨엔짜이 여우디엔 진장

긴장을 풀어 봐.
你放松一下。
Nǐ fàngsōng yí xià
니 팡송 이샤

왜 그러세요?
你怎么了。
Nǐ zěn me le
니 쩐머러

＊상대방이 갑자기 이상한 행동을 할 때 사용한다.

Unit 6 무서울 때

무서워요.
我害怕。
Wǒ hài pà
워 하이파

정말 무섭군요.
真让人感到可怕。
Zhēnràng rén gǎn dào kě pà
전 랑런 깐따오 커파

무서워하지 마!
别怕，不要怕!
Bié pà   bú yào pà
삐에 파   부야오 파

그건 별거 아니야.
这没什么了不起。
Zhè méi shén me liǎo bú qǐ
쩌 메이션머 랴오부치

＊了는 (liǎo)와 (le)로 읽는다. 이처럼 한 글자가 뜻의 차이에 따라 두 가지 이상의 발음으로 읽히는 것은 多音字, 혹은 破音字라고 한다.

걱정과 후회를 나타낼 때

Key Point

상대의 걱정에 대한 위로는 사회생활을 원활히 하기 위한 첫걸음으로 불의의 사고, 재난, 병 등에 대한 동정을 나타내는 것은 자연스런 감정이기도 합니다. 근심스런 표정을 하고 있으면 什么事啊(shénmeshìa)?(무슨 일이야?)라고 물어봅시다. 상대를 위로하거나 용기를 북돋아줄 때, 또는 응원할 때는 우리말의 「힘내!」에 해당하는 加油(jiāyóu)!를 외쳐봅시다.

Unit 1 상대의 걱정을 물을 때

0586
무슨 일이야?
什么事啊?
Shén me shì a
션머스아

0587
뭘 그리 초조해하고 있니?
什么事那么焦心?
Shén me shì nà me jiāo xīn
션머스 나머 쟈오씬

0588
무엇 때문에 괴로워하고 있는 거야?
什么事让你这么难过?
Shén me shì ràng nǐ zhè me nán guò
션머스 랑니 쩌머 난궈

0589
걱정되는 일이라도 있으세요?
你有什么忧心事吗?
Nǐ yǒu shén me yōu xīn shì ma
니 여우 션머 여우씬스마

0590
무슨 일로 걱정하세요?
你为什么事担忧?
Nǐ wèi shén me shì dān yōu
니 웨이션머 스 딴여우
*为什么 왜, 어째서

116 거리낌없는 감정 표현

0591 집에 무슨 일이 있으세요?
家里有什么事吗?
Jiā lǐ yǒu shén me shì mǎ
쟈리 여우 션머스마

0592 그녀가 안 오면 어떡하죠?
她要是不来可怎么办?
Tā yào shì bù lái kě zěn me bàn
타 야오스 뿌라이 커쩐머빤

＊她는 여자를 가리킬 때 쓰이고, 他는 남자를 가리킬 때 쓰인다.

0593 우울해 보이네요.
看着挺忧郁的。
Kàn zhe tǐng yōu yù de
칸저 팅여우위더

0594 안색이 형편없군요.
你的脸色很不好啊。
Nǐ de liǎn sè hěn bù hǎo ā
니더 리엔써 헌뿌하오아

0595 걱정되는 일이 있었나요?
您有什么焦心事吗?
Nín yǒu shén me jiāo xīn shì mǎ
닌 여우션머 쟈오씬스마

0596 무슨 일이 잘못됐니?
出了什么差错吗?
Chū le shén me chā cuò mǎ
추러 션머 차추오마

0597 저는 이제 어떡하죠?
我该如何是好?
Wǒ gāi rú hé shì hǎo
워까이 루허 스하오

＊如何 어떻게 하면

0598 한잠도 못 잤어요.
一夜没合眼。
Yī yè méi hé yǎn
이예 메이 허옌

걱정과 후회를 나타낼 때 **117**

Unit 2 걱정을 말할 때

0599 요즘 기분이 좋지 않아요.
这几天心情不好。
Zhè jǐ tiān xīn qíng bù hǎo
쩌 지티엔 씬칭 뿌하오

0600 오늘은 어쩐지 기분이 이상해요.
今天这心情好古怪。
Jīn tiān zhè xīn qíng hǎo gǔ guài
찐티엔 쩌씬칭 하오꾸꽈이

0601 절망적인 기분이야.
心情绝望极了。
Xīn qíng jué wàng jí le
씬칭 줴왕 지러

Unit 3 걱정을 위로할 때

0602 걱정하지 마세요.
您不要担心。
Nín bú yào dān xīn
닌 부야오 딴씬

0603 걱정할 것 없어요.
用不着担心。
Yòng bù zháo dān xīn
융부쟈오 딴씬

0604 좋아질 거예요.
会好起来的。
Huì hǎo qǐ lái de
후이 하오치라이더

0605 결과에 대해 걱정하지 마세요.
您不用挂念结果。
Nín bú yòng guà niàn jié guǒ
닌 부융 꽈니엔 제궈

0606 그런 걱정은 깨끗이 잊어버리세요.
这样的担心干脆忘了吧。
Zhè yàng de dān xīn gān cuì wàng le ba
쩌양더 딴씬 깐추이 왕러바
* 干脆 깨끗하게, 차라리, 시원하게

0607 너무 심각하게 받아들이지 마세요.
不要把它想得太重。
Bú yào bǎ tā xiǎng dé tài zhòng
부야오 바타 썅더 타이쫑

0608 긍정적으로 생각하세요.
往好的方向想吧。
Wǎng hǎo de fāngxiàngxiǎng ba
왕하오더 팡샹 샹바

0609 너무 걱정하지 마세요. 다 잘 될 거예요.
用不着担心，都会好起来的。
Yòng bù zháo dān xīn dōu huì hǎo qǐ lái de
용뿌쟈오 딴씬 떠우후이 하오치라이더
* 担心 걱정하다 ↔ 放心(fàngxīn) 안심하다

0610 자, 힘을 내. 너는 할 수 있어.
来，加把劲，你会做到的!
Lái jiā bǎ jìn nǐ huì zuò dào de
라이 쟈바찐 니후이 쮜따오더

0611 그것은 문제없어요.
那没问题。
Nà méi wèn tí
나 메이원티

0612 기운 내!
加油啊!
Jiā yóu ā
쟈여우아!
* 加油 힘을 (더) 내다, 가일층 노력하다, 기운을 내다 (응원할 때 많이 쓰임)

0613 낙담하지 말아요.
不要气馁。
Bú yào qì něi
부야오 치네이

걱정과 후회를 나타낼 때

0614 진정하세요(흥분하지 마세요).
你不要激动。
Nǐ bú yào jī dòng
니 부야오 지똥

0615 걱정말고 말해요.
别担心，说吧。
Bié dān xīn　shuō bā
비에딴씬　숴바

0616 보기보다 어렵지 않아요.
比看着容易一些。
Bǐ kàn zhù róng yì yī xiē
비칸주 룽이 이씨에

*比 ～보다

0617 걱정해 주셔서 고맙습니다.
谢谢您为我费心。
Xiè xie nín wéi wǒ fèi xīn
씨에시에 닌웨이워 페이씬

*为는「～을 위하여」라는 의미로 사용될 때에는 4声으로 읽고,「～이 되다」라는 의미로 사용될 때에는 2声으로 읽는다.

Unit 4　아쉬워할 때

0618 당신에게 그걸 보여주고 싶었는데요.
真应该给你看看那个。
Zhēn yīng gāi gěi nǐ kàn kàn nà gè
쩐 잉까이 게이니 칸칸나거

0619 그 사람이 실패하다니 정말 안됐군요.
那人竟然失败，真是可惜了。
Nà rén jìng rán shī bài　zhēn shì kě xī le
나런 찡란 스빠이　쩐스 커시러

0620 그건 피할 수도 있었는데.
那其实是可避免的。
Nà qí shí shì kě bì miǎn de
나 치스스 커삐미엔더

0621 애당초 영어공부를 좀 열심히 했더라면 좋았을 텐데.
当初再用心学英语就好了。
Dāng chū zài yòng xīn xué yīng yǔ jiù hǎo le
땅추 짜이융씬 쉐잉위 지우하오러

0622 네 동정 따윈 필요 없어.
我才不需要你的同情呢。
Wǒ cái bú xū yào nǐ de tóngqíng ne
워차이 부쉬야오 니더 퉁칭너

0623 운이 좀 없었을 뿐이야.
不过是少了点运气。
Bú guò shì shǎo le diǎn yùn qì
부궈 스 샤오러디엔 윈치

0624 난 정말 이곳을 그리워할 거야.
我以后会怀念这个地方的。
Wǒ yǐ hòu huì huáiniàn zhè gè dì fāng de
워 이허우 후이 화이니엔 쩌거 띠팡더

0625 당신에게 그걸 보여주고 싶었는데요.
真应该给你看看那个。
Zhēn yīng gāi gěi nǐ kàn kàn nà gè
쩐 잉까이 게이니 칸칸나거

Unit 5 후회할 때

0626 그에게 사과했어야 하는 건데.
我应该向他道歉才是。
Wǒ yīng gāi xiàng tā dào qiàn cái shì
워 잉까이 쌍타 따오치엔 차이스

*道歉 사과하다. 道는 명사로 쓰일 때는 「길, 도로」의 뜻이지만, 동사로 쓰일 때는 「말하다」의 뜻이 된다.

0627 일을 저질러 놓고 보니 후회가 막심해요.
真正出事了，真是后悔莫及啊。
Zhēnzhèng chū shì le   zhēn shì hòu huǐ mò jí a
쩐쩡 추스러   쩐스 허우후이 머지아

걱정과 후회를 나타낼 때 121

0628 언젠가는 후회할 겁니다.
往后肯定会后悔的。
Wǎng hòu kěn dìng huì hòu huǐ de
왕허우 컨띵후이 허우후이더

* 后悔의 발음에 주의하자. hòu huǐ 「후회하다」의 뜻이지만, hòu huì로 읽으면 「다음 기회」라는 뜻이 된다.

0629 이젠 너무 늦었어.
现在已经太晚了。
Xiàn zài yǐ jīng tài wǎn le
씨엔짜이 이징 타이완러

0630 난 절대로 후회하지 않아.
我可不后悔。
Wǒ kě bú hòu huǐ
워 커부 허우후이

0631 언젠가 너는 그것을 후회하게 될 거야.
你有朝一日肯定会后悔的。
Nǐ yǒu zhāo yī rì kěn dìng huì hòu huǐ de
니 여우자오이르 컨띵후이 허우후이더

0632 나는 이 일을 맡은 것에 대해 결코 후회해 본 적이 없어.
我对承担这件事，从来没有后悔过。
Wǒ duì chéng dān zhè jiàn shì cóng lái méi yǒu hòu huǐ guò
워뚜이청단 쩌지엔쓰   총라이 메이여우 허우후이궈

0633 그는 항상 그런 식이에요.
他总是这么个德性。
Tā zǒng shì zhè me gè dé xìng
타쫑스 쩌머거 더씽

* 总是는 「항상, 늘」이란 의미로 每次와 같은 의미이다.

불만과 불평을 할 때

Key Point

우리나라 표현 중 격한 불만을 강조할 때 「~해 죽겠다」의 표현을 중국에서도 동일하게 쓰입니다. 예를 들면 「饿死了(èsǐliǎo) 배고파 죽겠다」, 「冷死了(lěngsǐliǎo) 추워 죽겠다」 등이 있습니다. 불만은 불만족의 준말입니다. 「만족하지 않다, 만족스럽지 못하다」라는 뜻입니다. 불평은 마음에 불만이 있어 못마땅하게 여기고, 그 못마땅함을 말이나 행동으로 드러내어 표현하는 것입니다. 불만이 원인이 되어 불평을 하게 되는 것이지요.

Unit 1 짜증날 때

 정말 지겨워 죽겠어.
0634 **真是烦死了，烦透了。**
Zhēn shì fán sǐ le fán tòu le
쩐스 판쓰러 판터우러

* ~死了 ~죽겠어 예)气死了(qì sǐ le) 화가 나 죽겠어

 하는 일에 싫증나지 않으세요?
0635 **你不厌倦你做的工作吗?**
Nǐ bú yànjuàn nǐ zuò de gōngzuò ma
니 부옌쥔 니 쭤더 꽁쭤마

 네, 이젠 진절머리가 나요.
0636 **是啊，已经厌倦得不得了。**
Shì a yǐ jīng yànjuàn dé bù dé liǎo
스아 이찡 옌쥔더 뿌더랴오

 그는 매우 짜증나게 해.
0637 **他可讨厌人了。**
Tā kě tǎo yàn rén le
타커 타오옌런러

 이런 생활에는 이제 넌더리가 나요.
0638 **这种日子我早腻了。**
Zhè zhǒng rì zi wǒ zǎo nì le
쩌종 르즈 워짜오 니러

0639 이젠 일에 싫증이 나요.
这事儿我已经厌倦了。
Zhè shì r wǒ yǐ jīng yàn juàn le
쩌슬 워이징 옌쥐엔러

0640 정말 스트레스 쌓이는군!
真让人受不了。
Zhēn ràng rén shòu bù liǎo
쩐랑런 서우부랴오

0641 지긋지긋해요, 그렇죠?
很腻人，是吧?
Hěn nì rén shì bā
헌니런 스바

0642 정말 지겨워요.
真令人厌烦。
Zhēn lìng rén yàn fán
쩐링런 옌판

0643 지루해 죽겠어요.
真是无聊死了。
Zhēn shì wú liáo sǐ le
쩐스 우랴오쓰러

0644 정말 짜증스러워요.
真让人讨厌。
Zhēn ràng rén tǎo yàn
쩐랑런 타오옌

0645 맥이 빠지는군!
真让人泄气啊。
Zhēn ràng rén xiè qì ā
쩐랑런 씨에치아

0646 이 일은 해도 해도 한이 없군.
这事干来干去没个头。
Zhè shì gān lái gān qù méi gè tóu
쩌쓰 깐라이깐취 메이거터우

124 거리낌없는 감정 표현

 Unit 2 귀찮을 때

0647
아, 귀찮아.
咳，真讨厌。
Hāi zhēn tǎo yàn
하이 쩐타오옌

0648
정말 귀찮군.
真是讨厌死了。
Zhēn shì tǎo yàn sǐ le
쩐스 타오옌 쓰러

0649
누굴 죽일 생각이세요?
你想烦死人哪?
Nǐ xiǎng fán sǐ rén nǎ
니샹판 쓰런나

0650
당신은 참 짜증나게 하는군요.
你这人真烦人。
Nǐ zhè rén zhēn fán rén
니쩌런 쩐판런

0651
나 지금 바빠. 제발 저리 좀 비켜라.
我现在很忙，你给我躲一边去。
Wǒ xiàn zài hěn máng nǐ gěi wǒ duǒ yī biān qù
워 시엔짜이 헌망 니게이워 뚸이삐엔취

0652
또 시작이군.
又来了。
Yòu lái le
여우라이러

 Unit 3 불평할 때

0653
또 시작이군.
又来了。
Yòu lái le
여우라이러

0654 당신 또 불평이군요.
你这人又发牢骚了。
Nǐ zhè rén yòu fā láo sāo le
니 쩌런 여우파 라오싸오러

0655 저로서는 불만입니다.
我感到很不满意。
Wǒ gǎn dào hěn bù mǎn yì
워깐따오 헌뿌만이

* 满意 만족하다, 중국에서 满足은 좋은 의미가 아니다.
* 到는 동사의 보어로 쓰여「~에 미치다, ~에 이르다」라는 의미로 동작이 목적에 도달하거나 성취된 것을 나타낸다.

0656 나한테 불만 있어요?
你对我有不满吗?
Nǐ duì wǒ yǒu bù mǎn má
니뚜이워 여우뿌만마

* 对(~에 대해서)는 동사가 가리키는 동작·작용이 향하는 대상을 나타낸다.

0657 왜 그게 제 탓이죠?
那为什么要怨我?
Nà wèi shén me yào yuàn wǒ
나 웨이션머 야오위엔워

0658 당신 태도에 난 너무 불쾌해요.
你这个态度，很让我不快。
Nǐ zhè gè tài dù　hěn ràng wǒ bú kuài
니 쩌거타이뚜　헌랑워 부콰이

0659 정말 말 같지 않네.
真不像话。
Zhēn bú xiàng huà
쩐 부썅화

0660 무엇을 불평하고 계십니까?
到底对什么不满
dào dǐ duì shén me bù mǎn
따오디 뚜이썬머 뿌만

* 到底는「도대체」라는 의미로 의문문에 쓰여서 어세를 강조한다.

 **불평·불만을 말릴 때**

0661 뭐가 그렇게 불만인가요?
你到底有什么可不满的?
Nǐ dào dǐ yǒu shén me kě bù mǎn de
니 따오디 여우선머 커뿌만더

0662 너무 그러지 마.
不要太过分。
Bú yào tài guò fēn
부야오 타이꿔펀

0663 너 불평 좀 그만 할래.
你少发点牢骚好不好?
Nǐ shǎo fā diǎn láo sāo hǎo bù hǎo
니 샤오파디엔 라오싸오 하오부하오

0664 너무 투덜거리지 마!
你不要嘟嘟囔囔的。
Nǐ bú yào dū dū nāng nāng de
니 부야오 뚜뚜낭낭더

0665 이제 그만 좀 불평해.
不要再发牢骚了。
Bú yào zài fā láo sāo le
부야오짜이 파라오싸오러

0666 그만 좀 불평해.
少发牢骚。
Shǎo fā láo sāo
샤오파라오싸오

감탄과 칭찬을 할 때

Key Point

우리는 상대방에 대한 칭찬이 부족하다는 말을 많이 듣습니다. 그러나 칭찬처럼 돈 안 들이고 상대에게 호감을 사는 방법은 드물 것입니다. 대인관계에서 상대방을 칭찬하는 것 이상으로 기분 좋게 하는 것은 없습니다. 상대방의 장점이나 성품, 능력, 외모 등을 적절하게 말할 수 있게 표현을 익혀둡시다. 특히 중국어에서는 很(hěn), 太(tài), 真(zhēn) 등을 덧붙여서 강조를 하여 칭찬하는 것이 좋습니다.

Unit 1 감탄할 때

0667
멋지네요!
太壮观了!
Tài zhuàng guān le
타이 쫭꽌러

0668
훌륭합니다.
太好了!
Tài hǎo le
타이하오러

0669
와, 정말 아름답네요!
哇, 真是太美了!
Wā zhēn shì tài měi le
와 쩐스 타이메이러

0670
너무 맛있네요!
太好吃了!
Tài hǎo chī le
타이 하오츠러

0671
잘했어요!
干得好!
Gàn dé hǎo
깐더하오

너무 재미있네요!
太有意思了!
Tài yǒu yì sī le
타이 여우이쓰러
*有意思 재미있다, 不好意思 쑥스럽다, 겸연쩍다

엄청나네요!
乖乖, 真了不得!
Guāiguāi zhēn liǎo bù dé
과이과이 쩐 랴오뿌더

 성과를 칭찬할 때

대단하군요!
真了不起!
Zhēn liǎo bù qǐ
쩐 랴오부치

잘 하시는군요.
你真不错。
Nǐ zhēn bú cuò
니쩐 부춰

정말 훌륭하군요!
真是太好了。
Zhēn shì tài hǎo le
쩐스 타이하오러

참 잘하셨어요.
你干得太出色了。
Nǐ gàn dé tài chū sè le
니깐더 타이 추써러

그렇지요, 그렇게 해야지요.
对呀, 就该那么做。
Duì yā jiù gāi nà me zuò
뚜이야 지우까이 나머쭤

0679 나는 당신이 자랑스럽습니다.
我为你骄傲。
Wǒ wéi nǐ jiāo ào
워웨이 니 쟈오아오

0680 그녀는 손재주가 좋아요.
她手很巧。
Tā shǒu hěn qiǎo
타 셔우 헌챠오

0681 정말 잘했어요.
你干得真好。
Nǐ gān dé zhēn hǎo
니깐더 쩐하오

0682 아주 잘 하고 있어요.
你们现在干得很好。
Nǐ men xiàn zài gān dé hěn hǎo
니먼 시엔짜이 깐더헌하오

Unit 3 외모를 칭찬할 때

0683 당신은 정말 신사이군요.
你真是个绅士。
Nǐ zhēn shì gè shēn shì
니쩐스거 선쓰

0684 멋있군요.
真帅。
Zhēnshuài
쩐쑤아이

* 남자의 외모를 칭찬할 때 사용된다. 여성에게는 漂亮(piàoliàng)을 사용한다.

0685 참 멋지군요.
真潇洒。
Zhēnxiāo sǎ
쩐 쌰오싸

* 潇洒 말쑥하고 멋스럽다, 시원스럽다, 스마트하다

0686 나이에 비해 많이 젊어 보이시는군요.
你比年龄年轻多了。
Nǐ bǐ nián líng niánqīng duō le
니 비 니엔링 니엔칭 뚸러
*比 ~에 비하여, ~보다(도) (정도의 차이를 비교할 때 사용됨)

0687 아이가 참 귀엽군요!
这孩子真可爱。
Zhè hái zǐ zhēn kě ài
쩌하이즈 쩐커아이

0688 당신은 눈이 참 예쁘군요.
你的眼睛好漂亮啊。
Nǐ de yǎn jīng hǎo piāoliàng a
니더옌징 하오퍄오량아

0689 신체가 좋습니다.
身体很好。
Shēn tǐ hěn hǎo
션티 헌하오
*身体는 身材(shēncái)로 바꾸어 사용할 수 있다.

0690 건강해 보이시는군요.
看起来很健康。
Kàn qǐ lái hěn jiàn kāng
칸치라이 헌지엔캉

0691 어쩜 그렇게 날씬하세요?
你怎么那么苗条?
Nǐ zěn me nà me miáotiáo
니 쩐머 나머 먀오탸오

0692 그거 참 잘 어울립니다.
这跟你很配。
Zhè gēn nǐ hěn pèi
쩌껀니 헌페이
*配는 适合, 好看, 相称, 谐调 등으로 바꾸어 사용할 수 있다.

0693 나는 당신에게 반했습니다.
我叫你迷住了。
Wǒ jiào nǐ mí zhù le
워쟈오니 미주러

인기가 대단하시겠어요.
你这人肯定大有人气。
Nǐ zhè rén kěn dìng dà yǒu rén qì
니쩌런 컨띵 따여우런치

사진보다 실물이 더 예쁘네요.
实物比照片更漂亮啊。
Shí wù bǐ zhàopiàngēngpiàoliàng a
스우 비자오피엔 껑퍄오량아

Unit 4 능력·재주를 칭찬할 때

기억력이 참 좋으시군요.
你的记忆力可真好。
Nǐ de jì yì lì kě zhēn hǎo
니더찌이리 커쩐하오

* 真은 好를 꾸며주는 부사이며, 可를 써서 두 번 꾸며주므로 더욱 강조된다.

당신은 능력이 대단하시군요.
您真有能力呀。
Nín zhēn yǒu néng lì ya
닌 쩐여우 넝리야

중국어를 훌륭히 구사하시는군요.
中国语说得真流利啊。
Zhōng guó yǔ shuō dé zhēn liú lì a
쭝궈위 숴더 쩐 리우리아

그는 정말 머리가 좋아요.
他的头脑真好。
Tā de tóu nǎo zhēn hǎo
타더터우나오 쩐하오

* 「머리가 좋다」는 표현으로는 聪明(cōngmíng), 聪慧(cōnghuì) 등도 있다.

그는 똑똑한 사람이에요.
他是个明智的人。
Tā shì gè míng zhì de rén
타스거 밍쯔더런

0701 그는 재치가 있어요.
他这人可巧了。
Tā zhè rén kě qiǎo le
타 쩌런 커챠오러
* 巧는 「재치(있다)」는 의미 외에도 「공교롭다」는 의미로도 자주 사용된다.

0702 그녀는 소질이 있어요.
她挺有素质的。
Tā tǐng yǒu sù zhì de
타 팅여우 쑤즈더

0703 당신은 모르는 게 없군요.
你真是无所不知啊。
Nǐ zhēn shì wú suǒ bù zhī ā
니쩐스 우숴뿌즈아
* 중국 사람들은 네 글자로 말하기를 좋아한다. 꼭 사자성어가 아니라도 네 글자의 조합으로 말하는 것을 즐겨한다.

0704 못하는 게 없으시군요.
你真是无所不能啊。
Nǐ zhēn shì wú suǒ bù néng ā
니쩐스 우숴뿌넝아

Unit 5 그밖에 칭찬의 표현

0705 그거 잘 사셨군요.
你算是买对了。
Nǐ suàn shì mǎi duì le
니쏸스 마이뚜이러

0706 그거 정말 좋은데요.
那真的很好啊。
Nà zhēn de hěn hǎo ā
나 쩐더 헌하오아

0707 정말 근사한데요.
真是不错。
Zhēn shì bù cuò
쩐스 뿌춰

멋진 집을 갖고 계시군요.
你的房子好漂亮啊。
Nǐ de fáng zǐ hǎo piāoliàng ā
니 더 팡즈 하오 퍄오량아
* 보통 房子라고 하면 「집」을 말하고, 房间이라고 하면 「방」을 말한다.

그게 더 근사하네요.
那个更好一些。
Nà gè gēng hǎo yī xiē
나거 껑하오 이씨에

당신은 정말 친절하시네요.
您真亲切。
Nín zhēn qīn qiē
닌쩐 친치에

당신은 참 부지런하시군요.
你真是太勤快了。
Nǐ zhēn shì tài qín kuài le
니쩐스타이 친콰이러
* 勤快는 勤劳(qínláo)로 바꿔 써도 된다.

Unit 6 칭찬에 대한 응답

칭찬해 주시니 고맙습니다.
谢谢您的夸奖。
Xiè xie nín de kuājiǎng
씨에시에 닌더 콰쟝

과찬의 말씀입니다.
您过奖了。
Nín guòjiǎng le
닌 꿔쟝러

너무 치켜세우지 마세요.
不要捧得太高。
Bú yào pěng dé tài gāo
부야오 펑더 타이까오

비난과 화해를 할 때

Key Point

비난이나 상대를 험담하는 욕설 등의 표현은 실제로 사용하기보다는 알아두는 선에서 그치도록 합시다. 참고로 중국인들이 입버릇처럼 말하는 「傻瓜(shǎguā) 병신, 바보」, 「他妈的(tāmādē) 제기, 제기랄」, 「王八蛋(wángbādàn) 개자식」, 「二百五(èrbǎiwǔ) 천치, 멍청이」 등이 있습니다.

Unit 1 가볍게 비난할 때

0715 창피한 줄 아세요.
你不嫌丢脸吗?
Nǐ bù xián diū liǎn ma
니 뿌씨엔 띠우리엔마

0716 당신 정신 나갔어요?
你这人昏了头了?
Nǐ zhè rén hūn le tóu le
니 쩌런 훈러터우러

0717 당신은 바보로군요.
你真是傻瓜。
Nǐ zhēn shì shǎ guā
니 전스 싸과

＊傻瓜도 讨厌(tǎoyàn)과 마찬가지로 연인들 사이에서 반어적인 표현으로 많이 사용된다.

0718 당신 미쳤군요.
你疯了。
Nǐ fēng le
니 펑러

0719 왜 이런 식으로 행동하죠?
你为什么做出这种行动?
Nǐ wéi shén me zuò chū zhè zhǒng xíng dòng
니 웨이썬머 쭤추 쩌종씽똥

비난과 화해를 할 때 135

거봐! 내가 뭐라고 했어?
0720
你看，我说什么来着?
Nǐ kàn wǒ shuō shén me lái zhuó
니칸 워숴 션머라이줘

그게 어쨌단 말이니?
0721
你说那又怎么样?
Nǐ shuō nà yòu zěn me yàng
니숴 나여우 쩐머양

당신이 뭐라도 되는 줄 아세요?
0722
你以为你是老几呀?
Nǐ yǐ wéi nǐ shì lǎo jǐ yā
니이웨이 니스라오지야

*以为 ~라고 여기다, ~인 줄 알다 (주로 자기의 생각이 사실과 다를 때 사용)

그는 항상 그런 식이에요.
0723
他总是这么个德性。
Tā zǒng shì zhè me gè dé xìng
타쭝스 쩌머거 더씽

너도 마찬가지야!
0724
你也是一路货色!
Nǐ yě shì yī lù huò sè
니예스 이루훠써

Unit 2 강하게 비난할 때

저질!
0725
缺德!
Quē dé
췌더

바보 짓 하지마!
0726
别做傻事了!
Bié zuò shǎ shì le
비에쭤 샤스러

0727 정말 뻔뻔하군!
太不要脸了！
Tài bú yào liǎn le
타이 부야오리엔러

0728 진짜 유치하군.
太幼稚了。
Tài yòu zhì le
타이 여우즈러

0729 그는 정말 멍청해.
他真是傻到家了。
Tā zhēn shì shǎ dào jiā le
타전스 싸따오쟈러

0730 뭐라고! 그래 그것도 몰라?
什么！你连这个都不知道？
Shén me nǐ lián zhè gè dōu bù zhī dào
션머 니리엔쩌거 떠우뿌즈따오

* 连~都 구문은 '~조차도, ~마저도'라는 의미로 자주 쓰이는 구문이다.

0731 나를 바보로 취급하지 마세요.
别把我当成傻瓜。
Bié bǎ wǒ dāngchéng shǎ guā
비에바워 땅청싸과

* 傻瓜 바보

0732 당신 도대체 할 줄 아는 게 뭐예요?
你这人到底会做什么？
Nǐ zhè rén dào dǐ huì zuò shén me
니쩌런 따오디 후이쭤션머

* 到底 도대체

Unit 3 비난에 대응할 때

0733 난 그렇게 말한 적 없어.
我可没说过那种话。
Wǒ kě méi shuō guò nà zhǒng huà
워커 메이숴궈 나종화

0734 내 탓 하지 마.
不要怪我!
Bú yào guài wǒ
부야오 꽈이워

*怪 탓하다

0735 그 말을 들으니까 기분 나쁜데.
听见那话真来气。
Tīngjiàn nà huà zhēn lái qì
팅지엔나화 쩐라이치

0736 무슨 소리하는 거야?
你说什么?
Nǐ shuō shén me
니숴 션머

0737 날 뭘로 생각하는 거야?
你把我当成什么人?
Nǐ bǎ wǒ dāng chéng shén me rén
니바워 땅쳥 션머런

Unit 4 다툴 때

0738 너 내 말대로 해!
你就听我的!
Nǐ jiù tīng wǒ de
니지우 팅워더

0739 그만 해둬, 좀 조용히 해!
算了吧,你们给我安静点!
Suàn le ba nǐ mèn gěi wǒ ān jìng diǎn
쏼러바   니먼 게이 워안찡디엔

0740 이봐요! 목소리 좀 낮춰요.
我说,你小点声好不好?
Wǒ shuō nǐ xiǎo diǎn shēng hǎo bù hǎo
워숴   니 싸오 디엔셩 하오 부하오

*동사의 긍정과 부정을 함께 사용하여 의문문을 만든다.

0741 바보 같은 소리하지 마세요.
不要尽说傻话了。
Bú yào jìn shuō shǎ huà le
부야오찐숴 샤화러

0742 당신, 어떻게 그런 말을 할 수 있죠?
你，怎么能说那种话?
Nǐ zěn me néng shuō nà zhǒng huà
니 쩐머넝숴 나중화

0743 당신한테 따질 게 있어요.
我有事跟你算帐。
Wǒ yǒu shì gēn nǐ suànzhàng
워여우쓰 껀니쏸장

0744 도대체 무엇 때문에 다투셨어요?
你们到底为什么吵架?
Nǐ men dào dǐ wéi shén me chǎo jià
니먼 따오디 웨이션머 차오쟈

0745 너 두고 보자!
你等着瞧!
Nǐ děng zhe qiáo
니 떵저챠오

0746 내가 뭐가 틀렸다는 거야?
你说我有什么错?
Nǐ shuō wǒ yǒu shén me cuò
니숴 워여우 션머춰

0747 네가 완전히 망쳤어.
你算毁了我了!
Nǐ suàn huǐ le wǒ le
니쏸후이러 워러

0748 당신이 잘못한 거예요.
这都是你的错。
Zhè dōu shì nǐ de cuò
쩌떠우스 니더춰

*都는 是와 연용(连用)하여 이유를 설명한다.

0749 잘못한 사람은 바로 당신이오.
做错的就是你!
Zuò cuò de jiù shì nǐ
쭤춰더 지우스니

0750 어떻게 그런 말을 할 수 있지요?
你怎么能说出这种话?
Nǐ zěn me néng shuō chū zhè zhǒng huà
니 쩐머넝 쉬추 쩌중화

0751 그래, 한번 붙어 보자!
好，咱们单挑吧!
Hǎo zán men dān tiāo ba
하오 짠먼 딴탸오바

* 「到+장소」는 「~에, ~로」라고 해석한다.

0752 덤벼!
放马过来吧!
Fàng mǎ guò lái ba
팡마꿔라이바

Unit 5 꾸중할 때

0753 넌 더 이상 내 친구가 아냐.
你再也不是我的朋友。
Nǐ zài yě bú shì wǒ de péng you
니짜이예 부스 워더펑여우

* 再, 又(yòu)는 모두 「다시, 또」라는 의미이지만, 再는 장차 중복될 동작에 쓰이고, 又는 이미 중복된 동작에 쓰인다.

0754 다시는 절대 그러지 말게나.
你再也不要这么做了。
Nǐ zài yě bú yào zhè me zuò le
니짜이예 부야오 쩌머쭤러

0755 그런 법이 어디 있어요?
哪有这么个理儿?
Nǎ yǒu zhè me gè lǐ r
나여우 쩌머거럴

0756 절대로 안 하겠습니다.
绝对不会的。
Jué duì bú huì de
쮜에뚜이 부후이더

* 「절대 안 그럴게요, 절대 그렇지 않을 거예요, 절대 그러지 않겠습니다」 등 상황에 따라 여러 가지로 해석이 가능하다.

0757 그거 네가 그랬지?
那是你的所为吧?
Nà shì nǐ de suǒ wéi ba
나스 니더 숴웨이바

0758 당신 정신 나갔어요?
你昏了头了你?
Nǐ hūn le tóu le nǐ
니훈러 터우러니

0759 그런 식으로 말하지 마세요.
你不要对我这么说话。
Nǐ bú yào duì wǒ zhè me shuō huà
니 부야오뚜이워 쩌머숴화

Unit 6 진정시킬 때

0760 흥분하지 마세요.
你不要激动。
Nǐ bú yào jī dòng
니 부야오 지똥

0761 이제 됐어요.
这下好了。
Zhè xià hǎo le
쩌쌰 하오러

0762 왜 싸움은 말리지 않았어요?
你怎么没拉架?
Nǐ zěn me méi lā jià
니 쩐머메이 라쨔

진정하세요.
0763 镇静一下。
Zhènjìng yī xià
쩐찡 이쌰

진정해.
0764 镇静点儿。
Zhènjìng diǎn r
쩐찡 디얄

* 상대방을 진정시키기 위한 표현 중 자주 사용되는 표현으로 冷静点儿, 放心 등도 있다.

Unit 7 화해할 때

두 사람 화해하세요.
0765 你们俩和解吧。
Nǐ men liǎ hé jiě ba
니먼랴 허지에바

그 일은 잊어버리세요.
0766 就把那事给忘了吧。
Jiù bǎ nà shì gěi wàng le ba
찌우바나쓰 게이왕러바

남자 대 남자로 이야기합시다.
0767 咱们来一个男人之间的对话。
Zán men lái yī gè nán rén zhī jiān de duì huà
짠먼 라이이거난런즈지엔더 뚜이화

네가 동생에게 양보해라.
0768 你给弟弟让一让嘛。
Nǐ gěi dì di ràng yī ràng má
니게이띠디 랑이랑마

화해합시다.
0769 咱们和好吧。
Zán men hé hǎo ba
짠먼 허하오바

일상생활의 화제 표현

01. 가족에 대해서
02. 직장에 대해서
03. 학교에 대해서
04. 거주와 주거에 대해서
05. 나이와 결혼에 대해서
06. 취미에 대해서
07. 여가와 오락에 대해서
08. 예술과 문화생활에 대해서
09. 건강과 스포츠에 대해서
10. 날씨와 계절에 대해서
11. 시간과 연월일에 대해서
12. 이미용과 세탁에 대해서

중국은 남한의 96배 면적의 땅을 갖고 있어서 기후도 다양할 수밖에 없습니다. 따라서 자연환경은 인간의 생활에 큰 영향을 미칩니다. 먹는 것과 입는 것, 집의 형태도 그 환경에 따라 달라집니다. 또한 그것들은 정신세계도 지배하게 됩니다. 여기서는 일상생활에서 흔히 부딪칠 수 있는 장면을 잘 익혀두어 교제의 폭을 넓히도록 합시다.

가족에 대해서

Key Point

중국의 가정은 기본적으로 다음과 같이 네 가지 유형으로 나누어집니다.
1. 독신가정(单身家庭) : 한 사람만 생활한다. 2. 핵심가정(核心家庭) : 부부 두 사람 및 미혼 자녀가 함께 생활한다. 3. 주간가정(主干家庭) : 부부와 미성년 자녀 외에도 노인이 있으며 3대나 4대가 함께 생활한다. 4. 연합가정(联合家庭) : 하나의 대가정에 2대 이상이 있고, 동일한 세대 속에도 2개나 3개 이상의 소가정이 있으며 모두 함께 생활한다.

Unit 1 가족에 대해 물을 때

0770 가족은 몇 분이나 됩니까?
请问你家有几口人?
Qǐngwèn nǐ jiā yǒu jǐ kǒu rén
칭원 니쟈여우 지커우런

0771 식구는 많습니까?
家里人多吗?
Jiā lǐ rén duō mǎ
쟈리런 뚸마

0772 가족에 대해 좀 말씀해 주시겠습니까?
能谈谈您的家人吗?
Néng tán tán nín de jiā rén mǎ
넝탄탄 닌더쟈런마

0773 부모님과 함께 사세요?
跟父母一起过吗?
Gēn fù mǔ yī qǐ guò mǎ
껀푸무 이치꿔마

0774 형제가 몇 분이세요?
有几个兄弟?
Yǒu jǐ gè xiōng dì
여우지거쑝띠

144 일상생활의 화제 표현

당신 아버지는 무슨 일을 하십니까?
0775 请问令尊在哪里高就?
Qǐng wèn lìng zūn zài nǎ lǐ gāo jiù
칭원 링쭌짜이나리 까오지우
*令尊 춘부장, 당신 아버지

남편은 어떤 일을 하세요?
0776 你先生做什么工作?
Nǐ xiānshēng zuò shén me gōng zuò
니셴셩 쭤션머꿍줘
*先生은 我先生(우리 남편), 你先生(당신 남편)처럼「남편」을 호칭한다.

부모님은 연세가 어떻게 되십니까?
0777 请问双亲今年高寿?
Qǐng wèn shuāng qīn jīn nián gāo shòu
칭원 쑤앙친찐니엔 까오셔우

 ## Unit 2 가족에 대해 대답할 때

우리 식구는 다섯 명입니다.
0778 我家有五口人。
Wǒ jiā yǒu wǔ kǒu rén
워쟈여우 우커우런

우리는 대가족입니다.
0779 我们是大家族。
Wǒ mén shì dà jiā zú
워먼스 따쟈주

저는 부모님과 같이 살고 있습니다.
0780 我跟父母一起过呢。
Wǒ gēn fù mǔ yī qǐ guò ne
워껀푸무 이치꿔너

난 독자예요. 당신은 어때요?
0781 我是独生子,你呢?
Wǒ shì dú shēng zī   nǐ ne
워스 두셩쯔   니너

0782 우리 가족은 매우 화목해요.
我们一家非常和睦。
Wǒ men yī jiā fēi cháng hé mù
워먼이쟈 페이창허무
* 이 문장에서 一는 「하나」라는 의미가 아니라, 「전체, 모두」의 의미이다.

0783 저희 집은 대(소)가족입니다.
我家是个大(小)家族。
Wǒ jiā shì ge dà xiǎo jiā zú
워쟈스거 따(쌰오)쟈주

0784 부모님과 함께 사세요?
跟父母一起过吗?
Gēn fù mǔ yì qǐ guò mǎ
껀푸무 이치꿔마

0785 할아버지도 함께 살고 있습니까?
爷爷也跟你们在一起吗?
Yé yé yě gēn nǐ men zài yì qǐ mǎ
예예 예껀니먼 짜이이치마
* 「할아버지」는 爷爷, 祖父, 「할머니」는 奶奶, 祖母라고 한다.

0786 저는 부모님과 함께 살고 있습니다.
我跟父母一起过。
Wǒ gēn fù mǔ yì qǐ guò
워껀푸무 이치꿔

0787 친척들은 많이 있습니까?
你有多少亲戚?
Nǐ yǒu duō shǎo qīn qī
니여우 뚸사오친치

0788 나는 삼촌과 이모가 있습니다.
我有叔叔，还有阿姨。
Wǒ yǒu shū shū hái yǒu ā yí
워여우 쑤수 하이여우 아이
* 「삼촌」은 叔叔, 「외삼촌」은 舅舅, 「고모」는 姑姑, 「이모」은 阿姨라고 한다.

0789 자주 모입니까?
常 常聚在一起吗?
Cháng cháng jù zài yì qǐ mǎ
창창 쥐짜이이치마

Unit 3 자녀에 대해 묻고 답할 때

0790 아이들은 몇 명이나 됩니까?
你有几个孩子?
Nǐ yǒu jǐ gè hái zǐ
니 여우 지거하이즈
* 「아이들」을 통칭해 孩子라고 하며, 「아들」은 儿子, 男孩儿이라고 하고, 「딸」은 女儿, 女孩儿이라고 한다.

0791 자녀들은 몇 살입니까?
子女多大了?
Zǐ nǚ duō dà le
즈뉘 뚸따러

0792 애들 이름이 뭐죠?
孩子们叫什么名字?
Hái zǐ men jiào shén me míng zì
하이즈먼 쨔오션머밍즈

0793 아들만 둘이고 딸은 없습니다.
有两个儿子, 没有女儿。
Yǒu liǎng gè r zǐ méi yǒu nǚ r
여우량거얼즈 메이여우뉘얼

0794 애들은 학교에 다니나요?
孩子们上学了吗?
Hái zǐ men shàng xué le má
하이즈먼 샹쉐러마
* 上은 「위에」라는 뜻도 있지만, 이 문장에서는 「가다」라는 의미로 사용되었다.

0795 아이는 언제 가질 예정입니까?
你们想什么时候要孩子?
Nǐ men xiǎng shén me shí hòu yào hái zǐ
니먼쌍 션머스허우 야오하이즈

0796 제 아들은 초등학생입니다.
我儿子是小学生。
Wǒ r zǐ shì xiǎo xué shēng
워얼즈스 샤오쉐셩

아이들이 셋 있어요. 딸 둘하고, 아들 하나입니다.
0797 有三个孩子，两个女儿，一个儿子。
　　　Yǒu sān gè hái zǐ,　 liǎng gè nǚ er　 yī gè er zǐ
　　　여우싼거하이즈　　　량거뉘얼　　　이거얼즈

아들만 둘이고 딸은 없습니다.
0798 有两个儿子，没有女儿。
　　　Yǒu liǎng gè er zǐ,　méi yǒu nǚ er
　　　여우량거얼즈　　　메이여우뉘얼

4살 된 아들 하나가 있습니다.
0799 有一个四岁的儿子。
　　　Yǒu yī gè sì suì dè er zǐ
　　　여우이거 쓰웨이더 얼즈

Unit 4 형제자매에 대해 말할 때

형제나 자매가 있습니까?
0800 有兄弟姐妹吗?
　　　Yǒu xiōng dì jiě mèi mǎ
　　　여우씨옹디지에메이마

형이 둘 있는데 누나는 없어요.
0801 有两个哥哥，没有姐姐。
　　　Yǒu liǎng ge gē ge　　méi yǒu jiě jie
　　　여우량거꺼거　　　메이여우 지에지에
　* 有는 「있다」, 부정형은 没有이다.

여동생은 올 해 몇 살 입니까?
0802 妹妹今年多大?
　　　Mèi mèi jīn nián duō dà
　　　메이메이 진니엔뚸다
　* 나이를 물어볼 때는 几岁라고 묻지만 윗사람에게는 多大라고 묻는 것이 좋다.

누나는 회사에 다닙니다.
0803 我姐姐在公司工作。
　　　Wǒ jiě jiě zài gōng sī gōng zuò
　　　워지에지에　짜이꽁스꽁줘
　* 일반적으로 「회사」는 公司라고 한다.

148 일상생활의 화제 표현

직장에 대해서

Key Point

중국에서 「关系(guānxi)」의 힘은 참으로 대단합니다. 关系는 「관계」혹은 「인맥」이라 할 수 있겠습니다. 「인맥만 있으면 출세를 한다」라고 생각을 할 수도 있지만, 그런 관점이 아닌 중국사람들의 유대관계의 힘이 대단하다는 것입니다. 은혜를 입었다면, 그 은혜를 잊지 않고 갚으려는 마음이 매우 강하다는 것입니다.

Unit 1 직업을 묻고 말할 때

0804
어떤 일을 합니까?
你是做什么工作的?
Nǐ shì zuò shén me gōng zuò de
니 스 쭤선머꿍쭤더

0805
당신 직업이 무엇입니까?
你的职业是什么?
Nǐ de zhí yè shì shén me
니더즈예 스선머

0806
저는 장사를 합니다.
我是商人。
Wǒ shì shāng rén
워스 샹런

0807
당신을 뭘 하시는 분입니까?
你是干什么的?
Nǐ shì gān shén me de
니 스 깐선머더

0808
저는 택시운전기사입니다.
我是出租汽车司机。
Wǒ shì chū zū qì chē sī jī
워스 추쭈치쳐 쓰지

0809 저의 직업은 의사입니다.
我的职业是医生。
Wǒ de zhí yè shì yī shēng
워더즈예스 이성

0810 저는 무역을 하는 사람입니다.
我是做贸易的。
Wǒ shì zuò mào yì de
워스 쭤마오이더

Unit 2 직장을 묻고 말할 때

0811 당신은 어디에서 근무하십니까?
您在哪儿工作?
Nín zài nǎ r gōng zuò
닌짜이날 꿍쭤

0812 당신은 어느 회사에 근무하십니까?
您在哪个公司工作?
Nín zài nǎ gè gōng sī gōng zuò
닌짜이 나거꿍쓰 꿍쭤

0813 어디에 출근하십니까?
你在哪儿上班?
Nǐ zài nǎ r shàng bān
니짜이날 샹빤

0814 결혼 후에도 계속 직장에 다닙니까?
你结婚以后还在上班吗?
Nǐ jié hūn yǐ hòu hái zài shàng bān má
니 지에훈이허우 하이짜이샹빤마

* 以后는「~한 후에」라는 의미로, 문장 뒤에 还와 함께 사용되면「~한 후에 아직도」라는 의미로 사용된다.

0815 무슨 일을 하고 계십니까?
你是干什么的?
Nǐ shì gàn shén me de
니스 깐션머더

Unit 3 출퇴근에 대해 말할 때

0816 몇 시에 출근합니까?
几点上班?
Jǐ diǎn shàng bān
지 디엔 샹빤

0817 지금 출근하십니까?
你现在上班吗?
Nǐ xiàn zài shàng bān mǎ
니 씨엔짜이 샹빤마

0818 지각한 적은 없습니까?
你没有迟到过吗?
Nǐ méi yǒu chí dào guò mǎ
니 메이여우 츠따오꿔마
*过는 결과보어로 과거에 경험이 있음을 나타내며 「~한 적이 있다」로 해석한다.

0819 언제 퇴근합니까?
你什么时候下班?
Nǐ shén me shí hòu xià bān
니 션머스허우 씨아빤

0820 집에서 회사까지 멉니까?
从家到公司远吗?
Cóng jiā dào gōng sī yuǎn ma
총쟈 따오꽁쓰 위엔마

0821 회사까지 가는 통근차가 있습니까?
有到公司的通勤车吗?
Yǒu dào gōng sī de tōng qín chē ma
여우따오꽁쓰더 통친쳐마

Unit 4 근무에 대해 말할 때

0822 잔업은 늘 합니까?
经常加班吗?
Jīng cháng jiā bān mǎ
징창 쟈빤마

하루에 몇 시간씩 일합니까?
0823 **一天工作几个小时?**
Yī tiān gōng zuò jǐ gè xiǎo shí
이 티엔 꿍쭤 지거 쌰오스

* 几点(jǐdiǎn) 몇 시(시각을 나타냄), 几个小时 몇 시간(시간의 양을 나타냄)

토요일은 반나절만 일합니다.
0824 **星期六, 只上半天班。**
Xīng qī liù zhǐ shàng bàn tiān bān
씽치리우 즈샹 빤티엔빤

당신네 회사에서는 늘 잔업을 합니까?
0825 **你们公司经常加班吗?**
Nǐ men gōng sī jīng cháng jiā bān má
니먼꿍쓰 징창 쟈빤마

*经常 늘, 언제, 항상

잔업을 하면 힘은 들지만 잔업수당이 있습니다.
0826 **加班累是累, 但有加班费。**
Jiā bān lèi shì lèi dàn yǒu jiā bān fèi
쟈빤 레이스레이 딴여우 쟈빤페이

어제는 2시간 잔업을 했습니다.
0827 **昨天加了两个小时班。**
Zuó tiān jiā le liǎng gè xiǎo shí bān
쭤티엔 쟈러 량거쌰오쓰빤

Unit 5 급료에 대해 말할 때

한 달에 월급은 얼마입니까?
0828 **一个月工资是多少?**
Yī gè yuè gōng zī shì duō shǎo
이거위에꿍즈 스뚸샤오

교통비는 실비로 지급합니다.
0829 **交通费是实报实销的。**
Jiāo tōng fèi shì shí bào shí xiāo de
쟈오통페이 스스빠오 스쌰오더

0830 시간외 근무는 잔업수당이 있습니다.
加班就有加班费。
Jiā bān jiù yǒu jiā bān fèi
쟈빤 지우여우 쟈빤페이

0831 출장시에는 출장수당이 있습니다.
出差时有出差费。
Chū chāi shí yǒu chū chāi fèi
추차이스 여우추차이페이

Unit 6 휴가에 대해 말할 때

0832 매주 이틀 간 쉽니다.
每星期休息两天。
Měi xīng qī xiū xī liǎng tiān
메이씽치 씨우시 량티엔

0833 이번 휴가는 며칠 쉽니까?
这次休几天假?
Zhè cì xiū jǐ tiān jià
쩌츠씨우 지티엔쟈

0834 이번 휴가를 어떻게 보내실 겁니까?
这次休假你打算怎么过?
Zhè cì xiū jià nǐ dǎ suàn zěn me guò
쩌츠씨우쟈 니따쏸 쩐머꿔

0835 여름 휴가가 있습니까?
有暑假吗?
Yǒu shǔ jià ma
여우 수쟈마

＊假(jiǎ) 거짓, 가짜 假(jià) 휴가, 휴일

0836 여름에는 일주일 휴가가 있습니다.
夏天有一个星期的假期。
Xià tiān yǒu yī gè xīng qī de jià qī
쌰티엔 여우이거씽치더 쟈치

학교에 대해서

Key Point

유아원(幼儿园)은 3세 이상의 취학 연령 전의 아동을 모집하며 만 6세에 초등학교(小学)에 입학합니다. 초등학교(小学)와 중학교(初中)의 학제는 「6, 3제」와 「5, 4제」를 위주로 합니다. 고등학교(普通高中)의 학제는 3년이며, 대학의 본과 학제는 일반적으로 4년이고 일부 이공대학은 5년이며, 의과대학은 5년과 7년 두 종류의 학제가 있습니다. 대학원의 학제는 2, 3년인데 석사 연구생의 수업 기한은 2, 3년이고 박사 연구생은 일반적으로 3년입니다.

Unit 1 학교·학생에 대해 말할 때

0837 당신은 학생입니까?
你是上学的吗?
Nǐ shì shàng xué de má
니 스 샹쉐더마
*上은 회사나 학교를 다닌다는 의미로 쓰인다.

0838 당신은 학생이지요?
你是学生吧?
Nǐ shì xué shēng ba
니 스 쉐셩바

0839 당신은 대학생입니까?
你是大学生吗?
Nǐ shì dà xué shēng má
니 스 따쉐셩마

0840 당신은 대학생입니까?
你是不是大学生?
Nǐ shì bú shì dà xué shēng
니 스 부스 따쉐셩

0841 어느 학교에 다니십니까?
请问你上哪个学校?
Qǐngwèn nǐ shàng nǎ gè xué xiào
칭원 니 샹 나거쉐샤오

어느 대학에 다니십니까?
0842 上哪个大学?
Shàng nǎ gè dà xué
샹 나거따쉐

저는 서울대학생입니다.
0843 我是首尔大学的。
Wǒ shì shǒu ěr dà xué de
워스 셔우얼따쉐더

어느 학교를 졸업하셨습니까?
0844 哪个学校毕业的?
Nǎ gè xuéxiào bì yè de
나거쉐샤오 삐예더

몇 년도에 졸업했습니까?
0845 哪年毕业的?
Nǎ nián bì yè de
나니엔 삐예더

몇 학년이세요?
0846 几年级了?
Jǐ nián jí le
지니엔지러

대학교 4학년입니다.
0847 大学四年级。
Dà xué sì nián jí
따쉐 쓰니엔지

* 보통 교육부가 관할하는 종합대학을 「대학」이라 하며, 후자의 경우에는 「학원」이라고 하는 경우가 많은데, 외국어 계통의 단과대학은 교육부의 관할일 지라도 「학원」이라고 부르는 경향이 많다

 **Unit 2** 학위와 전공에 대해 말할 때

무얼 전공하십니까?
0848 你是哪个专业的?
Nǐ shì nǎ ge zhuān yè de
니스 나거쫜예더

학교에 대해서 **155**

어떤 학위를 가지고 계십니까?
0849 **请问你有什么学位?**
Qǐng wèn nǐ yǒu shén me xué wèi
칭원 니여우 션머쉐웨이?

학교 때 전공이 무엇이었습니까?
0850 **大学时候是什么专业?**
Dà xué shí hòu shì shén me zhuān yè
따쉐스허우 스션머좐예

그는 대학중퇴자입니다.
0851 **他是大学肄业生。**
Tā shì dà xué yì yè shēng
타스 따쉐이예셩

교육학을 전공하고 있습니다.
0852 **我专攻教育学呢。**
Wǒ zhuān gōng jiào yù xué ne
워좐꽁 쟈오위쉐너

* 중국 대학의 수업과정에 있어서는 전공 위주의 필수 과목이나 전공선택이 대부분이며, 교양선택은 비중이 크지 않다

Unit 3 학교생활에 대해 말할 때

매일 4교시가 있습니다.
0853 **每天有四节课。**
Měi tiān yǒu sì jié kè
메이티엔여우 쓰지에커

과외활동은 어때요?
0854 **课外活动怎么样?**
Kè wài huó dòng zěn me yàng
커와이훠뚱 쩐머양

아르바이트를 하고 있나요?
0855 **你正在打工吗?**
Nǐ zhèng zài dǎ gōng má
니쩡짜이 따꿍마

0856 중국에서는 시험경쟁이 치열합니까?
在中国升学竞争激烈吗?
Zài zhōng guó shēng xué jìng zhēng jī liè ma
짜이 쫑궈 셩쉐 징쩡 지레이 마

0857 어떤 동아리활동을 하고 있니?
你加入什么团体活动?
Nǐ jiā rù shén me tuán tǐ huó dòng
니 쟈우 션머 퇀티 훠둥
*加入는 어떤 단체나 소속에 가입하다라는 의미로 쓰인다.

0858 선생님이 매일 숙제를 내줍니다.
老师每天留家庭作业。
Lǎo shī měi tiān liú jiā tíng zuò yè
라오스 메이티엔 리우쟈팅 쭤예

0859 시험이 임박했어요.
眼看就考试了。
Yǎn kàn jiù kǎo shì le
옌칸 지우카오스러
*就은 「곧, 이제」라는 부사로써 어떤 상황에 다다랐음을 나타낸다.

0860 시험결과는 어떻게 되었나요?
考试结果怎么样了?
Kǎo shì jié guǒ zěn me yàng le
카오스지에궈 쩐머양러

0861 공부를 해야겠어요.
我得做功课。
Wǒ děi zuò gōng kè
워데이 쭤꿍커

0862 게시판에 뭐라고 씌어 있는 거예요?
那告示板里写着什么?
Nà gào shì bǎn lǐ xiě zhe shén me
나까오쓰반리 씨에져션머

0863 수업이 곧 시작됩니다.
快开始上课了。
Kuài kāi shǐ shàng kè le
콰이카이스 샹커러
* 快 ~了 곧 ~하려고 하다

거주와 주거에 대해서

Key Point

중국인의 자연관과 우주관에 바탕을 둔 특유의 공간개념은 정형과 비정형의 이중적 구조로 형상화되어 있으며, 대가족 공동생활은 공간사용에 있어서도 장유유서의 위계와 남녀의 구별이 철저히 지켜졌다고 합니다. 안마당을 중심으로 여러 채의 건물이 그 주변을 둘러싸는 내향적인 공간구성이 특징이며 주택 내, 외부 구별이 엄격하며 건물은 대칭적으로 배치되어 있습니다.

Unit 1 고향에 대해 말할 때

0864 고향은 어디입니까?
你的家乡是哪儿?
Nǐ de jiā xiāng shì nǎ r
니더쨔샹 스날

0865 제 고향은 작은 시골에 있습니다.
我的老家在一个小山村。
Wǒ de lǎo jiā zài yī gè xiǎoshān cūn
워더라오쟈 짜이이거 쌰오산춘

0866 제 고향은 하얼빈입니다.
我的家乡是哈尔滨。
Wǒ de jiā xiāng shì hā ěr bīn
워더쨔샹 스하얼삔

0867 제 고향은 아주 아름답습니다.
我的家乡很美丽。
Wǒ de jiā xiāng hěn měi lì
워더쨔샹 헌메이리

0868 어디서 오셨습니까?
您从什么地方来的?
Nín cóngshén me dì fāng lái de
닌총 썬머디팡 라이더

*「고향」이라는 표현은 老家, 家乡 등이 있다.

Unit 2 거주지를 물을 때

0869 집은 어디에 있습니까?
你家在哪儿?
Nǐ jiā zài nǎ r
니쟈 짜이날

0870 당신은 어디서 삽니까?
你家住哪儿?
Nǐ jiā zhù nǎ r
니쟈 주날

0871 이 근처에 살고 있어요.
住在这附近。
Zhù zài zhè fù jìn
쭈짜이 쩌푸진

0872 그곳에서 얼마나 사셨어요?
你在那儿住多久了?
Nǐ zài nà r zhù duō jiǔ le
니짜이날 쭈뚸지우러

0873 당신의 집은 회사에서 멉니까?
你家离公司远吗?
Nǐ jiā lí gōng sī yuǎn ma
니쟈 리꿍스 위엔마

0874 당신 집까지 가는 데 얼마나 시간이 걸립니까?
去你家需要多长时间?
Qù nǐ jiā xū yào duō cháng shí jiān
취니쟈 쉬야오 뛰창스지엔

0875 저희 집 주변은 시끄러워요.
我家附近可闹了。
wǒ jiā fù jìn kě nào le
워쟈푸진 커나오러

0876 저는 교통이 편한 곳에 살고 있습니다.
我住在交通方便的地方。
Wǒ zhù zài jiāo tōng fāng biàn de dì fāng
워쭈짜이 쟈오퉁팡비엔더 디팡

Unit 3 집안의 시설을 물을 때

0877 당신의 집은 아파트입니까, 단독주택입니까?
你家是公寓还是独门宅院?
Nǐ jiā shì gōng yù hái shì dú mén zhái yuàn
니쟈스꿍위 하이스 두먼자이위엔

0878 당신 집은 방이 몇 개입니까?
你家有几个房间?
Nǐ jiā yǒu jǐ gè fáng jiān
니쟈여우 지거팡지엔

0879 우리 집은 방 3개, 거실이 하나입니다.
我的房子是三室一厅。
Wǒ dè fáng zǐ shì sān shì yì tīng
워더팡즈스 산스이팅

0880 부엌이 아주 깨끗하군요.
厨房很干净。
Chú fáng hěn gān jìng
추팡 헌깐징

0881 방을 아주 아담하게 꾸몄군요.
房间布置得很温馨。
Fáng jiān bù zhì dé hěn wēn xīn
팡지엔 뿌즈더 헌웬씬

0882 한국사람들은 남향집을 좋아합니다.
韩国人喜欢朝南的房子。
Hán guó rén xǐ huān cháo nán de fáng zǐ
한궈런 씨환 챠오난더 팡즈

0883 화장실이 어디에 있습니까?
洗手间在哪儿?
Xǐ shǒu jiān zài nǎ r
시셔우지엔 짜이날

0884 정원에 꽃이 많이 피었군요.
院子里开满了花儿。
yuàn zi lǐ kāi mǎn le huā r
위엔즈리 카이만러 활

나이와 결혼에 대해서

Key Point

중국은 지역별로 결혼절차나 결혼식 때 먹는 음식이 다른 경우가 많습니다. 하지만 공통적인 것은 결혼식 전통 복장은 빨간색 의상이라는 것입니다. 또한 우리처럼 예식장에서 결혼식을 올리지 않고 식당에서 결혼식을 올립니다. 요즘 중국의 결혼 풍습은 많이 간소화되어서 간단한 결혼축하연(喜宴)을 하거나 간단한 다과회로 결혼식을 하는 경우도 있습니다.

Unit 1 나이에 대해 물을 때

0885 몇 살이세요?
多大了?
Duō dà le
뚜어따 러

0886 나이를 여쭤 봐도 될까요?
打听岁数不失礼吧?
Dǎ tīng suì shù bù shī lǐ ba
따팅 쑤이슈 뿌쓰리바

0887 나이가 어떻게 되십니까?
请问你多大岁数?
Qǐngwèn nǐ duō dà suì shù
칭원 니뚜어따 쑤이수

0888 그들은 몇 살이죠?
他们多大了?
Tā men duō dà le
타먼 뚜어따러

0889 그가 몇 살인지 물어봐도 될까요?
我可以问他多大岁数吗?
Wǒ kě yǐ wèn tā duō dà suì shù má
워커이 원타 뚜어따 쑤이수마

나이와 결혼에 대해서 **161**

당신의 나이를 알려 주시겠습니까?
可以告诉我你的岁数吗?
Kě yǐ gào sù wǒ nǐ de suì shù ma
커이 까오쑤워 니더 쑤이수마

Unit 2 나이에 대해 대답할 때

서른 다섯입니다.
三十五了。
Sān shí wǔ le
싼스우러

20대 초반입니다.
刚过二十岁。
Gāng guò èr shí suì
깡꿔 얼스쑤이

30대 후반입니다.
三十多快四十了。
Sān shí duō kuài sì shí le
싼스뚸 콰이쓰스러

40대입니다.
我四十多了。
Wǒ sì shí duō le
워 쓰스뚸러

저와 동갑이군요.
你和我同岁呀。
Nǐ hé wǒ tóng suì ya
니허워 통쑤이야

저보다 3살 위이군요.
比我大三岁呀。
Bǐ wǒ dà sān suì ya
비워따 싼쑤이야

＊ 나이를 비교할 때「~보다 ~살 많다」의 경우 多(duō)를 쓰지 않고 大(dà)를 사용하므로 주의할 것「~보다 ~살 어리다(작다)」의 경우는 小(xiǎo)를 사용한다.

제가 몇 살인지 추측해 보세요.
0897 你猜猜我有多大。
Nǐ cāi cāi wǒ yǒu duō dà
니차이차이 워여우뛰따

당신은 나이보다 젊어 보입니다.
0898 你显得比岁数年轻。
Nǐ xiǎn dé bǐ suì shù niánqīng
니씨엔더 비쑤이수 니엔칭

Unit 3 생일에 대해 말할 때

생일이 언제입니까?
0899 生日是什么时候?
Shēng rì shì shén me shí hòu
셩르스 션머스허우

어제 태어났습니까?
0900 什么时候出生的?
Shén me shí hòu chū shēng dé
션머쓰허우 추셩더

몇 년도에 태어나셨어요?
0901 哪年出生?
Nǎ nián chū shēng
나니엔 추셩

며칠에 태어났어요?
0902 你几何生日?
Nǐ jǐ hé shēng rì
니 지허셩르

생일은 몇 월 며칠입니까?
0903 你的生日是几月几号?
Nǐ dé shēng rì shì jǐ yuè jǐ hào
니더셩르 스지위에지하오

오늘이 당신 생일이잖아요, 그렇죠?
0904 今天不是你的生日吗? 对不起。
Jīn tiān bù shì nǐ dé shēng rì mǎ   duì bu qǐ
진티엔 부스 니더셩르마 뚜이부치

나이와 결혼에 대해서

Unit 4 결혼에 대해 묻고 답할 때

0905 결혼하셨습니까?
请问，你结婚了吗?
Qǐngwèn nǐ jié hūn le ma
칭원 니 지에훈러마

0906 언제 결혼을 하셨습니까?
什么时候成家的?
Shén me shí hòu chéng jiā de
션머스허우 청쟈더

0907 결혼한 지 얼마나 됐습니까?
结婚多长时间了?
Jié hūn duō cháng shí jiān le
지에훈 뚜어창스지엔러

0908 언제 결혼할 예정입니까?
打算什么时候结婚?
Dǎ suàn shén me shí hòu jié hūn
따쏸 션머스허우 지에훈

0909 당신은 기혼입니까, 미혼입니까?
请问你是已婚还是未婚?
Qǐngwèn nǐ shì yǐ hūn hái shì wèi hūn
칭원 니스이훈 하이스웨이훈

0910 신혼부부이시군요.
还是个新婚夫妻嘛。
Hái shì gè xīn hūn fū qī má
하이스거 씬훈푸치마

0911 독신입니다.
我是单身。
Wǒ shì dān shēn
워스딴션

0912 저는 이미 결혼했습니다.
我已经结婚了。
Wǒ yǐ jing jié hūn le
워이징 지에훈러

164 일상생활의 화제 표현

0913 저는 신혼입니다.
我是新婚。
Wǒ shì xīn hūn
워스 씬훈

0914 그 여자하고 언제 결혼할 겁니까?
你打算什么时候跟她结婚?
Nǐ dǎ suànshén me shí hòu gēn tā jié hūn
니따쏸 션머스허우 껀타지에훈

*打算~는 「~할 계획이다, ~할 셈이다.」라는 의미로 예정을 표현할 때 사용된다.

0915 당신은 기혼입니까, 미혼입니까?
请问你是已婚还是未婚?
Qǐng wèn nǐ shì yǐ hūn hái shì wèi hūn
칭원 니스이훈 하이스웨이훈

*중국어를 발음할 때에는 연음이라는 것이 없다. 즉 소리가 이어지지 않고 하나하나 또박또박 발음해야 한다는 말이다. 또한 성조도 정확하게 발음해야 한다. 예를 들어, 「말해주다, 알려주다」는 의미의 告诉(gào su)를 (gào sù)로 발음하면 「고소하다, 고발하다」는 의미가 된다.

Unit 5 이혼·재혼에 대해 말할 때

0916 별거중입니다.
我们正在分居。
Wǒ menzhèng zài fēn jū
워먼 쩡짜이 펀쥐

0917 이혼했습니다.
我离婚了。
Wǒ lí hūn le
워 리훈러

0918 우리는 이혼할 예정입니다.
我们打算离婚。
Wǒ men dǎ suàn lí hūn
워먼 따쑤안 리훈

0919 그는 최근에 재혼했습니다.
他最近刚再婚。
Tā zuì jìn gāng zài hūn
타 쭈이찐 깡짜이훈

취미에 대해서

Key Point

취미는 중국어로 爱好(àihǎo), 兴趣(xīngqù)라고 합니다.
중국어의 단어 조합은 「동사 + 목적어」 형태입니다. 만약 취미가 「음악듣기」라면 「听(tīng 듣다) + 音乐(yīnyuè 음악)」로 표현합니다. 중국어의 동사는 영어나 한국어처럼 동사의 변화가 없기 때문에 문장을 만들거나 말을 할 때 어순만 맞춘다면 비교적 쉽게 문장을 만들 수 있습니다.

Unit 1 취미와 흥미를 물을 때

0920 취미는 무엇입니까?
你的爱好是什么?
Nǐ de ài hǎo shì shén me
니더아이하오 스션머

0921 취미를 물어도 될까요?
请问有什么趣味?
Qǐng wèn yǒu shén me qù wèi
칭원 여우션머 취웨이

*请问은「실례합니다」라는 뜻으로 질문을 하기에 앞서 표현하는 겸양어이다.

0922 무엇을 수집하십니까?
你收集什么?
Nǐ shōu jí shén me
니쇼우지 션머

0923 음악감상을 좋아하세요?
你爱听音乐吗?
Nǐ ài tīng yīn yuè ma
니아이 팅인위에마

0924 어떤 악기를 다루십니까?
你会哪些乐器?
Nǐ huì nǎ xiē yuè qì
니후이 나씨에위에치

166 일상생활의 화제 표현

Unit 2 취미와 흥미에 대해 대답할 때

0925 제 취미는 독서입니다.
我的爱好是读书。
Wǒ de ài hǎo shì dú shū
워더아이하오스 두수

0926 제 취미는 음악감상입니다.
我爱好听音乐。
Wǒ ài hào tīng yīn yuè
워아이하오 팅인위에

* 爱好는 기호나 취미라는 뜻으로만 쓰이는데 반해, 嗜好(shìhào)는 악습관이나 취미의 정도가 지나친 경우에도 사용한다.

0927 가끔 볼링을 칩니다.
我有时打保龄球。
Wǒ yǒu shí dǎ bǎo líng qiú
워여우스 따빠오링치우

0928 나는 낚시를 좋아합니다.
我喜欢钓鱼。
Wǒ xǐ huān diào yú
워씨환 땨오위

0929 대단히 좋은 취미를 가지셨군요.
你有挺不错的爱好。
Nǐ yǒu tǐng bú cuò de ài hǎo
니여우 팅부춰더 아이하오

0930 사람마다 각자의 취미가 있습니다.
人们都有各自喜好。
Rén men dōu yǒu gè zì xǐ hǎo
런먼 떠우여우 꺼즈시하오

0931 저의 취미는 다양해요.
我的兴趣很广泛。
Wǒ de xīng qù hěn guǎng fàn
워더씽취 헌꽝판

* 广泛은 범위가 넓음을 나타내는 형용사이다.

취미에 대해서

0932 취미는 사람마다 다릅니다.
青菜萝卜各有所好。
Qīng cài luó bǔ gè yǒu suǒ hào
칭차이뤄뿌 꺼여우숴하오

0933 저는 그런 일에는 별로 취미가 없습니다.
我对那些事没什么兴趣。
Wǒ duì nà xiē shì méi shén me xīng qù
워뚜이 나씨에스 메이션머 씽취

0934 나는 등산을 좋아하게 되었습니다.
我喜欢上了登山。
Wǒ xǐ huānshàng le dēngshān
워씨환 샹러떵샨

0935 나는 배드민턴 치는 것을 좋아합니다.
我喜欢打羽毛球。
wǒ xǐ huān dǎ yǔ máo qiú
워씨환 따 위마오치우

0936 흥미를 가지게 되었습니다.
产生了兴趣。
Chǎnshēng le xīng qù
찬셩러 씽취

0937 나는 낚시에 흥미가 생겼습니다.
我喜欢上了钓鱼。
Wǒ xǐ huānshàng le diào yú
워씨환 샹러따오위

0938 물론 많은 취미가 있지만, 제일 즐기는 건 독서입니다.
虽然有很多爱好，但最喜欢的是看书。
Suī rán yǒu hěn duō ài hào dàn zuì xǐ huān de shì kàn shū
쑤이란 여우헌뚸 아이하오 딴 쭈이씨환더스 칸쑤

*「虽然~, 但~」은「비록~하지만 ~한다」라는 의미의 접속사 조합으로 자주 쓰인다.

0939 취미에 너무 몰두하지 마세요.
不要太沉醉在自己的兴趣里。
Bù yào tài chén zuì zài zì jǐ de xīng qù lǐ
뿌야오 타이천쭈이짜이 즈지더 씽취리

여가와 오락에 대해서

Key Point

중국의 대표적인 오락으로는 마작(麻雀)이 있습니다. 마작은 중국에서 명절 때도 많이 하지만 우리나라의 장기처럼 평상시에도 친목도모를 위해 많이 하는 놀이입니다. 한국에서는 장기를 남자들이 주로 하지만, 중국에서 마작은 여자들도 많이 즐기는 놀이입니다. 마작은 중국에서 전해 온 실내 놀이의 한 가지로 네 사람이 136개의 패(牌)를 가지고 짝을 맞추는 놀이입니다.

Unit 1 여가에 대해 물을 때

0940
주말에는 주로 무엇을 합니까?
周末主要干什么?
Zhōu mò zhǔ yào gàn shén me
조우머 주야오 깐션머

0941
여가를 어떻게 보내세요?
你怎么打发闲暇?
Nǐ zěn me dǎ fā xián xiá
니쩐머 따파시엔쌰

0942
기분전환으로 무얼 하십니까?
你用什么转换心情?
Nǐ yòng shén me zhuǎn huàn xīn qíng
니융썬머 좐환신칭

0943
주말에 무슨 계획이 있으세요?
周末有什么计划吗?
Zhōu mò yǒu shén me jì huá mǎ
조우머 여우썬머 지화마

0944
휴일에 무얼 하실 겁니까?
假日打算干什么?
Jiǎ rì dǎ suàn gàn shén me
쟈르 따쑤안 깐션머

0945 일과 후에 무엇을 하세요?
工作之余干什么?
Gōng zuò zhī yú gàn shén me
꽁쭤즈위 깐션머

0946 그저 집에 있을 겁니다.
我打算待在家里。
Wǒ dǎ suàn dài zài jiā lǐ
워따쑤안 따이짜이쟈리

Unit 2 유흥을 즐길 때

0947 좋은 나이트클럽은 있나요?
有好夜总会吗?
Yǒu hǎo yè zǒng huì mǎ
여우하오 예쫑후이마

0948 인기가 있는 디스코텍은 어디입니까?
最受欢迎的迪厅是哪里?
Zuì shòuhuānyíng de dí tīng shì nǎ lǐ
쭈이쇼우환잉더 디팅스나리

* 受는「받다」라는 의미의 동사로써, 예로는 受帮助, 受优待등이 있다.

0949 디너쇼를 보고 싶은데요.
想看晚会。
Xiǎng kàn wǎn huì
샹칸 완후이

0950 이건 무슨 쇼입니까?
这是什么演出?
Zhè shì shén me yǎn chū
쩌스 션머옌추

0951 무대 근처 자리로 주시겠어요?
能给我离舞台近的座位吗?
Néng gěi wǒ lí wǔ tái jìn de zuò wèi mǎ
넝게이워 리우타이 진더쭤웨이마

0952 (클럽에서) 어떤 음악을 합니까?
都有什么音乐?
Dōu yǒu shén me yīn yuè
떠우여우 션머인위에

0953 함께 춤추시겠어요?
能和我一起跳舞吗? 跳舞。
Néng hé wǒ yī qǐ tiào wǔ mǎ tiào wǔ
넝허워 이치 탸오우마   탸오우

*跳舞 춤을 추다, 춤

0954 이 근처에 가라오케는 있습니까?
这附近有卡拉OK吗?
Zhè fù jìn yǒu kǎ lā mǎ
쩌푸진여우 카라오케마

0955 젊은 사람이 많습니까?
年轻人多吗?
Niánqīng rén duō mǎ
니엔칭런 뚸마

0956 어서 오십시오. 몇 분이십니까?
欢迎光临, 几位?
Huānyíngguāng lín jǐ wèi
환잉꾸앙린 지웨이

0957 무엇을 드시겠습니까?
要吃(喝)点儿什么?
Yào chī hē diǎn r shén me
야오 츠(허)디얄 션머

*吃 먹다 喝 마시다

0958 한국 노래는 있습니까?
有韩国歌吗?
Yǒu hán guó gē mǎ
여우 한궈꺼마

0959 무슨 노래를 부르실래요?
你唱什么歌?
Nǐ chàngshén me gē
니창 션머꺼

*歌 노래를 부르다, 노래

여가와 오락에 대해서 171

0960 한국 노래를 할 줄 아세요?
你会唱韩国歌吗?
Nǐ huì chàng hán guó gē ma
니후이창 한궈꺼마

0961 노래를 잘 하시는군요.
您唱的真好。
Nín chàng de zhēn hǎo
닌창더 쩐하오

Unit 3 오락을 즐길 때

0962 카지노는 몇 시부터 합니까?
赌场从几点开始?
Dǔ chǎng cóng jǐ diǎn kāi shǐ
뚜창 총지디엔 카이스

0963 좋은 카지노를 소개해 주십시오.
请给我介绍好赌场。
Qǐng gěi wǒ jiè shào hǎo dǔ chǎng
칭게이워 지에샤오 하오뚜창

0964 카지노는 아무나 들어갈 수 있습니까?
赌场谁都可以进吗?
Dǔ chǎng shéi dōu kě yǐ jìn ma
뚜창 쉐이떠우 커이찐마

0965 칩은 어디서 바꿉니까?
币子在哪儿换?
Bì zǐ zài nǎr huàn
삐즈 짜이날환

0966 현금으로 주세요.
请给我现金。
Qǐng gěi wǒ xiàn jīn
칭게이워 씨엔진

0967 쉬운 게임은 있습니까?
有没有容易点的游戏?
Yǒu méi yǒu róng yì diǎn de yóu xì
여우메이여우 롱이디엔더 여우시

Unit 4 레저를 즐길 때

0968 스키를 하고 싶은데요.
我想滑雪。
Wǒ xiǎng huá xuě
워샹 화쉐

0969 레슨을 받고 싶은데요.
我想受训。
Wǒ xiǎng shòu xùn
워샹 셔우쉰

0970 스키용품은 어디서 빌릴 수 있나요?
滑雪用具在哪儿可以借?
Huá xuě yòng jù zài nǎr kě yǐ jiè
화쉐용쥐 짜이날 커이지에

0971 리프트 승강장은 어디인가요?
滑雪升降机在哪里?
Huá xuě shēng jiàng jī zài nǎ lǐ
화쉐성쟝지 짜이나리

0972 짐은 어디에 보관하나요?
行李在哪儿保管?
Xíng lǐ zài nǎr bǎo guǎn
싱리 짜이날 바오꽌

0973 어떤 종류의 쿠루징이 있습니까?
都有什么种类的船?
Dōu yǒu shén me zhǒng lèi de chuán
떠우여우 션머쫑레이더 촨

0974 승마를 배운 지는 얼마나 됐습니까?
你学乘马学了多长时间?
Nǐ xué chéng mǎ xué le duō cháng shí jiān
니쉐청마 쉐러 뛰창스지엔

0975 바닷가에 가서 해수욕을 합니다.
去海滩洗海水浴。
Qù hǎi tān xǐ hǎi shuǐ yù
취하이탄 시하이쉐이위

여가와 오락에 대해서

Unit 5 여행을 즐길 때

0976 나는 여행을 좋아합니다.
我喜欢旅行。
Wǒ xǐ huān lǚ xíng
워씨환 뤼씽
*喜欢 좋아하다

0977 해외여행을 가신 적이 있습니까?
你到过海外旅游吗?
Nǐ dào guò haǐ wài lǚ yóu ma
니따오궈 하이와이뤼여우마
*过 ~한 적이 있다(경험을 나타냄)

0978 해외여행은 이번이 처음입니다.
到海外这是第一次。
Dào haǐ wài zhè shì dì yī cì
따오하이와이 쩌스 띠이츠
*서수를 나타낼 때는 숫자 앞에 第를 붙인다.

0979 그곳에 얼마나 계셨습니까?
你在那里逗留了多长时间?
Nǐ zài nà lǐ dòu liú le duō cháng shí jiān
니짜이나리 떠우리우러 뚸창스지엔
*逗留 머물다, 체류하다

0980 언젠가 세계일주를 하고 싶어요.
我想找机会周游世界。
Wǒ xiǎng zhǎo jī huì zhōu yóu shì jiè
워썅 자오지후이 조우여우스지에

0981 여행은 어땠어요?
旅行怎么样?
Lǚ xíng zěn me yàng
뤼씽 쩐머양

0982 여행은 즐거우셨나요?
旅途愉快吗?
Lǚ tú yú kuài ma
뤼투 위콰이마

예술과 문화생활에 대해서

Key Point

영상매체를 보거나 들을 때 필요한 것들을 알아봅시다.
CD플레이어-激光唱机(jīguāngchàngjī), 레코드 플레이어-电唱机(diànchàngjī), 텔레비전-电视(机)(diànshì)(jī), 비디오-录影机(lùyǐngjī), 길거리에서 판매하는 테이프는 해적판(盜版)이 많고 가격이 싼 대신 품질이 좋지 않습니다.

Unit 1 음악에 대해 말할 때

0983 어떤 음악을 가장 좋아하십니까?
你最爱听什么样的音乐?
Nǐ zuì ài tīng shén me yàng de yīn yuè
니 쭈이 아이 팅 션머양더 인위에

0984 음반을 많이 갖고 계십니까?
你有许多唱片吗?
Nǐ yǒu xǔ duō chàngpiàn mǎ
니 여우 쉬뛰 창피엔마

0985 당신은 음악회에 자주 가십니까?
你常去音乐会吗?
Nǐ cháng qù yīn yuè huì mǎ
니 창취 인위에후이마

0986 저는 클래식 광입니다.
我是古典迷。
Wǒ shì gǔ diǎn mí
워스 꾸디엔미

0987 저는 경음악을 좋아합니다.
我喜欢轻音乐。
Wǒ xǐ huān qīng yīn yuè
워 씨환 칭인위에

예술과 문화생활에 대해서 175

0988
어제 광장에서 음악회가 열렸습니다.
昨天在广场开了音乐会。
Zuó tiān zài guǎngchǎng kāi le yīn yuè huì
쮀티엔 짜이꾸앙창 카이러 인위에후이

0989
나한테 콘서트 입장권 두 장 있는데, 같이 갈래요?
我有两张音乐会的票一起去吧。
Wǒ yǒu liǎngzhāng yīn yuè huì de piào yī qǐ qù ba
워여우량장 인위에후이더퍄오 이치취바

0990
이 부근에 노래방이 있습니까?
这附近有没有歌舞厅?
Zhè fù jìn yǒu méi yǒu gē wǔ tīng
쩌푸찐 여우메이여우 꺼우팅

*有没有 회화에서는 빨리 발음되므로「요메이요」로 들린다.

Unit 2 그림에 대해 말할 때

0991
미술전시회에 가시겠습니까?
你去不去画展?
Nǐ qù bú qù huà zhǎn
니 취부취 화짠

*「동사+不+동사」일 경우 不는 약하게 읽는다.

0992
함께 미술전시회를 보러 갑시다.
一起去看美术展吧。
Yī qǐ qù kàn měi shù zhǎn ba
이치취칸 메이수짠바

0993
이 작품은 어느 시대의 것입니까?
这个作品是哪个时代的?
Zhè gè zuò pǐn shì nǎ gè shí dài de
쩌거쭤핀스 나거스따이더

0994
저는 그림 그리기를 좋아합니다.
我喜欢画画。
Wǒ xǐ huān huà huà
워시환 화화

0995 이 작품은 정말 아름답네요.
这个作品真是太美了。
Zhè gè zuò pǐn zhēn shì tài měi le
쩌거쭤핀 쩐스 타이메이러

0996 저는 미술품 수집을 좋아합니다.
我喜欢搜集美术品。
Wǒ xǐ huān sōu jí měi shù pǐn
워씨환 쏘우지 메이수핀

0997 그림을 아주 잘 그리시군요.
你画得真好。
Nǐ huà dé zhēn hǎo
니화더 쩐하오

0998 좋아하는 화가는 누군가요?
你喜欢的画家是谁?
Nǐ xǐ huān de huà jiā shì shéi
니 씨환더화쟈 스쉐이

Unit 3 독서에 대해 말할 때

0999 어떤 책을 즐겨 읽으십니까?
你喜欢读什么样的书?
Nǐ xǐ huān dú shén me yàng de shū
니씨환두 션머양더수

1000 주로 애정소설을 읽습니다.
主要看言情小说。
Zhǔ yào kàn yán qíng xiǎo shuō
주야오칸 옌칭싸오숴

1001 저는 손에 잡히는 대로 다 읽습니다.
我是随意，逮什么读什么。
Wǒ shì suí yì dǎi shén me dú shén me
워스쑤이이 따이션머 두션머

* ~什么, ~什么 ~하는 대로 ~하다
  예) 要什么, 给什么 요구하는 대로 (무엇이든) 준다

1002 책을 많이 읽으십니까?
你读书很多吗?
Nǐ dú shū hěn duō mǎ
니 두수 헌뚸마

1003 이 책은 재미없어요.
这本没意思。
Zhè běn méi yì sī
쩌번 메이이쓰
*没意思 재미없다, 意思 재미

1004 좋아하는 작가는 누구입니까?
你喜欢的作家是谁?
Nǐ xǐ huān de zuò jiā shì shéi
니씨환더 쮜쟈 스쉐이

1005 요즘 베스트셀러는 무엇입니까?
最近的畅销书是什么?
Zuì jìn de chàngxiāo shū shì shén me
쭈이찐더 챵싸오수 스션머

1006 무슨 신문을 보십니까?
你看什么报纸?
Nǐ kàn shén me bào zhǐ
니칸 션머빠오즈

Unit 4 영화와 연극에 대해 말할 때

1007 그 영화는 몇 시에 상영합니까?
那部电影几点上映?
Nà bù diànyǐng jǐ diǎn shàngyìng
나뿌띠엔잉 지디엔샹잉

1008 어떤 프로가 상영되고 있습니까?
播放什么节目?
Bō fàng shén me jié mù
뽀팡 션머지에무
*节目 종목, 프로그램, 항목, 레퍼토리

1009 오늘 저녁에 무슨 영화를 상영합니까?
今晚演什么电影?
jīn wǎn yǎn shén me diàn yǐng
찐왇옌 선머띠엔잉

* 大前天(dàqiántiān) 그그저께 前天(qiántiān) 그제 昨天(zuótiān) 어제
今天(jīntiān) 오늘 明天(míngtiān) 내일 后天(hòutiān) 모레
大后天(dàhòutiān) 내일 모레

1010 중국 영화를 좋아하십니까?
你喜欢中国电影吗?
Nǐ xǐ huān zhōng guó diàn yǐng mǎ
니씨환 쭝궈띠엔잉마

1011 어느 배우를 가장 좋아하십니까?
你最喜欢哪个演员?
Nǐ zuì xǐ huān nǎ ge yǎn yuán
니쭈이씨환 나거옌위엔

1012 영화 배우 중 누굴 가장 좋아합니까?
你喜欢哪一位电影明星?
Nǐ xǐ huān nǎ yī wèi diàn yǐng míng xīng
니씨환 나이웨이 띠엔잉밍씽

1013 자주 영화 구경을 가십니까?
你常去看电影吗?
Nǐ cháng qù kàn diàn yǐng mǎ
니창취칸 띠엔잉마

1014 저는 한 달에 두 번 영화를 봅니다.
一个月我看两场电影。
Yī gè yuè wǒ kàn liǎng chǎng diàn yǐng
이거위에 워칸 량창띠엔잉

1015 어떤 연극을 좋아하십니까?
你喜欢什么样的戏?
Nǐ xǐ huān shén me yàng de xì
니씨환 선머양더씨

1016 최근에 무슨 좋은 연극을 보셨습니까?
最近你看过什么好戏吗?
Zuì jìn nǐ kàn guò shén me hǎo xì mǎ
쭈이찐 니칸궈 선머하오씨마

Unit 5 텔레비전에 대해 말할 때

1017 어떤 텔레비전 프로그램을 좋아하십니까?
你喜欢哪些电视节目?
Nǐ xǐ huān nǎ xiē diàn shì jié mù
니시환 나씨에 띠엔스지에무

1018 연속극을 좋아합니다.
我喜欢连续剧。
Wǒ xǐ huān lián xù jù
워씨환 리엔쉬쥐

1019 오늘 저녁에는 무슨 프로그램이 있습니까?
今晚播放什么节目?
Jīn wǎn bō fàng shén me jié mù
찐완뽀팡 션머지에무

1020 오늘 재미있는 텔레비전 프로그램이 있나요?
今天，电视有什么好的节目没有?
jīn tiān diàn shì yǒu shén me hǎo de jié mù méi yǒu
찐티엔 띠엔쓰 여우션머 하오더지에무 메이여우

1021 오늘 저녁 텔레비전에서 어떤 프로그램을 방송합니까?
今天晚上电视上映什么节目?
jīn tiān wǎn shàng diàn shì shàng yìng shén me jié mù
찐티엔완샹 띠엔쓰샹잉 션머지에무

1022 지금 방송하고 있는 프로그램은 뭡니까?
现在电视播的是什么?
Xiàn zài diàn shì bō de shì shén me
씨엔짜이 띠엔쓰뽀더 스션머

1023 어젯밤 텔레비전 영화 어땠어요?
昨晚的电视电影怎么样?
Zuó wǎn de diàn shì diàn yǐng zěn me yàng
쮀완더 띠엔쓰띠엔잉 쩐머양

1024 리모콘이 어디 있죠?
遥控器在哪里?
yáo kòng qì zài nǎ li
야오콩치 짜이나리

Chapter 9 건강과 스포츠에 대해서

Key Point

「몸에」 혹은 「건강에」라고 표현 할 때에는 对(duì), 对干(duìgān)를 많이 사용합니다. 구기종목에는 공을 뜻하는 球(qiú)가 들어갑니다. 손을 사용하는 운동은 打(dǎ)라는 동사를 사용하며, 발을 이용하는 운동은 踢(tī)를 사용합니다. 또한 스포츠를 매우 좋아하는 사람은 迷(mí)라는 말을 붙입니다. 迷는 일반적으로 「팬」이라고 하는데 운동에서만 쓰이는 것이 아니라 영화나 음악에서도 쓰입니다.

Unit 1 건강 상태를 말할 때

1025
건강은 어떠세요?
身体好吗?
Shēn tǐ hǎo mǎ
션티 하오마
*이 문장에서 好는 健康의 의미로 사용되었다.

1026
요즘 건강은 어떠십니까?
你最近身体好吗?
Nǐ zuì jìn shēn tǐ hǎo mǎ
니 쭈이진 션티하오마

1027
덕분에 저는 아주 건강합니다.
托你的福我很健康。
Tuō nǐ de fú wǒ hěn jiàn kāng
퉈니더푸 워헌지엔캉

1028
건강상태가 양호합니다.
身体状况良好。
Shēn tǐ zhuàngkuàng liáng hǎo
션티쫭쾅 량하오

1029
요 며칠 몸이 좋지 않습니다.
这几天身体不太好。
Zhè jǐ tiān shēn tǐ bu tài hǎo
쩌지티엔 션티 부타이하오

1030
몸이 불편합니다.
身体不舒服。
Shēn tǐ bù shū fú
션티 뿌수푸

1031
오늘은 좀 괜찮으세요?
今天您好点吗?
Jīn tiān nín hǎo diǎn má
진티엔 닌하오디엔마

*好点(儿)은「괜찮아지다, 호전되다」라는 의미로 해석하며 특히 병문안을 가서 안부를 물을 때 자주 사용되는 표현이다.

1032
안색이 아주 창백합니다.
你脸色很苍白。
Nǐ liǎn sè hěn cāng bái
니리엔써 헌창바이

Unit 2 건강 유지에 대해 말할 때

1033
건강해 보이시는군요.
看起来很健康。
Kàn qǐ lái hěn jiàn kāng
칸치라이 찌엔지엔캉

1034
어떻게 그렇게 건강하십니까?
你怎么会那么健康的?
Nǐ zěn me huì nà me jiàn kāng de
니 쩐머후이 나머지엔캉더

1035
건강의 비결은 무엇입니까?
请问健康的秘诀是什么?
Qǐng wèn jiàn kāng de mì jué shì shén me
칭원 지엔캉더미쮜에 스션머

1036
건강 유지를 위해 무엇을 하세요?
为保持健康, 你都做些什么?
Wèi bǎo chí jiàn kāng　　nǐ dōu zuò xiē shén me
웨이 빠오츠지엔캉　니떠우 쮜씨에션머

1037 운동을 많이 하십니까?
你经常运动吗?
Nǐ jīng cháng yùn dòng ma
니 찡창 윈뚱마

1038 날마다 운동하시죠?
您是不是天天锻炼?
Nín shì bú shì tiān tiān duàn liàn
닌 스부스 티엔티엔 똰리엔

*天天은 명사 天을 중첩함으로써 하루하루가 반복됨을 나타낸다. 즉 「매일 매일」로 해석된다.

1039 매일 조깅을 합니다.
我天天晨练。
Wǒ tiān tiān chén liàn
워 티엔티엔 천리엔

1040 좋은 수면 습관은 건강에 유익합니다.
好的睡眠习惯对健康有益。
Hǎo dè shuìmián xí guàn duì jiàn kāng yǒu yì
하오더쉐이미엔씨꽌 뚜이지엔캉 여우이

1041 생활이 불규칙적이면 건강에 해롭습니다.
生活无规律对健康有害。
Shēng huó wú guī lǜ duì jiàn kāng yǒu hài
성훠 우꾸이뤼 뚜이지엔캉 여우하이

1042 녹색 식품은 몸에 좋습니다.
绿色食品对身体有好处。
Lǜ sè shí pǐn duì shēn tǐ yǒu hǎo chù
뤼써스핀 뚜이션티 여우하오추

1043 일부 식품은 건강에 해롭습니다.
一些食品对健康有害。
Yì xiē shí pǐn duì jiàn kāng yǒu hài
이시에스핀 뚜이지엔캉 여우하이

1044 적당한 운동은 신체건강에 유익합니다.
适当的运动有利于身体健康。
Shì dāng dè yùn dòng yǒu lì yú shēn tǐ jiàn kāng
스땅더윈뚱 여우리위 션티지엔캉

*于는 「~에 대하여」라는 전치사이다.

건강과 스포츠에 대해서

Unit 3 스포츠를 화제로 할 때

1045 운동을 좋아하십니까?
你喜欢运动吗?
Nǐ xǐ huān yùn dòng ma
니씨환 윈뚱마

1046 저는 스포츠광입니다.
我是个体育迷。
Wǒ shì gè tǐ yù mí
워스거 티위미
*迷는 어떤 대상에 대해 상당한 관심을 가지고 있는 사람을 나타내는 단어로「팬, ~광」으로 해석한다. 예) 歌迷 음악팬, 球迷 축구팬

1047 어떤 운동을 할 줄 아세요?
你会什么运动?
Nǐ huì shén mè yùn dòng
니후이 션머윈뚱

1048 저는 운동이라면 다 좋아합니다.
只要是运动,我都喜欢。
Zhǐ yào shì yùn dòng wǒ dōu xǐ huān
즈야오 스윈뚱   워떠우 씨환

1049 무슨 운동을 하십니까?
你做什么运动?
Nǐ zuò shén mè yùn dòng
니쭤 션머윈뚱

1050 일주일에 두 번 조깅을 합니다.
我一周跑两次步。
Wǒ yī zhōu pǎo liǎng cì bù
워이저우 파오량츠뿌

1051 일요일마다 등산을 합니다.
每星期日我都去爬山。
Měi xīng qī rì wǒ dōu qù pá shān
메이씽치르 워떠우취 파샨
*「일요일」은 星期天(xīngqītiān) 礼拜日(lǐbàirì)라고도 한다.

저는 운동을 구경만 합니다.
我只看运动。
Wǒ zhǐ kàn yùn dòng
워 즈칸 윈뚱

야구를 좀 합니다.
我打点儿棒球。
Wǒ dǎ diǎn r bàng qiú
워 따디알빵 치우

수영을 할 줄 아나요?
你会游泳吗?
Nǐ huì yóu yǒng ma
니후이 여우용마

골프를 좋아하십니까?
你喜欢高尔夫球吗?
Nǐ xǐ huān gāo ěr fū qiú ma
니씨환 까오얼푸치우마

테니스를 칠 줄 압니까?
你会打网球吗?
Nǐ huì dǎ wǎng qiú ma
니후이 따왕치우마

Unit 4 경기를 관전할 때

어디서 입장권을 삽니까?
在哪儿买入场券?
Zài nǎ r mǎi rù chǎngquàn
짜이날 마이루창췐

어느 팀이 이길 것 같습니까?
你看哪个队能赢?
Nǐ kàn nǎ ge duì néngyíng
니칸 나거뚜이 넝잉

* 여기서 看은 「보다」라는 의미에서 더 나아가 추측이나, 판단을 나타낸다.

건강과 스포츠에 대해서 185

1059 누구와 누구의 경기입니까?
谁跟谁比赛?
Shéi gēn shéi bǐ sài
쉐이껀쉐이 비싸이

1060 어제 저녁의 경기는 무승부로 끝났습니다.
昨晚的那场比赛打成了平局。
Zuó wǎn de nà chǎng bǐ sài dǎ chéng le píng jú
쭤완더 나창비싸이 따청러 핑쥐

1061 시합 결과는 예측하기 힘듭니다.
比赛结果是很难预测的。
Bǐ sài jié guǒ shì hěn nán yù cè de
비싸이지에궈스 헌난위처더

1062 어제 권투 경기가 매우 재밌었습니다.
昨天的拳击比赛很精彩。
Zuó tiān de quán jī bǐ sài hěn jīng cǎi
쭤티엔더 췐지비싸이 헌찡차이

1063 오늘 경기 결과는 어떻게 되었습니까?
今天的比赛结果怎么样?
Jīn tiān de bǐ sài jié guǒ zěn me yàng
찐티엔더 비싸이지에궈 쩐머양

1064 우리 팀이 졌습니다.
我们队输了。
Wǒ men duì shū le
워먼뚜이 수러
*队 팀

1065 우리 팀은 3대 1로 앞서고 있습니다.
我们队以三比一领先。
Wǒ men duì yǐ sān bǐ yī lǐng xiān
워먼뚜이 이싼비이 링씨엔

1066 현재 스코어는 어떻게 되었습니까?
现在场上比分是多少?
Xiàn zài chǎng shàng bǐ fēn shì duō shǎo
씨엔짜이 창상비펀 뚸샤오

날씨와 계절에 대해서

Key Point

「날씨가 좋다 好(hǎo)」「날씨가 나쁘다 不好(bù hǎo)」는 표현이 많이 사용되나 기온에 따라 「따뜻하다 暖和(nuǎn hé)」, 「서늘하다 凉快(liáng kuài)」, 「춥다 冷(lěng)」, 「덥다 热(rè)」 등의 표현도 함께 익혀둡시다. 계절에 따른 표현에는 봄에는 「따뜻하다 暖和(nuǎnhuo)」라는 표현 이외에도 「맑다 晴朗(qínglǎng)」, 겨울은 「춥다 冷(lěng)」이라는 표현 이외에도 「건조하다 干燥(gānzào)」 등의 중국의 계절의 특성도 함께 알아둡시다.

Unit 1 날씨를 물을 때

1067 오늘 날씨 어때요?
今天天气怎么样?
Jīn tiān tiān qì zěn me yàng
찐티엔티엔치 쩐머양

1068 그곳 날씨는 어떻습니까?
那边的天气怎么样?
Nà biān de tiān qì zěn me yàng
나삐엔더티엔치 쩐머양

1069 바깥 날씨가 여전히 좋습니까?
外边天气还好吗?
Wài biān tiān qì hái hǎo mǎ
와이삐엔티엔치 하이하오마

1070 서울 날씨가 어떻습니까?
首尔的天气怎么样?
Shǒu'ěr de tiān qì zěn me yàng
쏘우얼더티엔치 쩐머양

1071 이런 날씨 좋아하세요?
你喜欢这种天气吗?
Nǐ xǐ huān zhè zhǒng tiān qì mǎ
니씨환 쩌쫑티엔치마

* 喜欢은 「마음에 들다, 좋아하다」라는 의미로 爱, 好보다는 부드러운 표현이다.

날씨와 계절에 대해서 **187**

Unit 2 날씨가 좋을 때

1072 날씨 참 좋죠?
今天天气真好，是吧？
Jīn tiān tiān qì zhēn hǎo shì ba
진티엔티엔치 쩐하오 스바
* 대부분 吧로 물어보는 문장은 긍정의 대답을 요구하는 의문문이다.

1073 오늘은 날씨가 매우 좋습니다.
今天天气很好。
Jīn tiān tiān qì hěn hǎo
찐티엔티엔치 헌하오

1074 날씨가 화창하고 참 상쾌합니다.
天气晴朗真爽快。
Tiān qì qíng lǎng zhēn shuǎng kuài
티엔치칭랑 쩐수앙콰이

1075 날씨가 개기 시작했어요.
天气开始转青了。
Tiān qì kāi shǐ zhuǎn qīng le
티엔치카이스 쫜칭러

1076 오늘은 맑습니다.
今天天气晴朗。
Jīn tiān tiān qì qíng lǎng
찐티엔티엔치 칭랑

Unit 3 날씨가 나쁠 때

1077 오늘은 구름 한 점 없이 맑았습니다.
今天晴空万里。
Jīn tiān qíng kōng wàn lǐ
찐티엔 칭콩완리

1078 오늘은 날씨가 몹시 나쁘군요.
今天天气坏得很。
Jīn tiān tiān qì huài de hěn
찐티엔티엔치 화이더헌

1079 오늘은 약간 흐려요.
今天有点儿阴。
Jīn tiān yǒu diǎnr yīn
찐티엔 여우디알인

1080 내일은 날씨가 나쁘다고 합니다.
明天天气要不好。
Míng tiān tiān qì yào bù hǎo
밍티엔티엔치 야오뿌하오

1081 날씨가 그리 좋지 못해요.
天气不太好。
Tiān qì bú tài hǎo
티엔치 부타이하오

Unit 4 비가 내릴 때

1082 오늘은 비가 내릴까요?
今天有雨吗?
Jīn tiān yǒu yǔ ma
찐티엔 여우위마

1083 비가 내릴 것 같습니까?
会不会下雨?
Huì bù huì xià yǔ
후이부후이 싸위

1084 오늘은 비가 내립니다.
今天要下雨。
Jīn tiān yào xià yǔ
찐티엔 야오싸위

1085 소나기가 내릴 것 같습니다.
看来要下雷雨了。
Kàn lái yào xià léi yǔ le
칸라이 야오싸레이위러

1086 큰비가 내릴 것 같습니다.
快要下大雨了。
Kuài yào xià dà yǔ le
콰이야오 싸따위러

어제는 한 차례 폭우가 내렸습니다.
1087 昨天下了一场暴雨。
Zuó tiān xià le yì chǎng bào yǔ
쭤티엔 싸러이창 빠오위

저녁에 약간 비가 내릴 것 같습니다.
1088 晚上将会有小雨。
Wǎnshàng jiāng huì yǒu xiǎo yǔ
완샹 쟝후이여우 싸오위

연일 궂은비가 내립니다.
1089 下连天的阴雨。
Xià lián tiān de yīn yǔ
싸리엔티엔더 인위

7월 초는 장마철입니다.
1090 七月初是梅雨期。
Qī yuè chū shì méi yǔ qī
치위에추스 메이위치

이번 비는 너무 오래 내립니다.
1091 这雨下得太长了。
Zhè yǔ xià de tài cháng le
쩌위 싸더타이창러

Unit 5 바람이 불 때

바깥은 바람이 세차게 붑니다.
1092 外面正在刮大风。
Wài miàn zhèng zài guā dà fēng
와이미엔 쩡짜이 꽈따펑
*刮风 바람이 불다, 刮大风 세차게 바람이 불다(大의 위치에 주의)

며칠 전 보기 드문 태풍이 불었습니다.
1093 前几天刮了罕见的台风。
Qián jǐ tiān guā le hǎn jiàn de tái fēng
치엔지티엔 꽈러 한치엔더타이펑

바다에는 늘 용오름이 솟아오릅니다.
1094 海上常常刮龙卷风。
Hǎi shàng cháng cháng guā lóng juǎn fēng
하이샹 창창 꽈롱쮄펑

190 일상생활의 화제 표현

1095 정면에서 이따금 미풍이 불어오고 있습니다.
迎面吹来阵阵的微风。
Yíngmiàn chuī lái zhènzhèn de wēi fēng
잉미엔 추이라이 쩐쩐더웨이펑

1096 폭풍이 불어요.
刮起暴风。
Guā qǐ bào fēng
꽈치 빠오펑

Unit 6 사계절에 대해서

1097 바깥은 약간 춥습니다.
外面有点冷。
Wàimiàn yǒu diǎn lěng
와이미엔 여우디엔렁

1098 봄이 왔습니다. 날씨도 따뜻해졌습니다.
春天到了，天气很暖和。
Chūn tiān dào le tiān qì hěn nuǎn huo
춘티엔 따오러 티엔치 헌놩후오

1099 오늘은 따뜻합니다.
今天暖和。
Jīn tiān nuǎn huo
진티엔 놩후오

1100 드디어 봄이 왔습니다.
春天终于到了。
Chūn tiān zhōng yú dào le
춘티엔 쭝위따오러

1101 날씨가 따뜻해지기 시작했습니다.
天气终于开始转暖了。
Tiān qì zhōng yú kāi shǐ zhuǎnnuǎn le
티엔치 쭝위카이스 쫜놩러

1102 봄은 만물이 소생하는 계절입니다.
春天是万物复苏的季节。
Chūn tiān shì wàn wù fù sū de jì jié
춘티엔스 완우푸쑤더 지지에

날씨와 계절에 대해서

1103 바깥은 아주 덥습니다.
外面很热。
Wài miàn hěn rè
와이미엔 헌러

1104 여름이 오면 혹서를 견디기 힘듭니다.
到了夏天最受不了酷热。
Dào le xià tiān zuì shòu bù liǎo kù rè
따오 러 씨아티엔 쭈이 셔우뿌랴오 쿠러
*不了 ~할 수 없다 예) 受不了 견딜 수 없다

1105 여름은 아주 무덥습니다.
夏天很热。
Xià tiān hěn rè
씨아티엔 헌러

1106 여름은 정말로 무더위가 견디기 힘듭니다.
夏天真是酷热难耐。
Xià tiān zhēn shì kù rè nán nài
씨아티엔 쩐스쿠러 난나이

1107 가을 날씨는 아주 시원합니다.
秋天的天气很凉爽。
Qiū tiān de tiān qì hěn liáng shuǎng
치우티엔더 티엔치 헌량수앙

1108 가을은 수확의 계절입니다.
秋天是收获的季节。
Qiū tiān shì shōu huò de jì jié
치우티엔스 셔우훠더 지지에

1109 가을 하늘은 높고 날씨는 서늘합니다.
秋高气爽。
Qiū gāo qì shuǎng
치우까오 치수앙

1110 주말에 단풍구경을 갑시다.
周末去看枫叶吧。
Zhōu mò qù kàn fēng yè ba
쩌우모 취칸 펑예바

Chapter 11 시간과 연월일에 대해서

Key Point

시간이나 연월일을 물을 때 쓰이는 「몇」은 几(jǐ)로 사용을 하면 됩니다. 또한 年(nián)을 읽을 때는 일반적으로 숫자 하나하나를 읽어줍니다. 「몇 월 며칠」을 말할 때는 几月几日(jǐyuèjǐrì) 혹은 几月几号(jǐyuèjǐhào)라고 말하면 됩니다. 요일은 星期一(xīngqīyī), 星期二(xīngqīèr)…으로 쓰이며 일요일만은 星期天(xīngqītiān) 星期日(xīngqīrì), 礼拜天(lǐbàitiān)을 사용합니다.

Unit 1 시각을 묻고 답할 때

 지금 몇 시입니까?
1111 **现在几点?**
Xiàn zài jǐ diǎn
씨엔짜이 지디엔
*시간을 물어 볼 때에는 几点几分?으로 묻는다.

지금 6시 15분입니다.
1112 **现在是六点十五分。**
Xiàn zài shì liù diǎn shí wǔ fēn
씨엔짜이스 리우디엔 스우펀

지금 오후 2시 16분입니다.
1113 **现在是下午两点十六分。**
Xiàn zài shì xià wǔ liǎng diǎn shí liù fēn
씨엔짜이스 싸우 량디엔 스리우펀

오후 3시입니다.
1114 **下午三点。**
Xià wǔ sān diǎn
싸우 싼디엔

아침 6시입니다.
1115 **早晨六点。**
Zǎo chén liù diǎn
짜오천 리우디엔

1116
새벽 4시입니다.
凌晨四点。
Língchén sì diǎn
링천 쓰디엔

1117
곧 9시가 됩니다.
快到九点了。
Kuài dào jiǔ diǎn le
콰이따오 지우디엔러

1118
9시가 조금 지났습니다.
九点过一点儿了。
Jiǔ diǎn guò yī diǎn r le
지우디엔 꿔이디알러

1119
몇 시쯤 됐을까요?
大约能有几点?
Dà yuē néng yǒu jǐ diǎn
따위에 넝여우 지디엔
* 大约는「대략」이라는 의미로 사용된다.

Unit 2 시간에 대해 말할 때

1120
몇 시에 일어납니까?
你什么时候起床?
Nǐ shén me shí hòu qǐ chuáng
니 션머스허우 치촹

1121
시간은 얼마나 걸립니까?
需要多长时间。
Xū yào duō cháng shí jiān
쉬야오 뛰창 스찌엔
* 「시간이 얼마나 (걸려요?)」라는 의미로 几个小时(jǐgèxiǎoshí)으로 사용해도 된다.

1122
언제 돌아옵니까?
你什么时候回来?
Nǐ shén me shí hòu huí lái
니 션머스허우 훼이라이

1123 시간이 됐습니다.
到点了。
Dào diǎn le
따오디엔러

1124 역에서 걸어서 7분 걸립니다.
从车站步行需要七分钟。
Cóng chē zhàn bù xíng xū yào qī fēn zhōng
총처짠 뿌씽 쉬야오 치펀종

※「从+장소(시간)」는「~로부터」라는 의미로 到와 함께 쓰여「~부터 ~까지」라는 의미로 자주 사용된다.

1125 몇 시에 올 겁니까?
你几点过来?
Nǐ jǐ diǎn guò lái
니 지디엔 꿔라이

1126 언제 시작합니까?
什么时候开始。
Shén me shí hòu kāi shǐ
선머스허우 카이스

1127 수업은 아침 몇 시에 시작합니까?
早晨几点开始上课?
Zǎo chén jǐ diǎn kāi shǐ shàng kè
짜오천지디엔 카이스샹커

1128 몇 시에 점심을 먹습니까?
中午几点吃午饭?
Zhōng wǔ jǐ diǎn chī wǔ fàn
쭝우지디엔 츠우판

1129 오후 몇 시에 회의를 합니까?
下午几点开会?
Xià wǔ jǐ diǎn kāi huì
싸우지디엔 카이후이

1130 오전 몇 시에 만날까요?
上午几点见面?
Shàng wǔ jǐ diǎn jiàn miàn
샹우지디엔 지엔미엔

시간과 연월일에 대해서

점심휴식 시간은 얼마나 됩니까?
1131 **你们午休时间多长?**
Nǐ men wǔ xiū shí jiān duō cháng
니먼 우써우스지엔 뛰창

몇 시에 시작합니까?
1132 **几点开始?**
Jǐ diǎn kāi shǐ
지디엔 카이스

너무 이릅니다.
1133 **太早了。**
Tài zǎo le
타이짜오러

시간이 늦었습니다.
1134 **时间不早了。**
Shí jiān bù zǎo le
스지엔 뿌짜오러

몇 시에 문을 닫습니까?
1135 **这儿几点钟关门。**
Zhè r jǐ diǎn zhōng guān mén
쩔 지디엔쫑 꽌먼

*开门(kāimén) 문을 열다 ↔ 关门(guānmén) 문을 닫다

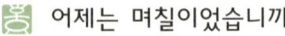

Unit 3 일(日)을 말할 때

오늘은 며칠입니까?
1136 **今天几号?**
Jīn tiān jǐ hào
찐티엔 지하오

*중국어에서 날짜를 물을 때는 号(hào)와 日(rì)와 같이 쓰인다. 그러나 보통 회화에서는 号가 더 많이 사용된다.

어제는 며칠이었습니까?
1137 **昨天是几号?**
Zuó tiān shì jǐ hào
쭤티엔스 지하오

모레는 10월 1일입니다.
1138 后天是十月一日。
Hòu tiān shì shí yuè yī rì
허우티엔스 스위에 이르

오늘은 무슨 날입니까?
1139 今天是什么日子?
Jīn tiān shì shén me rì zī
찐티엔스 션머르쯔
*日子는 「~날」이라는 의미로 특별한 날을 말할 때 사용한다.

오늘은 국경일입니다.
1140 今天是国庆节。
Jīn tiān shì guó qìng jié
찐티엔스 꿔칭지에

우리 휴가가 며칠부터 시작이죠?
1141 我们的休假是几号开始?
Wǒ men de xiū jià shì jǐ hào kāi shǐ
워먼더 씨우쟈 스 지하오 카이스
*休假와 放假는 「휴가, 방학」이라는 같은 의미이며, 「휴가를 보내다」라는 표현은 度假라고 한다.

Unit 4 요일을 말할 때

오늘은 무슨 요일입니까?
1142 今天星期几?
Jīn tiān xīng qī jǐ
찐티엔 씽치지

오늘은 월요일입니다.
1143 今天星期一。
Jīn tiān xīng qī yī
찐티엔 씽치이

목요일은 며칠입니까?
1144 礼拜四是几号?
Lǐ bài sì shì jǐ hào
리빠이쓰스 지하오

1145 모레는 화요일입니다.
后天是礼拜二。
Hòu tiān shì lǐ bài èr
허우티엔스 리빠이얼

1146 오늘은 화요일이 아닙니다.
今天不是星期二。
Jīn tiān bú shì xīng qī èr
찐티엔 부스 씽치얼

1147 엊그제는 금요일이었습니다.
前天是礼拜五。
Qián tiān shì lǐ bài wǔ
치엔티엔스 리빠이우

1148 나는 일요일에 돌아옵니다.
我星期天回来。
Wǒ xīng qī tiān huí lái
워 씽치티엔 훼이라이

* 「일요일」이라는 표현은 星期天, 礼拜天, 星期日이 있다.

1149 주말에 뭘 할 겁니까?
周末你干什么?
Zhōu mò nǐ gān shén me
저우모 니깐션머

Unit 5 월(月)과 년(年)에 대해 말할 때

1150 어제는 몇 월 며칠이었습니까?
昨天是几月几号?
Zuó tiān shì jǐ yuè jǐ hào
쭤티엔스 지위에 지하오

1151 오늘은 10월 10일입니다.
今天是十月十号。
Jīn tiān shì shí yuè shí hào
찐티엔스 스위에 스하오

내일은 몇 월 며칠입니까?
1152 明天是几月几号?
Míng tiān shì jǐ yuè jǐ hào
밍티엔스 지위에 지하오

내일은 8월 5일입니다.
1153 明天是八月五号。
Míng tiān shì bā yuè wǔ hào
밍티엔스 빠위에 우하오

Unit 6 기간을 말할 때

며칠이나 걸립니까?
1154 得多少天?
Děi duō shǎo tiān
떼이 뚸샤오티엔

내일 다시 오겠습니다.
1155 我明天再来。
Wǒ míng tiān zài lái
워 밍티엔 짜이라이

최소한 일주일은 필요합니다.
1156 至少也需要一个星期。
Zhì shǎo yě xū yào yī gè xīng qī
즈샤오 예쒸야오 이거씽치

2~3주간 머물 예정입니다.
1157 我打算住两三个星期。
Wǒ dǎ suàn zhù liǎng sān gè xīng qī
워따쏸 쭈 량싼거씽치

일주일 후에 다시 오십시오.
1158 请你一个星期后再来。
Qǐng nǐ yī gè xīng qī hòu zài lái
칭니 이거씽치허우 짜이라이

일주일 후에 다시 오겠습니다.
1159 我过一个星期再来。
Wǒ guò yī gè xīng qī zài lái
워꿔 이거씽치 짜이라이

미용과 세탁에 대해서

Key Point

중국의 미용실은 남녀 공용으로 보면 됩니다. 그리고 미용실은 거리곳곳에 상당히 많이 있지만 겉모습은 정말 허름해 보입니다. 저기가 뭐 하는 곳인가 살펴보아야 미용실인지 알만큼 정말 그저 그렇습니다. 물론 북경이나 천진의 시내에는 상당히 비싸고 좋은 미용실도 있지만 주택가의 미용실은 일반적으로 옛날 시골 이발소나 미용실 정도로 보면 됩니다. 따라서 한국인이나 외국인은 현지 중국 미용실에 가기가 조금 망설여지는 것도 사실입니다

Unit 1 이발소에서

1160 이발 좀 해 주세요.
我要理发。
Wǒ yào lǐ fā
워야오 리파

1161 어떤 모양으로 깎을까요?
理什么发型?
Lǐ shén me fā xíng
리션머 파씽

1162 보통 헤어스타일로 깎아 주세요.
给我剪成一般的发型。
Gěi wǒ jiǎn chéng yī bān de fā xíng
게이워 지엔청 이빤더 파씽

1163 약간 짧게 깎아 주세요.
给我剪得稍微短一点儿。
Gěi wǒ jiǎn dé shāo wēi duǎn yī diǎn r
게이워 지엔더 샤오웨이똰 이디알

1164 너무 많이 자르지 마세요.
别剪得太多。
Bié jiǎn dé tài duō
비에지엔더 타이뚸

이런 모양으로 깎아 주세요.
给我理成这个样子。
Gěi wǒ lǐ chéng zhè gè yàng zǐ
게이워 리청쩌거 양즈

면도를 하시겠습니까?
刮脸吗?
Guā liǎn mǎ
꽈리엔마

면도를 해 주세요.
请刮脸。
Qǐng guā liǎn
칭 꽈리엔

머리를 감아 주세요.
请给我洗洗头。
Qǐng gěi wǒ xǐ xǐ tóu
칭게이워 씨씨터우

안마를 해 주세요.
请按摩一下。
Qǐng àn mó yī xià
칭 안모이쌰

야, 이발하셨네요.
哟, 您理发了!
Yō nín lǐ fà le
요   닌 리파러

*哟는 감탄사로 우리말의 「앗, 아아, 아니, 야」의 뜻으로 놀라거나 의문이 생겼을 때 가벼운 놀람과 농담의 어감을 나타낸다.

Unit 2 미장원에서

머리만 감겨 주세요.
我只要洗头。
Wǒ zhǐ yào xǐ tóu
워즈야오씨터우

*洗头发(xǐtóufà) 머리를 감다 洗澡(xǐzǎo) 목욕을 하다

1172 파마해 주세요.
请给我烫发。
Qǐng gěi wǒ tàng fā
칭게이워 탕파

1173 파마를 약하게 해 주세요.
请烫得轻一点儿。
Qǐng tàng dé qīng yī diǎn r
칭탕더 칭이디알

1174 세트해 주세요.
我要做头发。
Wǒ yào zuò tóu fā
워야오 쩌터우파

1175 머리를 검게 염색해 주세요.
我要把头发染成黑色。
Wǒ yào bǎ tóu fā rǎn chéng hēi sè
워야오 바터우파 란청헤이써

 Unit 3 세탁소에서

1176 드라이클리닝을 부탁합니다.
我想干洗衣服。
Wǒ xiǎng gān xǐ yī fú
워씨앙 깐씨이푸

1177 호텔 안에 세탁소가 있습니까?
饭店内有洗衣店吗?
Fàn diàn nèi yǒu xǐ yī diàn ma
판디엔 네이여우 씨이디엔마

1178 드라이클리닝을 하려면 며칠이 걸립니까?
干洗衣服需要几天?
Gān xǐ yī fú xū yào jǐ tiān
깐씨이푸 쉬야오 지티엔

1179 이 옷을 다림질해주십시오.
请把这件衣服熨一下。
Qǐng bǎ zhè jiàn yī fú yùn yī xià
칭바 쩌지엔이푸윈 이싸

07 통신과 교통에 관한 표현

Chinese Coversation for Beginners

1. 전화를 걸고 받을 때
2. 전화 통화와 트러블
3. 우체국과 은행을 이용할 때
4. 인터넷과 휴대폰을 이용할 때
5. 길을 묻고 답할 때
6. 대중교통을 이용할 때
7. 자동차를 운전할 때

이제 유선전화는 물론 휴대전화도 바쁘게 살아가는 현대인의 필수품이 되었습니다. 여기서 전화 통화에 관련된 다양한 표현은 물론, 인터넷, 우편, 은행 등 통신에 관한 표현을 착실히 익히도록 합시다. 또한 외국에 나가서 대중교통을 이용하여 돌아다니는 것은 색다른 맛을 느끼게 해줍니다. 외출을 하기 전에 우선 교통에 관한 표현은 물론 대중교통에 대한 정보를 입수하여 길을 잃거나 헤매는 일이 없도록 합시다.

전화를 걸고 받을 때

Key Point

전화로 「여보세요」라고 할 때에는 喂(wèi) 혹은 你好(nǐhǎo)라고 말합니다. 喂는 제2성으로 발음해도 좋으며, 처음에 제4성으로 발음했다가 상대방의 말이 잘 들리지 않을 때 제2성으로 되묻는 경우도 있습니다. 또 「어이!」하고 사람을 부를 때에도 喂하고 제4성으로 발음합니다만 조금 점잖지 못한 말투니까 주의합시다.

Unit 1 전화를 걸기 전에

1180 전화번호는 몇 번입니까?
电话号码是多少?
Diàn huà hào mǎ shì duō shǎo
띠엔화하오마 스뚜어샤오

1181 휴대폰 번호는 몇 번입니까?
你的手机号是多少?
nǐ de shǒu jī hào shì duō shǎo
니더쇼우지하오 스뚜어샤오
*手机 휴대전화(홍콩에서는 大个大(dàgèdà)라고 함)

1182 휴대폰 번호는 011-1234-5678입니다.
我的手机号是011-1234-5678。
Wǒ de shǒu jī hào shì
워더쇼우지하오스 링야오야오- 야오얼쌴쓰- 우리우치빠

1183 팩스번호는 몇 번입니까?
传真号是多少?
Chuánzhēn hào shì duō shǎo
촨쩐하오 스뚜어샤오

1184 공중전화는 어디에 있습니까?
请问, 公用电话在哪儿?
Qǐngwèn gōngyòngdiàn huà zài nǎ r
칭원 꽁융띠엔화 짜이날

전화국은 어디 있나요?
电信局在哪儿?
Diàn xìn jú zài nǎ r
디엔씬쮜 짜이날

Unit 2 전화를 걸 때

여보세요.
喂。
Wèi
웨이

여보세요, 안녕하세요! 베이징 호텔입니까?
喂，您好! 是北京饭店吗?
Wèi nín hǎo shì běi jīng fàn diàn má
웨이 닌하오 스 뻬이징판띠엔마

이 선생님 계십니까?
李先生在吗?
Lǐ xiānshēng zài má
리씨엔셩 짜이마

왕 선생님 좀 바꿔 주세요.
请让王先生接电话。
Qǐngràng Wáng xiānshēng jiē diàn huà
칭랑 왕씨엔셩 지에띠엔화
*让 ～로 하여금 ～하게 하다

750호실로 연결해 주십시오.
请转七百五十号房间。
Qǐngzhuǎn qī bǎi wǔ shí hào fángjiān
칭쫜 치바이우스하오 팡지엔

237번으로 연결해 주세요.
请转二三七。
Qǐngzhuǎn èr sān qī
칭쫜 얼싼치
*转 돌리다, 바꾸다

Unit 3 국제전화를 걸 때

1192 어디서 국제전화를 할 수 있나요?
在哪里能打國際電話?
Zài nǎ lǐ néng dǎ guó jì diànhuà
짜이나리 넝따 궈지띠엔화

*打电话 전화를 걸다

1193 이 전화로 한국에 걸 수 있습니까?
这个电话能打韩国吗?
Zhè gè diànhuà néng dǎ hán guó má
쩌거띠엔화 넝따 한꿔마

1194 국제전화를 하고 싶은데요.
我要打国际电话。
Wǒ yào dǎ guó jì diàn huà
워야오따 궈지띠엔화

*长途(chángtú)电话 장거리 전화

1195 어느 곳에 거시겠습니까?
您打到哪儿?
Nín dǎ dào nǎ r
닌 따따오날

1196 한국 서울로 걸고 싶은데요.
我想打到韩国首尔。
Wǒ xiǎng dǎ dào hán guó shǒu ěr
워샹 따따오 한궈셔우얼

*想은 자신의 의지를 나타내는 조동사이다.

1197 전화번호가 어떻게 됩니까?
电话号码是多少?
Diàn huà hào mǎ shì duō shǎo
띠엔화하오마 스뚸샤오

1198 잠시만 기다리십시오.
请稍等。
Qǐngshāoděng
칭 샤오덩

1199 전화가 연결되었습니다.
您的电话接通了。
Nín de diàn huà jiē tōng le
닌 더 띠엔화 지에통 러

1200 말씀하십시오.
请讲。
Qǐngjiǎng
칭쟝

 전화를 받을 때

1201 전화 왔어요.
来电话了。
Lái diàn huà le
라이 띠엔화러

1202 전화 왔어요. 빨리 받아요.
来电话了，快来接。
Lái diàn huà le   kuài lái jiē
라이 띠엔화러   콰이라이 지에

1203 누구십니까?
是哪位？
shì nǎ wèi
스 나웨이

1204 전화는 제가 받을게요.
我来接吧。
wǒ lái jiē ba
워라이 지에바
*来는 행동의 주체를 도출한다. 예를 들어 너 해봐는 你来把라고 사용한다.

1205 여보세요.
为，你好。
wéi   nǐ hǎo
웨이   니하오

네, 전화 주셔서 감사합니다.
1206 是，谢谢你来电话。
shì   xiè xie nǐ lái diàn huà
스   씨에시에 니라이 띠엔화

전화하시는 분은 누구시죠?
1207 请问打电话的是哪位?
qǐng wèn dǎ diàn huà de shì nǎ wèi
칭원 따띠엔화더스 나웨이

＊ 일반적으로 상대방의 누군지 모를 때 谁(shéi)라는 단어를 쓰지만, 哪位(nǎwèi)는 그에 대한 존칭어이다.

전화 반갑습니다.
1208 很高兴接到你的电话。
Hěn gāo xìng jiē dào nǐ de diàn huà
헌까오씽 지에따오 니더띠엔화

오랫동안 전화가 없었군요.
1209 好久没来电话了。
Hǎo jiǔ méi lái diàn huà le
하오지우 메이라이 띠엔화러

전화 고맙습니다.
1210 谢谢你的电话。
Xiè xie nǐ de diàn huà
씨에시에 니더 띠엔화

Unit 5 용건을 물을 때

용건이 뭐지요?
1211 您有什么事?
Nín yǒu shén me shì
닌여우 션머스

무슨 일이세요, 이렇게 급하게?
1212 什么事，这么着急。
Shén me shì   zhè me zháo jí
션머스   쩌머 자오지

1213
그녀를 무슨 일로 찾으세요?
您找她有事吗?
Nín zhǎo tā yǒu shì ma
닌 자오 타 여우 스 마

1214
리리는 금방 나갔는데 무슨 일로 찾으세요?
丽丽刚出去, 找她有啥事儿。
Lì lì gāng chū qù　 zhǎo tā yǒu shá shì r
리리 깡추처　　　　자오타 여우 샤설

1215
지금 다른 사람과 통화중인데 무슨 용건이세요?
她正在接其他电话, 您有什么事?
Tā zhèng zài jiē qí tā diàn huà　 nín yǒu shén me shì
타 쩡짜이지에 치타띠엔화　　　닌여우 선머스

＊正在 지금 현재 ~하는 중이다(진행형)

Unit 6 전화를 끊을 때

1216
그는 갑자기 전화를 끊어버렸어.
他突然挂断了电话。
Tā tū rán guà duàn le diàn huà
타 투란 꽈뚜안러 띠엔화

1217
전화가 갑자기 끊어졌어.
电话突然被挂断了。
Diàn huà tū rán bèi guà duàn le
띠엔화 투란 뻬이꽈뚜안러

＊被 ~당하다(피동)

1218
그는 말을 다 듣지도 않고 전화를 끊어버렸어.
他没听完就挂了电话。
Tā méi tīng wán jiù guà le diàn huà
타 메이팅완 지우꽈러 띠엔화

1219
그녀가 전화를 끊었어.
她把电话挂了。
Tā bǎ diàn huà guà le
타바띠엔화 꽈러

＊把 목적어를 앞으로 이끌 때 사용한다.
　예) 她挂了电话。(그녀가 전화를 끊었다.) → 她把电话挂了。

전화 통화와 트러블

Key Point

중국에서 한국으로 국제전화를 할 경우 00을 돌리고 다음 한국 번호 82, 계속해서 0을 뺀 지역번호를 누른 다음 마지막으로 전화번호를 누릅니다. 서울일 경우 0082-2-123-4567, 전화요금은 통화 1분에 12위엔입니다. 지금 중국에는 「天池(tiānchí)」,「宜通(yítōng)」같은 국제전화카드가 유통되고 있으며 요금은 싼 편입니다. 1분 통화에 5위엔으로 카드는 전화국에 가면 살 수 있습니다.

Unit 1 통화중일 때

1220
통화중입니다.
占线。
Zhànxiàn
잔씨엔

1221
사장님은 지금 통화중이시니 잠시만 기다리세요.
老板正在通话中, 您稍等。
Lǎo bǎn zhèng zài tōng huà zhōng nín shāoděng
라오반 쩡짜이 통화쫑   닌 샤오덩

1222
전화기를 잘못 놓아서 통화가 안 되는가 봅니다.
电话好象没放好, 无法接通。
Diàn huà hǎo xiàng méi fàng hǎo   wú fǎ jiē tōng
띠엔화 하오샹 메이팡하오   우파 지에통

1223
잡음이 납니다.
有杂音。
Yǒu zá yīn
여우 짜인

1224
전화가 잡음이 많아서 잘 들리지 않습니다.
电话有杂音, 听不清楚。
Diàn huà yǒu zá yīn   tīng bù qīng chǔ
띠엔화 여우짜인   팅부칭추

*听得清楚 잘 들리다

1225 전화신호가 약해서 잡음이 많이 들립니다.
电话信号很不好，杂音很多。
Diàn huà xìn hào hěn bú hǎo zá yīn hěn duō
띠엔화씬하오 헌뿌하오　짜인 헌뛰

1226 잡음이 많으니 다시 전화해보세요.
杂音非常大，请重新再打一次吧。
Zá yīn fēi cháng dà qǐng zhòng xīn zài dǎ yī cì ba
짜인 페이창따　칭 쭝씬 짜이따 이츠바

1227 너 전화국에 연락은 했었니?
你给电话局打电话了吗?
Nǐ gěi diàn huà jú dǎ diàn huà le ma
니게이띠엔화쥐 따띠엔화러마

Unit 2 전화를 바꿔줄 때

1228 여보세요, 안녕하세요. 이 선생님 좀 부탁드립니다.
喂，你好! 请找一下李老师。
Wèi nǐ hǎo qǐng zhǎo yī xià lǐ lǎo shī
웨이　니하오　칭자오이싸 리라오스

1229 잠시만 기다리세요.
请稍等。
Qǐng shāo děng
칭 샤오덩

1230 선생님, 실례지만 누굴 찾으십니까?
先生，请问您找谁?
Xiān shēng qǐng wèn nín zhǎo shéi
씨엔셩　칭원 닌자오쉐이

1231 누구 바꿔 드릴까요?
请问换哪位?
Qǐng wèn huàn nǎ wèi
칭원 환나웨이

1232 선생님, 어느 분을 찾으시는지 제가 도와드릴까요?
先生，您找哪一位? 需要我帮忙吗?
Xiān shēng nín zhǎo nǎ yī wèi xū yào wǒ bāng máng ma
씨엔셩　닌자오 나이웨이　쉬야오워 빵망마

중요한 통화중이니 잠깐만 기다려 주실래요?
1233 **我在接很重要的电话，稍等一下好吗?**
Wǒ zài jiē hěn zhòng yào dè diàn huà   shāoděng yī xià hǎo ma
워짜이 지에 헌쭝야오더 띠엔화   샤오덩이씨 하오마

전화를 끊지 마세요. 금방 연결해드릴게요.
1234 **请先别挂断电话，马上给您接上。**
Qǐngxiān bié guà duàndiàn huà   mǎ shàng gěi nín jiē shàng
칭 씨엔비에 꽈똰 띠엔화   마샹 게이닌 지에샹

Unit 3 전화를 달라고 부탁할 때

저에게 전화하라고 전해주세요.
1235 **让他给我回电话。**
Ràng tā gěi wǒ huí diàn huà
랑타 게이워 훼이띠엔화

그가 오면 너에게 전화하라고 전할게.
1236 **等他来了我让他给你去电话。**
Děng tā lái le wǒ ràng tā gěi nǐ qù diàn huà
덩타라이러 워랑타 게이니 취띠엔화

지금 바쁘니까 나중에 다시 전화 줄게.
1237 **现在很忙我回头再给你打电话。**
Xiàn zài hěn máng wǒ huí tóu zài gěi nǐ dǎ diàn huà
씨엔짜이 헌망 워훼이터우 짜이게이니 따띠엔화
*回头 잠시 후에, 나중에

김씨가 들어오는 대로 전화 드리라고 전할게요.
1238 **等小金回来，让他给您去电话。**
Děngxiǎo jīn huí lái   ràng tā gěi nín qù diàn huà
덩싸오찐 훼이라이   랑타 게이닌 취띠엔화

전화 기다릴게.
1239 **我等你电话。**
Wǒ děng nǐ diàn huà
워덩니 띠엔화

Unit 4 전화를 잘못 걸었을 때

1240 제가 잘못 걸었습니다.
我打错了。
Wǒ dǎ cuò le
워 따춰러

*「동사+결과보어」는 「~한 결과가 ~하다」의 뜻으로 打错了는 전화를 걸었는데 결과가 틀렸다, 즉 「잘못 걸었다」의 뜻이 된다.

1241 죄송합니다. 잘못 거셨습니다.
对不起，您打错了。
Duì bù qǐ nín dǎ cuò le
뚜이부치 닌 따춰러

1242 제가 전화번호를 잘못 눌렀습니다.
我拨错号码了。
Wǒ bō cuò hào mǎ le
워 뽀춰 하오마러

1243 번호를 잘못 누르신 것 같은데요. 여기는 가정집입니다.
您好象拨错号了，我这里是个人家。
Nín hǎo xiàng bō cuò hào le wǒ zhè lǐ shì gè rén jiā
닌 하오샹 뽀춰하오러 워쩌리 스거 런쟈

*好象 ~인(한) 것 같다

1244 잘못 거셨네요. 여기는 왕 씨 집이 아닙니다.
你拨错了，这不是王先生家。
Nǐ bō cuò le zhè bú shì Wáng xiān shēng jiā
니 뽀춰러 쩌 부스 왕씨엔셩쟈

1245 요사이 이상한 전화만 와.
这两天总有奇怪的电话打来。
Zhè liǎng tiān zǒng yǒu qí guài de diàn huà dǎ lái
쩌량티엔 쫑여우 치꽈이더 띠엔화 따라이

1246 요즘 자꾸 이상한 전화가 와. 누군지 모르겠어.
这几天老有奇怪的电话，不知是谁打的。
Zhè jǐ tiān lǎo yǒu qí guài de diàn huà bù zhī shì shéi dǎ de
쩌지티엔 라오여우 치꽈이더 띠엔화 뿌즈스 쉐이따더

*老 부사로 쓰일 때는 「늘, 항상, 언제나, 자주」의 뜻이 된다.

우체국과 은행을 이용할 때

Key Point

중국 우체국에서는 원래 서신거래, 소포발송, 전신 전보, 우표 모으기 등의 업무를 취급하였는데 최근에 전화와 핸드폰이 급증하면서 전화국이 새로 생겨 전신 전보 업무는 취급하지 않습니다. 그 대신 예의우편(礼仪邮件)이라는 업무를 신설하여 외지에 있는 친척이나 친구에게 생화, 생일케이크를 보낼 수 있게 되었습니다. 중국에서 신문, 잡지를 구독하려면 우체국에 가서 미리 예약하면 배달원이 집까지 배달해 줍니다.

Unit 1 우체국을 이용할 때

1247 집에 편지를 쓰려고 합니다.
我要给家里写信。
Wǒ yào gěi jiā lǐ xiě xìn
워야오 게이쟈리 씨에씬
*要 ~하려고 하다

1248 무슨 편지를 쓰고 있습니까?
你写什么信?
Nǐ xiě shén me xìn
니 씨에 션머씬

1249 우체국에 가서 편지를 부쳐야 합니다.
我要去邮局寄信。
Wǒ yào qù yóu jú jì xìn
워야오취 여우쥐 지씬

1250 어떤 편지를 부치시게요?
你要寄什么信?
Nǐ yào jì shén me xìn
니야오지 션머씬

1251 아가씨, 빠른우편으로 보내려고 하는데요.
小姐, 我要寄快件。
Xiǎo jiě wǒ yào jì kuài jiàn
샤오지에 워야오지 콰이지엔

1252 항공우편으로 하실 거예요, 아니면 일반편지로 하실 거예요?
您要寄航空信，还是平信？
Nín yào jì hángkōng xìn, hái shì píng xìn
닌야오지 항콩씬　하이스 핑씬

1253 한국까지 항공편으로 보내 주세요.
请用航空寄往韩国。
Qǐngyòng hángkōng jì wǎng hán guó
칭용 항콩지 왕한궈

1254 소포를 부치고 싶은데요.
我要寄包裹。
Wǒ yào jì bāo guǒ
워야오 지빠오궈

1255 먼저 박스로 포장해주세요.
您先用包装箱包装好。
Nín xiān yòng bāo zhuāngxiāng bāo zhuāng hǎo
닌씨엔용 빠오촹샹 빠오촹하오

1256 박스 하나에 얼마예요?
包装箱一个多少钱？
Bāo zhuāngxiāng yī gè duō shǎo qián
빠오촹샹 이거 뚸샤오치엔

1257 요금은 얼마입니까?
邮费是多少？
Yóu fèi shì duō shǎo
여우페이스 뚸샤오

1258 한국까지 선편으로 보내 주세요.
请用船运寄到韩国。
Qǐngyòng chuán yùn jì dào hán guó
칭용 촨윈 지따오 한궈

1259 요금은 소포의 무게에 따라 다릅니다.
邮费按包裹的体重有差别。
Yóu fèi àn bāo guǒ de tǐ zhòng yǒu chā bié
여우페이 안빠오궈더 티종 여우차비에

＊按은「～에 의해, ~에 따라」라는 의미로 해석되며, 판단의 기준을 제시한다.

Unit 2 은행을 이용할 때

1260 집에 송금하고 싶은데요.
我要往家里邮钱。
Wǒ yào wǎng jiā lǐ yóu qián
워야오 왕쟈리 여우치엔

1261 제일 빠른 송금 방법은 무엇인가요?
最快的汇款方式是什么?
Zuì kuài de huì kuǎnfāng shì shì shén me
쭈이콰이더 후이콴팡스 스션머

1262 난 은행에 지사로 송금하러 갑니다.
我去银行给分公司汇款。
Wǒ qù yín háng gěi fēn gōng sī huì kuǎn
워취인항 게이펀꿍쓰 후이콴

1263 넌 집에 송금을 얼마나 했니?
你给家里寄多少钱?
Nǐ gěi jiā lǐ jì duō shǎoqián
니게이쟈리 지뚸샤오치엔

1264 집의 부모님들께 송금하고 싶습니다.
我要给家里的父母汇款。
Wǒ yào gěi jiā lǐ de fù mǔ huì kuǎn
워야오게이 쟈리더푸무 후이콴

1265 이 여행자수표를 현금으로 바꿀 수 있습니까?
能把这旅行支票换成现金吗?
Néng bǎ zhè lǚ xíng zhī piàohuànchéngxiàn jīn má
넝바 쩌뤼씽즈퍄오 환청 씨엔진마

1266 이 한국돈을 인민폐로 바꾸고 싶습니다.
想把这韩币换成人民币。
Xiǎng bǎ zhè hán bì huànchéng rén mín bì
샹바 쩌한삐 환청 런민삐

1267 수수료는 얼마입니까?
手续费是多少?
Shǒu xù fèi shì duō shǎo
쇼우쉬페이 스뚸사오

인터넷과 휴대폰을 이용할 때

Key Point

중국어로「휴대전화」를 移动电话(yídòngdiànhuà), 大哥大(dàgēdà), 手机(shǒujī)라고 하는데, 大哥大는 홍콩에서 들어온 속어입니다. 홍콩영화에는 자주 黑社会(마피아)의 大哥(형님 혹은 보스)가 휴대전화를 쓰는 장면이 나오는데, 그 휴대전화가 大哥보다 큰(훌륭한) 존재로 비춰지는 것에서 大哥大라 불리게 되었다고 합니다.

Unit 1 컴퓨터에 대해 말할 때

1268 그는 컴퓨터 도사입니다.
他是电脑高手。
Tā shì diànnǎo gāoshǒu
타 스 띠엔나오 까오쇼우

1269 개인 사이트를 만들고 싶습니다.
我想建立个人网站。
Wǒ xiǎng jiànlì gèrén wǎngzhàn
워샹 지엔리 거런왕짠

1270 난 전산학과에 진학하려고 해.
我打算考计算机系。
Wǒ dǎsuàn kǎo jìsuànjī xì
워따쏸카오 지쏸지씨

1271 컴퓨터를 배운지 얼마 안 되어서 익숙하지 못합니다.
刚学电脑没多久，还不熟练。
Gāng xué diànnǎo méi duō jiǔ, hái bù shúliàn
깡쉐띠엔나오 메이뚸지우 하이 뿌수리엔

1272 노트북 한 대 있으면 매우 편리할 텐데.
有个手提电脑应该很方便。
Yǒu gè shǒutí diànnǎo yīnggāi hěn fāngbiàn
여우거 쇼우티띠엔나오 잉까이 헌팡비엔

Unit 2 인터넷에 대해 말할 때

1273 인터넷은 자주 합니까?
你经常上网吗?
Nǐ jīng cháng shàng wǎng ma
니 찡창 샹왕마

1274 어떤 사이트에 잘 들어갑니까?
你喜欢进哪个网站?
Nǐ xǐ huān jìn nǎ gè wǎngzhàn
니씨환찐 나거왕짠

1275 그는 네티즌이야.
他是个网民。
Tā shì gè wǎng mín
타스거 왕민

1276 그는 인터넷 하기를 좋아하는 네티즌입니다.
他是个很爱上网的网虫。
Tā shì gè hěn ài shàngwǎng dè wǎngchóng
타스거 헌아이샹왕더 왕총

1277 나는 시간만 있으면 인터넷을 합니다.
我一有时间就进行网络漫游。
Wǒ yī yǒu shí jiān jiù jìn xíng wǎng luò màn yóu
워 이여우스지엔 지우찐씽 왕워만여우

*「一 ~ 就」는 「~하기만 하면 ~하다」의 뜻으로 앞 문장의 내용이 전제가 되면 거의 예외없이 뒤의 문장 내용이 행해짐을 나타낸다.

1278 리밍은 인터넷에 푹 빠진 네티즌입니다.
李明是个地地道道的网虫。
Lǐ míng shì gè dì dì dào dào dè wǎngchóng
리밍스거 띠디따오따오더 왕총

1279 「야후」 사이트에 많이 들어갑니다.
我喜欢进yahoo网站。
Wǒ xǐ huān jìn   wǎngzhàn
워씨환찐 야후왕짠

218 통신과 교통에 관한 표현

1280 내일 오전 10시에 인터넷에서 만나자.
明天上午十点登录，到时见。
Míng tiān shàng wǔ shí diǎn dēng lù, dào shí jiàn
밍티엔샹우 스디엔덩루 따오스 지엔

1281 난 이미 사이트에 접속했어. 넌?
我已经进入网站了，你呢?
Wǒ yǐ jīng jìn rù wǎngzhàn le, nǐ ne
워이징찐 루왕짠러 니너
*呢 ~는?

1282 우리 회사의 인터넷 사이트 주소를 알려줄게.
我告诉你我们公司的网站地址。
Wǒ gào sù nǐ wǒ men gōng sī de wǎngzhàn dì zhǐ
워까오쑤니 워먼꿍쓰더 왕짠띠즈

1283 저번에 접속했던 그 사이트 주소 기억하니?
你记得上次那个站点的地址吗?
Nǐ jì dé shàng cì nà gè zhàndiǎn de dì zhǐ ma
니지더 샹츠 나거짠디엔더 띠즈마

1284 넌 매일 인터넷을 하니?
你每天都在上网吗?
Nǐ měi tiān dōu zài shàngwǎng ma
니메이티엔 떠우짜이 샹왕마

1285 우리 회사의 인터넷 사이트 주소를 알려줄게.
我告诉你我们公司的网站地址。
wǒ gào sù nǐ wǒ men gōng sī de wǎngzhàn dì zhǐ
워까오수니 워먼꿍스터 왕짠띠즈

Unit 3 채팅에 대해 말할 때

1286 우리 두 사람은 인터넷 채팅을 통해 알게 되었어.
我们俩是通过网上交流认识的。
Wǒ men liǎ shì tōng guò wǎngshàng jiāo liú rèn shí de
워먼랴스 통궈왕샹 쟈오랴우 런스더
*俩 = 两个(liǎnggè)

인터넷과 휴대폰을 이용할 때

1287 인터넷에서 친구를 사귀는 것은 좋은 방법이야.
网上交朋友，也是一种好方法。
Wǎngshàng jiāo péng yǒu yě shì yī zhǒng hǎo fāng fǎ
왕샹 쟈오펑여우 예스 이종 하오팡파

1288 인터넷에서 채팅도 자주 하고 있어요.
我常常上网聊天。
Wǒ chángcháng shàngwǎng liáo tiān
워창창 샹왕 랴오티엔

Unit 4 이메일에 대해 말할 때

1289 이메일 보냈는데 왜 받지 못했습니까?
我给你发电子邮件你怎么收不到啊?
Wǒ gěi nǐ fā diàn zǐ yóu jiàn nǐ zěn me shōu bú dào ā
워게이니 파띠엔즈여우지엔 니쩐머 쇼우부따오아

1290 이메일 함이 꽉 찼습니다.
我的信箱满了。
Wǒ de xìn xiāng mǎn le
워더씬샹 만러

1291 어디서 그렇게 많은 메일이 옵니까?
哪来那么多的信?
Nǎ lái nà me duō de xìn
나라이 나머뛰더씬

1292 스팸메일이 아주 많아. 지워야겠어.
有很多垃圾邮件，该删了。
Yǒu hěn duō lā jī yóu jiàn gāi shān le
여우헌뚸 라지여우지엔 까이샨러

1293 나는 그에게 이메일을 자주 보냅니다.
我常给他发电子邮件。
Wǒ cháng gěi tā fā diàn zǐ yóu jiàn
워창게이타 파띠엔쯔여우지엔

1294 요즘 스팸메일이 너무 많이 와.
现在垃圾邮件来得太多了。
Xiàn zài lā jī yóu jiàn lái dé tài duō le
씨엔짜이 라지여우지엔 라이더 타이뚸러

 **Unit 5** 인터넷 쇼핑에 대해 말할 때

1295 인터넷 쇼핑은 아주 편리합니다.
网上购物很方便。
Wǎngshàng gòu wù hěn fāng biàn
왕샹꺼우우 헌팡비엔

1296 인터넷 쇼핑은 집을 나가지 않고도 가능합니다.
网上购物可以足不出户。
Wǎngshàng gòu wù kě yǐ zú bù chū hù
왕샹꺼우우 커이 주뿌추후

1297 인터넷 쇼핑을 자주 이용합니까?
你经常利用购物网站吗?
Nǐ jīng cháng lì yòng gòu wù wǎngzhàn ma
니 찡창 리용꺼우우 왕짠마

1298 인터넷 뱅킹을 이용하니 너무 편리합니다.
使用网上结帐, 实在是太方便了。
Shǐ yòng wǎngshàng jié zhàng shí zài shì tài fāng biàn le
스융 왕샹지에짱 스짜이 스 타이 팡비엔러

 **Unit 6** 휴대폰에 대해 말할 때

1299 휴대폰 번호는 몇 번이니?
你的手机号是多少?
Nǐ de shǒu jī hào shì duō shǎo
니더 쇼우지 하오스 뚸샤오

1300 자리에 안 계십니다. 휴대폰으로 전화해보세요.
他现在不在, 打手机一下。
Tā xiàn zài bù zài dǎ shǒu jī yī xià
타 씨엔짜이 뿌짜이 따쇼우지 이쌰

1301 요즘은 은행 업무도 핸드폰으로 합니다.
最近手机可以办银行业务。
Zuì jìn shǒu jī kě yǐ bàn yín háng yè wù
쭈이진 쇼우지 커이 빤인항예우

＊办은 「업무를 처리하다」라는 의미의 동사로 쓰인다.

길을 묻고 답할 때

Key Point

어느 나라를 여행하건 교통수단을 이용할 때 어디서 어떻게 교통수단을 이용할지를 몰라 종종 당황하는 경우가 있습니다. 다행히 그 도시의 안내지도가 있어 길잡이로 삼으면 그나마 다행이지만 그렇지 못할 경우는 사람들에게 물어보는 방법밖에 없습니다. 그래서 여행자는 길에서 묻는 대화를 꼭 익혀두어야 합니다. 참고로 주변에 공중전화가 있으면 110에 전화하여 구조를 청할 수도 있다.

Unit 1 길을 물을 때

1302 저, 실례합니다!
打饶了。
Dǎ ráo le
따라오러

1303 (지도를 가리키며) 여기는 어디에 있습니까?
这个地方在哪里?
Zhè ge dì fāng zài nǎ lǐ
쩌거 디팡 짜이 나리

1304 실례합니다. 잠깐 여쭙겠습니다.
对不起,请问一下。
Duì bù qǐ   qǐng wèn yí xià
뚜이부치   칭원 이샤

1305 백화점은 어디에 있습니까?
百货商店在哪里?
Bǎi huò shāng diàn zài nǎ lǐ
빠이훠 샹띠엔 짜이 나리

1306 여기는 무슨 거리입니까?
这里是什么街?
Zhè lǐ shì shén me jiē
쩌리스 션머 지에

1307 걸어서 몇 분 걸립니까?
走着去要花几分中?
Zǒu zhe qù yào huā jǐ fēn zhōng
쩌우저처 야오화 지펀종
* 花은 동사로「소비하다, 쓰다」라고 해석된다. 중국에서는「돈을 쓰다」를 花钱이라고 많이 표현한다.

1308 박물관에는 어떻게 가면 됩니까?
博物馆怎么去?
Bó wù guǎn zěn me qù
보우관 쩐머 취

1309 역은 어떻게 갑니까?
车站怎么去?
Chē zhàn zěn me qù
처짠 쩐머 취

1310 여기서 가깝습니까?
离这里近吗?
Lí zhè lǐ jìn mǎ
리쩌리 찐마
* 离 ~로부터(거리를 나타냄)

1311 여기서 멉니까?
离这里远吗?
Lí zhè lǐ yuǎn mǎ
리쩌리 위엔마

1312 거기까지 걸어서 갈 수 있습니까?
能走去那里吗?
Néng zǒu qù nà lǐ mǎ
넝 저우취 나리마

1313 거기까지 버스로 갈 수 있습니까?
到那里能坐公共汽车吗?
Dào nà lǐ néng zuò gōnggòng qì chē mǎ
따오나리 넝쭤 꽁꽁치처마

1314 거기에 가려면 택시밖에 없나요?
只有出租汽车到吗?
Zhǐ yǒu chū zū qì chē dào mǎ
즈여우 추주치처 따오마

길을 묻고 답할 때

거기까지 어느 정도 시간이 걸립니까?
1315 到那里得多长时间?
Dào nà lǐ děi duō cháng shí jiān
따오나리 데이 뚸창스지엔

이 주위에 지하철이 있습니까?
1316 这附近有地铁吗?
Zhè fù jìn yǒu dì tiě má
쩌푸진여우 디티에마

지도에 표시해 주시겠습니까?
1317 能在地图上标一下吗?
Néng zài dì tú shàng biāo yí xià má
넝짜이 디투상 빠오이샤마

역까지 가는 길을 가르쳐 주세요.
1318 麻烦你告诉我怎么到车站。
Má fán nǐ gào sù wǒ zěn mě dào chē zhàn
마판 니까오수워 쩐머 따오처짠
＊麻烦의 본래의 뜻은 「귀찮게 하다」이지만 여기서처럼 상대방에게 부탁을 할 때 정중한 표현으로 사용된다.

Unit 2 길을 잃었을 때

실례합니다! 여기는 무슨 거리입니까?
1319 对不起, 这是什么街?
Duì bù qǐ   zhè shì shén mě jiē
뚜이부치   쩌스 선머지에

길을 잃었습니다.
1320 我迷路了。
Wǒ mí lù le
워 미루러

길을 잘못 들었습니다.
1321 你走错路了。
nǐ zǒu cuò lù le
니쪼우춰루러
＊错는 走의 결과보어로 행위나 동작이 틀렸음을 나타낸다.

어디에 갑니까?
1322 **去哪里?**
Qù nǎ lǐ
취나리

 이화원으로 가는 길입니다.
1323 **这是去颐和圆的路。**
Zhè shì qù yí hé yuán de lù
쩌스취 이허위엔더루

 이 길이 아닙니까?
1324 **不是这条路吗?**
Bù shì zhè tiáo lù mǎ
뿌스 쩌탸오루마

 친절 베풀어 주셔서 감사합니다.
1325 **谢谢你那么亲切。**
Xiè xie nǐ nà me qīn qiè
씨에씨에니 나머친치에

 길을 가리켜줄 때

 곧장 가십시오.
1326 **请简直走。**
Qǐng jiǎn zhí zǒu
칭 지엔즈쩌우

 저기서 오른쪽으로 도세요.
1327 **在那里往右拐。**
Zài nà lǐ wǎng yòu guǎi
짜이나리 왕여우꽈이
*拐 돌다

 저도 같은 방향으로 가는 중입니다.
1328 **我正好和你同路。**
Wǒ zhèng hǎo hé nǐ tóng lù
워쩡하오 허니 통루

*正好는 긍정적인 사건의 발생 시점이 정확하게 맞아떨어질 경우에 사용한다. 반대의 경우는 不巧(bùqiǎo)를 사용한다.

1329 차를 타는 게 좋아요.
你最好坐车。
Nǐ zuì hǎo zuò chē
니쭈이하오 쭤처

*最는 최상급을 표현하며 「가장, 최고」의 정도의 의미로 쓰인다.

1330 가로수 길을 따라 걸어가세요.
沿着这街边的树走。
Yán zhuó zhè jiē biān de shù zǒu
옌쮜 쩌지에 삐엔더 수저우

Unit 4 길을 잘 모를 때

1331 미안합니다. 잘 모르겠습니다.
对不起，不太清楚。
Duì bù qǐ bù tài qīng chǔ
뚜이부치 뿌타이 칭추

1332 저는 여행자입니다.
我是来旅行的。
Wǒ shì lái lǚ xíng de
워스 라이뤼싱더

1333 저도 잘 모릅니다.
我也不清楚。
Wǒ yě bù qīng chǔ
워예 뿌칭추

1334 다른 사람에게 물어보십시오.
请问别人吧。
Qǐng wèn bié rén ba
칭원 비에런바

1335 지도를 가지고 있습니까?
有地图吗?
Yǒu dì tú ma
여우 디투마

대중교통을 이용할 때

Key Point

넓은 국토와 다양한 지형을 소유하고 있는 중국에는 철도가 거미줄처럼 깔려 있습니다. 중국 사람들은 대부분 철도를 이용합니다. 열차를 타면 시간이 많이 걸리지만 요금이 싸므로 비용을 줄이려면 열차를 이용하는 것도 바람직합니다. 또한 버스노선도 한 장을 펼쳐들면 충분히 값싼 시내 관광을 할 수 있습니다. 그리고 시내버스에는 차장이 있으며, 버스에 오를 때 차장에게 차비를 내고 차표를 받아 두었다가 내릴 때 차장에게 주면 됩니다

Unit 1 택시를 타기 전에

택시승강장은 어디에 있습니까?
坐出租车的地方在哪里?
Zuò chū zū chē de dì fāng zài nǎ lǐ
쮀 추주처더 디팡 짜이나리

어디서 택시를 탈 수 있습니까?
在哪里能坐出租车?
Zài nǎ lǐ néng zuò chū zū chē
짜이나리 넝쮀 추주처

어디서 당신을 기다리고 있으면 됩니까?
需要在哪儿等您?
Xū yào zài nǎ r děng nín
쉬야오 짜이날 덩닌

택시를 잡읍시다.
打个出租车吧。
Dǎ gè chū zū chē ba
따거 추주처바

택시!
出租车!
Chū zū chē
추주처

Unit 2 택시를 탈 때

1341 우리들 모두 탈 수 있습니까?
我们都能坐下吗?
Wǒ men dōu néng zuò xià ma
워먼떠우 넝쭤샤마

1342 트렁크를 열어 주시겠어요?
请打开后备箱。
Qǐng dǎ kāi hòu bèi xiāng
칭따카이 허우뻬이샹

1343 짐을 좀 조심해서 다뤄 주세요.
搬行李请小心点。
Bān xíng lǐ qǐng xiǎo xīn diǎn
빤싱리 칭 샤오신디엔

1344 (주소를 보이며) 이 주소로 가 주세요.
请到这个地址。
Qǐng dào zhè ge dì zhǐ
칭따오 쩌거디즈
*地址 주소

1345 서둘러 주시겠어요?
可以快点吗?
Kě yǐ kuài diǎn ma
커이 콰이디엔마

1346 9시까지 도착할 수 있을까요?
九点能到吗?
Jiǔ diǎn néng dào ma
지우디엔 넝따오마

1347 가장 가까운 길로 가 주세요.
请往最近的路走。
Qǐng wǎng zuì jìn de lù zǒu
칭왕 쭈이진더루 쩌우
*最 가장, 제일

1348 좀더 천천히 가 주세요.
请再慢一点。
Qǐng zài màn yi diǎn
칭짜이 만이디엔

Unit 3 택시에서 내릴 때

1349 여기서 세워 주세요.
请在这里停车。
Qǐng zài zhè lǐ tíng chē
칭짜이쩌리 팅쳐

1350 다음 신호에서 세워 주세요.
请在下一个信号灯停下。
Qǐng zài xià yī gè xìn hào dēng tíng xià
칭짜이 샤이거신하오떵 팅샤

1351 좀더 앞까지 가주세요.
请再往前走一点。
Qǐng zài wǎng qián zǒu yī diǎn
칭짜이 왕치엔쩌우 이디엔

1352 여기서 기다려 주시겠어요?
请你在这里等我。
Qǐng nǐ zài zhè lǐ děng wǒ
칭니 짜이쩌리 덩워

1353 얼마입니까?
多少钱?
Duō shǎo qián
뚸샤오치엔

1354 거스름돈은 됐습니다.
零钱不用了。
Língqián bù yòng le
링치엔 부융러

＊不는 2성일 때는 「부」로 읽고, 4성일 때는 「뿌」로 읽는다.

Unit 4 기내·기외버스를 탈 때

1355 어디서 버스 노선도를 얻을 수 있습니까?
在哪里可以弄到公共汽车路线图?
Zài nǎ lǐ kě yǐ nòng dào gōnggòng qì chē lù xiàn tú
짜이나리 커이농따오 꽁공치쳐 루씨엔투

1356 표는 어디서 살 수 있습니까?
车票在哪儿买?
Chē piào zài nǎ r mǎi
쳐퍄오 짜이날마이

1357 어느 버스를 타면 됩니까?
要坐哪个公共汽车?
Yào zuò nǎ ge gōnggòng qì chē
야오쭤 나거꽁치쳐

1358 (버스를 가리키며) 미술관행입니까?
去美术馆吗?
Qù měi shù guǎn má
쳐 메이수꽌마

1359 갈아타야 합니까?
需要换车吗?
Xū yào huàn chē má
쉬야오 환쳐마

1360 여기서 내려요.
在这里下车。
Zài zhè lǐ xià chē
짜이쩌리 샤쳐

1361 버스 터미널은 어디에 있습니까?
车站在哪里?
Chē zhàn zài nǎ lǐ
쳐짠 짜이나리

1362 매표소는 어디에 있습니까?
售票处在哪儿?
Shòu piào chù zài nǎ r
서우퍄오추 짜이날

230 통신과 교통에 관한 표현

상해까지 두 장 주세요.
1363 **请给我两张到上海的车票。**
Qǐng gěi wǒ liǎngzhāng dào Shànghǎi de chē piào
칭게이워 량장 따오샹하이더 쳐파오

돌아오는 버스는 어디서 탑니까?
1364 **回来的时候在哪儿坐车?**
Huí lái de shí hòu zài nǎr zuò chē
훼이라이더 스허우 짜이날쮠쳐

거기에 가는 직행버스는 있나요?
1365 **有直接去那里的公共汽车吗?**
Yǒu zhí jiē qù nà lǐ de gōnggòng qì chē mǎ
여우즈지에처 나리더 꽁꽁치쳐마

어느 버스를 타야 되나요?
1366 **我该坐几路车?**
Wǒ gāi zuò jǐ lù chē
워까이쭤 지루쳐

*중국에서 버스의 번호를 세는 단어로 路가 쓰인다.

도착하면 알려 주세요.
1367 **到了,请告诉我。**
Dào le qǐng gào sù wǒ
따오러 칭 까오수워

Unit 5 관광버스를 탈 때

상해를 방문하는 투어는 있습니까?
1368 **有游览上海的观光团吗?**
Yǒu yóu lǎn Shànghǎi de guānguāngtuán mǎ
여우여우란 샹하이더 관꽝퇀마

여기서 예약할 수 있나요?
1369 **在这里可以预定吗?**
Zài zhè lǐ kě yǐ yù dìng mǎ
짜이쩌리 커이위딩마

*可以 ~할 수 있다

버스는 어디서 기다립니까?
1370 在哪儿等公共汽车?
Zài nǎ r děng gōnggòng qì chē

짜이날덩 꽁꽁치쳐

몇 시에 돌아옵니까?
1371 几点钟回来?
Jǐ diǎnzhōng huí lái

지디엔쫑 후이라이

투어는 몇 시에 어디서 시작됩니까?
1372 观光团几点在哪儿出发?
Guānguāngtuán jǐ diǎn zài nǎ r chū fā

꽌꽝퇀 지디엔 짜이날추파

호텔까지 데리러 와 줍니까?
1373 到宾馆来接吗?
Dào bīn guǎn lái jiē mǎ

따오 삔관 라이지에마

 지하철역에서

지하철 노선도를 주시겠습니까?
1374 请给我地铁路线图。
Qǐng gěi wǒ dì tiě lù xiàn tú

칭게이워 띠티에루씨엔투

이 근처에 지하철역이 있습니까?
1375 这附近有地铁站吗?
Zhè fù jìn yǒu dì tiě zhàn mǎ

쩌푸진여우 띠티에짠마

표는 어디서 삽니까?
1376 在哪里买票?
Zài nǎ lǐ mǎi piào

짜이나리 마이퍄오

1377 자동매표기는 어디에 있습니까?
自动售票机在哪里？
Zì dòng shòu piào jī zài nǎ lǐ
쯔 뚱서우퍄오지 짜이나리

1378 융허꿍으로 가려면 몇 번 차를 타면 됩니까?
到雍和宫街要坐几路车？
Dào yōng hé gōng jiē yào zuò jǐ lù chē
따오융허꿍지에 야오쭤 지루처

1379 공원으로 가려면 어느 출구로 나가면 됩니까?
请问去公园要从哪个出口出去？
Qǐng wèn qù gōng yuán yào cóng nǎ gè chū kǒu chū qù
칭원 취꿍위엔 야오총나거추커우 추취

1380 동쪽 출구로 나가세요.
请从东面的出口出去。
Qǐng cóng dōng miàn de chū kǒu chū qù
칭 총뚱미엔더 추커우 추취

Unit 7 지하철을 탔을 때

1381 어디서 갈아탑니까?
在哪儿换乘？
Zài nǎ r huàn chéng
짜이날 환청

1382 이건 고궁에 갑니까?
这个车到故宫吗？
Zhè ge chē dào gù gōng mǎ
쩌거처 따오꾸꿍마

1383 건국문은 몇 번째입니까?
建国门是第几站？
Jiàn guó mén shì dì jǐ zhàn
지엔꿔먼 스 띠지짠

1384 베이징역을 가려면 아직 몇 역 남았습니까?
北京站到那里还有几站?
Běi jīng zhàn dào nà lǐ hái yǒu jǐ zhàn
베이징짠 따오나리 하이여우 지짠

1385 다음은 어디입니까?
下一站是哪里?
Xià yí zhàn shì nǎ lǐ
샤이짠 스나리

1386 이 지하철은 북경역에 섭니까?
这个地铁在北京站停吗?
Zhè ge dì tiě zài Běi jīng zhàn tíng ma
쩌거띠티에 짜이베이징짠 팅마

1387 이 노선의 종점은 어디입니까?
这个路线的终点是哪里?
Zhè ge lù xiàn de zhōng diǎn shì nǎ lǐ
쩌거루씨엔더쫑디엔 스나리

1388 천안문으로 가려면 어디로 나가면 됩니까?
到天安门要往哪儿走?
Dào Tiān ān mén yào wǎng nǎ r zǒu
따오 티엔안먼 야오왕날쩌우

1389 ○○출구로 나가세요.
请往○○出口出去。
Qǐng wǎng　　　chū kǒu chū qù
칭왕 ○○추커우 추취

1390 지금 어디 근처입니까?
现在在什么地方附近?
Xiàn zài zài shén me dì fāng fù jìn
씨엔짜이 짜이션머디팡 푸진

1391 표를 잃어버렸습니다.
票弄丢了。
Piào nòng diū le
퍄오 농띠우러

Unit 8 열차표를 구입할 때

매표소는 어디입니까?
1392 **售票处在哪里？**
Shòu piào chù zài nǎ lǐ
셔우퍄오추 짜이나리

상해까지 편도 주세요.
1393 **请给我到上海的单程票。**
Qǐng gěi wǒ dào Shàng hǎi de dān chéng piào
칭게이워 따오 샹하이더 딴청퍄오

9시 급행 표를 주세요.
1394 **请给我九点钟的快车票。**
Qǐng gěi wǒ jiǔ diǎn zhōng de kuài chē piào
칭게이워 지우디엔쫑더 콰이처퍄오

예약 창구는 어디입니까?
1395 **预约窗口在哪里？**
Yù yuē chuāng kǒu zài nǎ lǐ
위위에촹커우 짜이나리

1등석을 주세요.
1396 **请给我头等座。**
Qǐng gěi wǒ tóu děng zuò
칭게이워 터우덩쭤

더 이른(늦은) 열차는 있습니까?
1397 **没有更早(晚)一点的吗？**
Méi yǒu gēng zǎo wǎn yì diǎn de må
메이여우 껑자오(완)이디엔더마

급행열차는 없습니까?
1398 **没有快车吗？**
Méi yǒu kuài chē mǎ
메이여우 콰이처마

어디서 갈아탑니까?
1399 **在哪儿换乘？**
Zài nǎ r huàn chéng
짜이날 환청

Unit 9 열차를 탈 때

1400 3번 홈은 어디입니까?
三号站台在哪里?
Sān hào zhàn tái zài nǎ lǐ
싼하오짠타이 짜이나리

1401 상해행 열차는 어디입니까?
到上海的火车在哪里?
Dào Shàng hǎi de huǒ chē zài nǎ lǐ
따오 샹하이더 훠쳐 짜이나리

1402 이건 상해행입니다.
这是到上海的车。
Zhè shì dào Shàng hǎi de chē
쩌스 따오샹하이더 쳐

1403 (표를 보여주며) 이 열차 맞습니까?
是这个火车吗?
Shì zhè ge huǒ chē ma
스쩌거 훠쳐마

* 火车 기차 汽车(qìchē) 자동차

1404 이 열차는 예정대로 출발합니까?
这个火车按预定出发吗?
Zhè ge huǒ chē àn yù dìng chū fā ma
쩌거훠쳐 안위딩 추파마

1405 다음 역은 어디입니까?
下一站是哪里?
Xià yí zhàn shì nǎ lǐ
샤이짠 스나리

* 下站(xiàzhàn) 지난 역 上站(shàngzhàn) 다음 역

1406 도중에 하차할 수 있습니까?
在半道可以下车吗?
Zài bàn dào kě yǐ xià chē ma
짜이빤따오 커이샤쳐마

 **Unit 10 열차 안에서**

1407 여기는 제 자리입니다.
这是我的位置。
Zhè shì wǒ de wèi zhì
쩌스 워더 웨이즈

1408 이 자리는 비어 있나요?
这个位子是空的吗?
Zhè ge wèi zi shì kōng de má
쩌거웨이즈스 콩더마

1409 창문을 열어도 되겠습니까?
可以打开窗户吗?
Kě yǐ dǎ kāi chuāng hù má
커이 따카이 촹후마

1410 식당차는 어디에 있습니까?
饭店车在哪里?
Fàn diàn chē zài nǎ lǐ
판디엔처 짜이나리

1411 (여객전무) 도와 드릴까요
要帮忙吗?
Yào bāngmáng má
야오 빵망마

1412 상해까지 몇 시간입니까?
到上海多长时间?
Dào Shàng hǎi duō cháng shí jiān
따오샹하이 뚸창스지엔

1413 표를 보여 주십시오
我能看您的票吗?
Wǒ néng kàn nín de piào má
워넝칸 닌더퍄오마

1414 네, 여기 있습니다.
是, 在这里。
Shì zài zhè lǐ
쓰 짜이쩌리

1415 잠시 기다려 주십시오.
请稍等一下。
Qǐng shāo děng yí xià
칭샤오 덩이샤

1416 여기는 무슨 역입니까?
这里是什么站?
Zhè lǐ shì shén me zhàn
쩌리스 선머잔

1417 다음 역은 어디입니까?
下站是哪里?
Xià zhàn shì nǎ lǐ
샤짠스 나리

Unit 11 열차에서 트러블이 있을 때

1418 표를 잃어버렸습니다.
票弄丢了。
Piào nòng diū le
퍄오 농띠우러

1419 어디에서 탔습니까?
您在哪里上车的?
Nín zài nǎ lǐ shàng chē de
닌짜이나리 샹처더

1420 내릴 역을 지나쳤습니다.
我坐过站了。
Wǒ zuò guò zhàn le
워 쭤궈짠러

1421 이 표는 아직 유효합니까?
票还有效吗?
Piào hái yǒu xiào ma
퍄오 하이여우샤오마

Unit 12 국내선 항공권을 예약할 때

1422 비행기 예약을 부탁합니다.
请给我预约飞机。
Qǐng gěi wǒ yù yuē fēi jī
칭게이워 위위에페이지

1423 내일 상해행 비행기 있습니까?
明天有飞往上海的飞机吗?
Míng tiān yǒu fēi wǎng Shàng hǎi de fēi jī ma
밍티엔여우 페이왕샹하이더 페이지마

1424 일찍 가는 비행기로 부탁합니다.
请给我订早班飞机。
Qǐng gěi wǒ dìng zǎo bān fēi jī
칭게이워딩 자오빤페이지

1425 성함과 편명을 말씀하십시오.
请告诉我姓名和班机号。
Qǐng gào sù wǒ xìngmíng hé bān jī hào
칭까오수워 씽밍허 빤지하오

1426 출발시간을 확인하고 싶은데요.
想确认出发时间。
Xiǎng què rèn chū fā shí jiān
샹췌런 추파스지엔

Unit 13 국내선 항공기 체크인과 탑승

1427 중국국제항공 카운터는 어디입니까?
中国国际航空手续柜台在哪里?
Zhōng guó guó jì háng kōng shǒu xù guì tái zài nǎ lǐ
쭝궈 꿔지항콩 셔우쉬빤 꿰이타이 짜이나리

1428 지금 체크인할 수 있습니까?
现在可以办登机手续吗?
Xiàn zài kě yǐ bàn dēng jī shǒu xù má
씨엔짜이 커이 빤떵지 셔우쉬마

1429 항공권은 가지고 계십니까?
飞机票在手里吗?
Fēi jī piào zài shǒu lǐ mǎ
페이지퍄오 짜이서우리마

1430 금연석 통로 쪽으로 부탁합니다.
请到禁烟席通道。
Qǐng dào jìn yān xí tōng dào
칭따오 진옌씨 통따오

1431 이 짐은 기내로 가지고 갑니다.
这个行李拿到机内。
Zhè ge xíng lǐ ná dào jī nèi
쩌거싱리 나따오 지네이

1432 몇 번 출구로 나가면 됩니까?
要从几号出口出去?
Yào cóng jǐ hào chū kǒu chū qù
야오 총지하오추커우 추처

1433 이건 상해행 출구입니까?
这是通往上海的出口吗?
Zhè shì tōng wǎng Shàng haǐ dè chū kǒu mǎ
쩌스 통왕샹하이더 추커우마

1434 비행은 예정대로 출발합니까?
飞机按预定出发吗?
Fēi jī àn yù dìng chū fā mǎ
페이지 안위딩 추파마

1435 이 짐을 맡길게요.
我想存行李。
Wǒ xiǎng cún xíng lǐ
워샹 춘싱리
*行李 짐

1436 탑승이 시작되었나요?
开始上飞机了吗?
Kāi shǐ shàng fēi jī le mǎ
카이스 샹페이지러마
*开始 시작하다

자동차를 운전할 때

Key Point

중국에서 자동차를 운전하려면 우선 방향에 관한 표현을 익혀두어야 합니다.
우측 右边(yòubiān), 좌측 左边(zuǒbiān), 이쪽 这边(zhèbiān), 저쪽 那边(nàbiān), 동쪽 东边(dōngbiān), 서쪽 西边(xībiān), 남쪽 南边(nánbiān), 북쪽 北边(běibiān), 쪽 边(biān), ~향해서 向(xiǎng), ~방향으로 往(wǎng), 돌다 拐(guǎi), 곧장가다 一直走(zhízǒu)

Unit 1 자동차를 빌릴 때

1437 (공항에서) 렌터카 카운터는 어디에 있습니까?
借车的地方在哪里？
Jiè chē de dì fāng zài nǎ lǐ
지에쳐더띠팡 짜이나리

1438 예약을 한 사람인데요.
我已经预约了。
Wǒ yǐ jing yù yuē le
워이징 위위에러

1439 어느 정도 운전할 예정이십니까?
要开多长时间的车？
Yào kāi duō cháng shí jiān de chē
야오카이 뛰창스지엔더쳐
*开车 운전하다

1440 일 주일 정도입니다.
一周左右。
Yì zhōu zuǒ yòu
이조우 줘여우

1441 이것이 제 국제운전면허증입니다.
这是我的国际驾照。
Zhè shì wǒ de guó jì jià zhào
쩌스워더 꿔지쟈자오

자동차를 운전할 때 **241**

Unit 2 차종을 고를 때

1442 어떤 차가 있습니까?
都有什么车?
Doū yǒu shén mè chē
떠우여우 션머쳐

1443 렌터카 목록을 좀 보여 주시겠어요?
请给我看一下都有什么车。
Qǐng gěi wǒ kàn yí xià doū yǒu shén mè chē
칭게이워 칸이샤 떠우여우 션머쳐
*一下 좀

1444 어떤 타입의 차가 좋으시겠습니까?
喜欢什么样式的车?
Xǐ huānshén mè yàng shì dé chē
씨환 션머양스더 쳐

1445 중형차를 빌리고 싶은데요.
想借中型车。
Xiǎng jiè zhōngxíng chē
샹 지에 쭝씽쳐

1446 오토매틱밖에 운전하지 못합니다.
只能开自动档车。
Zhǐ néng kāi zì dòngdàng chē
즈넝 카이쯔똥땅쳐

Unit 3 렌터카 요금과 보험을 물을 때

1447 선불이 필요합니까?
需要先付钱吗?
Xū yào xiān fù qián má
쉬야오 씨엔푸치엔마

1448 보증금은 얼마입니까?
押金是多少?
Yà jīn shì duō shǎo
야찐스 뚸샤오

1449 1주간 요금은 얼마입니까?
请问一周的费用是多少?
Yì zhōu de fèi yòng shì duō shǎo
이 쪼우 더 페이융 스뚸샤오

1450 그 요금에 보험은 포함되어 있습니까?
那个费用包括保险金吗?
Nà ge fèi yòng bāo guā bǎo xiǎn jīn má
나거페이용 빠오꾸아 바오씨엔진마
* 包括 포함하다

1451 종합보험을 들어 주십시오.
请加入综合保险。
Qǐng jiā rù zōng hé bǎo xiǎn
칭지아루 쫑허바오씨엔

 차를 운전하면서

1452 긴급연락처를 알려 주시겠어요?
请告诉我紧急联络地址。
Qǐng gào sù wǒ jǐn jí lián luò dì zhǐ
칭까오수워 진지리엔뤄 띠즈

1453 도로지도를 주시겠습니까?
请给我路程图。
Qǐng gěi wǒ lù chéng tú
칭게이워 루청투

1454 안전벨트를 매세요.
请机上安全带。
Qǐng jī shàng ān quán dài
칭지샹 안췐따이

1455 에어컨 좀 켜 주세요.
请开一下空调。
Qǐng kāi yí xià kōng tiáo
칭카이이씨아 쿵탸오
* 开는 기계나 가전제품을 가동하거나 전원을 켤 때 사용하는 동사이다.

1456 속도 좀 줄이세요.
请慢一点。
Qǐng màn yì diǎn
칭 만이디엔

1457 출퇴근 시간은 항상 이래요?
上下班時間總是這樣嗎？
Shàngxià bānshí jiān zǒngshì zhè yàng ma
샹씨빤 스지엔 쫑스 쩌양마

* 上班(출근하다) ↔ 下班(퇴근하다)

1458 우측 차선으로 들어가세요.
切换到右边车道。
Qiē huàn dào yòu biān chē dào
치에환따오 여우삐엔처따오

1459 상해는 어느 길로 가면 됩니까?
上海要往哪里走？
Shàng hǎi yào wǎng nǎ lǐ zǒu
샹하이 야오왕 나리쩌우

1460 곧장 갑니까, 아니면 왼쪽으로 갑니까?
简直走，还是往左走？
Jiǎn zhí zǒu hái shì wǎng zuǒ zǒu
지엔즈쩌우 하이스 왕쭤쩌우

* 「A 还是 B~」는 선택형 의문문으로 「A입니까, 아니면 B입니까?」의 뜻을 나타낸다.

1461 상해까지 몇 킬로미터입니까?
到上海多少英里？
Dào Shàng hǎi duō shǎo yīng lǐ
따오샹하이 뚸사오잉리

1462 차로 상해는 어느 정도 걸립니까?
坐车到上海多长时间？
Zuò chē dào shàng hǎi duō cháng shí jiān
쭤처따오 샹하이 뚸창스지엔

1463 가장 가까운 교차로는 어디입니까?
最近的十字路口是哪里？
Zuì jìn dè shí zì lù kǒu shì nǎ lǐ
쭈이진더 스쯔루커우 스나리

* 十字路 사거리

 **Unit 5 주유·주차·세차를 할 때**

 이 근처에 주유소가 있습니까?
1464 **这附近有加油站吗?**
Zhè fù jìn yǒu jiā yóu zhàn má
쩌푸진 여우 쟈여우짠마

*加油는 이 문장에서「기름을 넣다」라는 의미로 쓰였지만, 또 다른 의미로「힘내라!, 파이팅!」 등의 격려의 뜻도 있다.

 가득 넣어 주세요.
1465 **请加满。**
Qǐng jiā mǎn
칭 쟈만

*满는 결과보어로 쓰여서「가득, 꽉」이라는 의미를 부여하고 있다.

 선불입니까, 후불입니까?
1466 **先付钱还是后付钱?**
Xiān fù qián hái shì hòu fù qián
씨엔푸치엔 하이스 허우푸치엔

 여기에 주차해도 됩니까?
1467 **在这里停车也可以吗?**
Zài zhè lǐ tíng chē yě kě yǐ má
짜이쩌리팅쳐 예커이마

 주차장이 어디에 있습니까?
1468 **停车场在哪里?**
Tíng chē chǎng zài nǎ lǐ
팅쳐창 짜이나리

여기는 무료 주차장입니다.
 这里是免费停车场。
1469 Zhè lǐ shì miǎn fèi tíng chē chǎng
쩌리스 미엔페이 팅쳐창

*중국 어디서든 免费라는 이 단어를 자주 볼 수 있다. 그만큼 많이 쓰는 말이다.
免费(무료)

 주차장이 꽉 찼어요.
1470 **停车场满了。**
Tíng chē chǎng mǎn le
팅쳐창 만러

이곳은 견인지역입니다.
1471 这里是拖车区段。
zhè lǐ shì tuō chē qū duàn
쩌리스 퉈쳐쳐똰

차를 뒤로 빼 주시겠어요?
1472 请往后倒一下好吗?
qǐng wǎng hòu dǎo yí xià hǎo má
칭 왕허우따오이쌰 하오마

세차 좀 해 주세요.
1473 请把车给洗一下。
qǐng bǎ chē gěi xǐ yí xià
칭바쳐 게이씨이쌰

Unit 6 차가 고장났을 때

배터리가 떨어졌습니다.
1474 车没有电池了。
Chē méi yǒu diàn chí le
처메이여우 띠앤츠러

펑크가 났습니다.
1475 轮胎抛锚了。
Lún tāi pāo máo le
룬타이 파오마오러

시동이 걸리지 않습니다.
1476 车启动不了。
Chē qǐ dòng bù liǎo
쳐 치똥부랴오
*动不了 움직일 수 없다. 不了에서 不는 경성으로 처리한다.

브레이크가 잘 안 듣습니다.
1477 刹车不灵。
Shā chē bù líng
샤쳐 뿌링

고칠 수 있습니까?
1478 能修吗?
Néng xiū mǎ
넝씨우마

여행과 출장에 관한 표현

1. 출국 비행기 안에서
2. 공항에 도착해서
3. 호텔을 이용할 때
4. 식당을 이용할 때
5. 관광을 할 때
6. 쇼핑을 할 때
7. 여행을 마치고 귀국할 때

중국으로 여행은 그 자체만으로 가슴을 설레게 합니다. 막연하게 아무런 준비 없이 여행이나 출장을 떠나는 것보다는 기본적인 회화를 익혀두어야 함은 물론이고, 또한 여행 계획을 잘 짜두어야 훨씬 안전하고 즐거운 여행을 할 수 있습니다. 따라서 여기서는 여행시 필요한 숙박, 쇼핑, 관광 등에 관한 다양한 표현을 익히도록 하였습니다.

출국 비행기 안에서

Key Point

중국 베이징(北京)으로 가는 항공편은 대한항공, 아시아나 항공, 중국국제항공(中国国际航空) 등이 있다. 중국회사의 항공편을 탑승하였다 하더라도 스튜어디스들이 대부분 한국어나 영어를 알기에 긴장할 필요는 없습니다.
입국카드를 작성할 때 성명만 영어로 쓰고 그 외의 것은 한국인은 한자를 써도 무방합니다.

Unit 1 좌석에 앉을 때까지

1479 (탑승권을 보이며) 12B 좌석은 어디입니까?
B12座在哪儿?
zuò zài nǎ r
비야오얼쥐 짜이날

1480 여기는 제 자리인데요.
这是我的坐位。
Zhè shì wǒ de zuò wèi
쩌스 워더 쭤웨이

1481 여기에 앉아도 되겠습니까?
可以坐这儿吗?
Kě yǐ zuò zhè r ma
커이 쭤절마

1482 (옆 사람에게) 자리를 바꿔 주시겠습니까?
能给我换一下位置吗?
Néng gěi wǒ huàn yí xià wèi zhì ma
넝게이워 환이샤 웨이즈마

1483 저기 빈자리로 옮겨도 되겠습니까?
能到那个空位置吗?
Néng dào nà gè kōng wèi zhì ma
넝따오 나거 콩웨이즈마

잠깐 지나가도 될까요?
1484
能过一下吗?
Néng guò yí xià má
넝꿔 이샤마
*一下 잠시, 잠깐 (지속적인 의미를 가지는 동사의 보어로 쓰인다.)

Unit 2 기내 서비스를 받을 때

음료는 뭐가 좋겠습니까?
1485
需要什么饮料?
Xū yào shén mè yǐn liào
쉬야오 션머인랴오

어떤 음료가 있습니까?
1486
有什么饮料?
Yǒu shén mè yǐn liào
여우 션머 인랴오

콜라는 있습니까?
1487
有可乐吗?
Yǒu kě lè má
여우 커러마
*可乐 콜라

맥주를 주시겠습니까?
1488
请给我啤酒。
Qǐng gěi wǒ pí jiǔ
칭게이워 피지우

베개와 모포를 주세요.
1489
请给我枕头和毛毯。
Qǐng gěi wǒ zhěn tóu hé máo tǎn
칭게이워 전터우 허마오탄

한국어 신문(잡지)은 있습니까?
1490
有韩国报纸(杂志)吗?
Yǒu hán guó bào zhǐ zá zhì má
여우 한궈빠오즈(짜즈)마

1491 소고기와 닭고기가 있는데, 어느 것으로 하시겠습니까?
有牛肉和鸡肉，需要什么？
Yǒu niú ròu hé jī ròu xū yào shén mè
여우 니우러우 허지러우 쉬야오 션머

1492 소고기로 주세요.
请给我牛肉。
Qǐng gěi wǒ niú ròu
칭게이워 니우러우

1493 식사는 다 하셨습니까?
用完餐了吗？
Yòng wán cān le mǎ
용완 찬러마

* 식사를 나타낼 때 用은 吃보다 정중한 표현이다.

Unit 3 면세품 구입과 몸이 불편할 때

1494 기내에서 면세품을 판매합니까?
机内卖免税品吗？
Jī nèi mài miǎn shuì pǐn mǎ
지네이 마이 미엔수이핀마

1495 어떤 담배가 있습니까?
有什么烟？
Yǒu shén mè yān
여우 션머옌

1496 (면세품 사진을 가리키며) 이것은 있습니까?
有这个吗？
Yǒu zhè gè mǎ
여우 쩌거마

1497 한국 돈은 받습니까?
收韩币吗？
Shōu hán bì mǎ
서우 한삐마

* 韩币(hánbì) 한국 화폐   美元(měiyuán) 미국 달러   人民币(rénmínbì) 중국 화폐

비행기 멀미약은 있습니까?
1498 **有晕机药吗?**
Yǒu yūn jī yào mǎ
여우 윈지야오마

몸이 좀 불편합니다. 약을 주시겠어요?
1499 **身体有点不舒服，能给我药吗?**
Shēn tǐ yǒu diǎn bù shū fú　　néng gěi wǒ yào mǎ
션티 여우디엔 뿌수푸　　넝게이워 야오마

비행은 예정 대로입니까?
1500 **飞行情况，是按预定的吗?**
Fēi xíng qíng kuàng　　shì àn yù dìng de mǎ
페이씽칭쾅　　스 안위딩더마

현지시간으로 지금 몇 시입니까?
1501 **当地时间，现在几点?**
Dāng dì shí jiān　　xiàn zài jǐ diǎn
땅디스지엔　　씨엔짜이 지디엔
*几点 몇 시

이 서류 작성법을 가르쳐 주시겠어요?
1502 **能告诉我这个文件怎么做吗?**
Néng gào su wǒ zhè gè wén jiàn zěn me zuò mǎ
넝까오수워 쩌거원지엔 쩐머쭤마

Unit 4　환승할 때

환승 시간에 늦지 않을지 걱정입니다.
1503 **我很担心换乘时间会不会迟到。**
Wǒ hěn dān xīn huànchéng shí jiān huì bù huì chí dào
워헌딴신 환청스지엔 후이부후이 츠따오
*担心 염려하다, 걱정하다

이 공항에서 어느 정도 머뭅니까?
1504 **在这个机场停留多长时间?**
Zài zhè gè jī chǎng tíng liú duō cháng shí jiān
짜이쩌거지창 팅리우 뚸창스지엔

1505 환승 카운터는 어디입니까?
换乘的地方在哪儿?
Huànchéng de dì fāng zài nǎ r
환청더디팡 짜이날

1506 환승수속은 어디서 하면 됩니까?
换乘手续在哪儿办?
Huànchéng shǒu xù zài nǎ r bàn
환청셔우쒸 짜이날빤

1507 환승시간까지 얼마나 남았습니까?
离换乘时间还有多少?
Lí huànchéng shí jiān hái yǒu duō shǎo
리환청스지엔 하이여우 뚸사오
* 多少 얼마, (수량의) 많고 적음, 분량

1508 환승은 몇 시부터 시작합니까?
从几点开始换乘?
Cóng jǐ diǎn kāi shǐ huànchéng
총지디엔 카이스 환청
* 开始 시작하다

Unit 5 페리(선박)를 이용할 때

1509 (승선권을 보이며) 제 선실은 어딘가요?
我的客舱在哪里?
Wǒ de kè cāng zài nǎ lǐ
워더커창 짜이나리

1510 천진에는 언제 도착합니까?
几点到天津?
Jǐ diǎn dào Tiān jīn
지디엔따오 티엔진

1511 어느 것이 제 침구입니까?
哪些是我的卧具?
Nǎ xiē shì wǒ de wò jù
나씨에스 워더워쮜

252 여행과 출장에 관한 표현

1512 매점은 어디에 있습니까?
小卖部在哪里?
Xiǎo mài bù zài nǎ lǐ
샤오마이뿌 짜이나리

1513 식당은 있습니까?
有餐厅吗?
Yǒu cān tīng ma
여우 찬팅마

1514 상하이까지 몇 시간 걸립니까?
到上海要几个小时?
Dào Shàng hǎi yào jǐ gè xiǎo shí
따오샹하이 야오지거샤오스

1515 파도는 거칩니까?
浪大吗?
Làng dà ma
랑따마

1516 날씨는 좋습니까?
天气好吗?
Tiān qì hǎo ma
티엔치 하오마

1517 뱃멀미를 하는데요.
我晕船了。
Wǒ yūn chuán le
워 윈촨러

1518 (뱃멀미로) 토할 것 같습니다.
想吐。
Xiǎng tǔ
샹투
＊想 추측하다, 예상하다, ~일 것이라고 여기다

1519 의무실로 데리고 가 주십시오.
请带我去医务室。
Qǐng dài wǒ qù yī wù shì
칭따이워 취 이우스

출국 비행기 안에서 253

공항에 도착해서

Key Point

중국 공항에 도착하면 边防检察(biānfángjiánchá)에서 입국 수속이 진행됩니다. 여권과 입국신고서를 제출하여 입국의 법적인 확인을 받으면 곧 비자에 스탬프를 찍어 통관을 의미합니다. 세관 신고서에 자신의 소지품으로 신고한 카메라, 무비카메라, 녹음기 같은 것을 귀국할 때 다시 가지고 와야 하며 중국의 누구에게 선물로 주어서는 절대 안 됩니다.

Unit 1 입국심사를 받을 때

1520 여권 좀 보여 주시겠습니까?
可以出示一下护照吗?
Kě yǐ chū shì yí xià hù zhào ma
커이 추스이쌰 후자오마

1521 입국 목적은 무엇입니까?
入国的目的是什么?
Rù guó de mù dì shì shén me
루궈더무디스 션머

1522 관광입니다.
是观光。
Shì guānguāng
스꽌꽝

1523 사업입니다.
是公事。
Shì gōng shì
스꿍스

1524 유학입니다.
留学
Liú xué
리우쉐

1525 얼마나 체재하십니까?
滞留多长时间？
Zhì liú duō cháng shí jiān
즈리우 뚸창스지엔

＊多长时间은 시간을 물어보는 의문사이다. 이처럼 앞에 多를 사용해서 측정 가능한, 즉 수로 표현할 수 있는 대상에 관해 물어본다. 나이를 물어볼 때는 多大를 사용한다.

1526 1주일 체재합니다.
滞留一周。
Zhì liú yì zhōu
즈리우 이쩌우

1527 어디에 머무십니까?
在哪儿滞留？
Zài nǎ r zhì liú
짜이날 즈리우

1528 ○○호텔에 머뭅니다.
在○○宾馆滞留。
Zài　　bīn guǎn zhì liú
짜이○○삔꽌 즈리우

1529 (메모를 보이며) 숙박처는 이 호텔입니다.
我会住在这个酒店。
Wǒ huì zhù zài zhè gè jiǔ diàn
워후이 쭈짜이 쩌거 지우디엔

1530 (호텔은) 아직 정하지 않았습니다.
还没有决定。
Hái méi yǒu jué dìng
하이메이여우 쥐에띵

1531 (호텔은) 단체여행이라서 잘 모릅니다.
因为是集体旅行，所以不清楚。
Yīn wéi shì jí tǐ lǚ xíng　　suǒ yǐ bù qīng chǔ
인웨이스 지티쥐싱　　쉬이 뿌칭추

＊因为～，所以～「～이기 때문에, 그래서 ～하다」

1532 돌아가는 항공권은 가지고 계십니까?
回去时候的机票在手里吗？
Huí qù shí hòu de jī piào zài shǒu lǐ mǎ
훼이취스허우더 지퍄오 짜이서우리마

네, 가지고 있습니다.
1533 是，在手里。
Shì zài shǒu lǐ
스 짜이셔우리

현금은 얼마나 가지고 있습니까?
1534 有多少现金?
Yǒu duō shǎo xiàn jīn
여우뚸샤오 씨엔진

800위안 정도입니다.
1535 八百元左右。
Bā bǎi yuán zuǒ yòu
빠바이위엔 쮜여우

*左右 가량, 안팎, 내외, 정도, 만큼

이 나라는 처음입니까?
1536 这个国家第一次来吗?
Zhè gè guó jiā dì yí cì lái ma
쩌거궈쟈 띠이츠 라이마

네, 처음입니다.
1537 是，第一次来。
Shì dì yí cì lái
스 띠이츠라이

됐습니다.
1538 可以了。
Kě yǐ le
커이러

Unit 2 짐을 찾을 때

짐은 어디서 찾습니까?
1539 行李到哪取?
Xíng lǐ dào nǎ qǔ
싱리 따오나 취

이건 714편81 턴테이블입니까?
1540 这个行李转动机是七一四号班机。
Zhè gè xíng lǐ zhuǎndòng jī shì qī yāo sì hào bān jī
쩌거씽리 쭌똥지스 치야오쓰하오 빤지

714편 짐은 나왔습니까?
1541 七一四号行李出来了吗?
qī yāo sì hào xíng lǐ chū lái le må
치야오쓰하오싱리 추라이러마

어째서 제 짐은 찾을 수 없지요?
1542 怎么找不到我的行李?
Zěn me zhǎo bù dào wǒ de xíng lǐ
쩐머 자오부따오 워더싱러

이게 수화물인환증입니다.
1543 这是行李单。
Zhè shì xíng lǐ dān
쩌쓰 씽리딴

당장 보상해 주세요.
1544 请立刻赔偿我。
Qǐng lì kè péi cháng wǒ
칭 리커 페이챵 워

*立刻 즉시, 곧, 당장

Unit 3 세관검사를 받을 때

여권과 신고서를 보여 주십시오.
1545 请出示申请书和护照。
Qǐng chū shì shēnqǐng shū hé hù zhào
칭 추스 선칭수 허 후자오

*出示 제시하다, 내보이다

세관신고서는 가지고 계십니까?
1546 税关申请书在手里吗?
Shuìguānshēnqǐng shū zài shǒu lǐ mǎ
수이꽌 선칭수 짜이 셔우리마

1547 신고서는 가지고 있지 않습니다.
申请书不在手里。
Shēnqǐng shū bú zài shǒu lǐ

션칭수 부짜이 셔우리

1548 신고할 것은 있습니까?
有什么要申请的吗?
Yǒu shén me yào shēnqǐng de ma

여우션머 야오 션칭더마

1549 일용품뿐입니다.
就只有日用品。
Jiù zhǐ yǒu rì yòng pǐn

지우즈여우 르융핀

*只有 오직 ~만 있다, 오직 ~만 있을 뿐이다

1550 이 가방을 열어 주십시오.
请打开这个包。
Qǐng dǎ kāi zhè gè bāo

칭따카이 쩌거빠오

*打开 열다

1551 안에 무엇이 있습니까?
里面有什么?
Lǐ miàn yǒu shén me

리미엔 여우션머

1552 이건 뭡니까?
这是什么?
Zhè shì shén me

쩌스 션머

1553 친구에게 줄 선물입니다.
给朋友的礼物。
Gěi péng yǒu de lǐ wù

게이 펑여우더 리우

1554 다른 짐은 있나요?
有其他的行李吗?
Yǒu qí tā de xíng lǐ ma

여우 치타더 씽리마

258 여행과 출장에 관한 표현

1555 이건 과세 대상이 됩니다.
这个东西需要交税。
Zhè gè dōng xi xū yào jiāo shuì
쩌거똥씨 쉬야오 쟈오수이

* 东西 물품, 물건, 음식

1556 과세액은 얼마입니까?
税额是多少?
Shuì è shì duō shǎo
수이어스 뚸사오

Unit 4 관광안내소에서

1557 관광안내소는 어디에 있습니까?
观光介绍所在哪儿?
Guānguāng jiè shào suǒ zài nǎ r
꽌광지에샤오쒀 짜이날

1558 시가지도와 관광 팜플렛을 주시겠어요?
请给我城市地图和简介。
Qǐng gěi wǒ chéng shì dì tú hé jiǎn jiè
칭게이워 청스띠투 허지엔지에

* 简介 간단한 설명(하다), 간단한 소개(하다)

1559 매표소는 어디에 있습니까?
售票处在哪里?
Shòupiào chù zài nǎ lǐ
서우퍄오추 짜이나리

1560 호텔 리스트는 있습니까?
有宾馆介绍吗?
Yǒu bīn guǎn jiè shào mǎ
여우삔관 지에샤오마

1561 여기서 렌터카를 예약할 수 있습니까?
在这里可以借到车吗?
Zài zhè lǐ kě yǐ jiè dào chē mǎ
짜이쩌리 커이 지에따오쳐마

출구는 어디입니까?
出口在哪里？
Chū kǒu zài nǎ lǐ
추커우 짜이나리

Unit 5 포터를 이용할 때

포터를 찾고 있습니다.
正在找行李员。
Zhèng zài zhǎo xíng lǐ yuán
쩡짜이자오 씽리위엔

포터를 불러 주세요.
请叫行李员。
Qǐng jiào xíng lǐ yuán
칭쟈오 씽리위엔

이 짐을 택시승강장까지 옮겨 주세요.
请把这行李运到出租车乘车处。
Qǐng bǎ zhè xíng lǐ yùn dào chū zū chē chéng chē chù
칭바 쩌싱리 윈따오 추주처청처추

이 짐을 버스정류소까지 옮겨 주세요.
请把这行李运到公共汽车站。
Qǐng bǎ zhè xíng lǐ yùn dào gōnggòng qì chē zhàn
칭빠 쩌씽리 윈따오 꽁공치처짠

카트는 어디에 있습니까?
手推车在哪里？
Shǒu tuī chē zài nǎ lǐ
서우퉤이처 짜이나리

*手推车 손으로 미는 차, 즉 카트

고맙습니다. 얼마입니까?
谢谢，多少钱？
Xiè xie duō shǎo qián
씨에씨에 뚜어사오 치엔

260 여행과 출장에 관한 표현

호텔을 이용할 때

Key Point

외국인이 이용하는 호텔은 거의 일류호텔로 이름은 각기 다릅니다. 饭店(fàndiàn), 宾馆(bīnguǎn), 大酒店(dàjiǔdiàn) 등으로 부르며, 이러한 호텔의 등급은 별이 몇 개인가로 구분됩니다. 별이 다섯 개인 호텔은 五星级(wǔxīngjí)로 최고급 호텔입니다. 예를 들면 北京饭店(běijīngfàndiàn)이 최고급인데 이런 호텔에는 환전소, 매점, 이발소, 우체국 등 부대시설이 완벽하게 갖추어져 있습니다.

Unit 1 체크인할 때

 예약은 하셨습니까?
1569 **您预约了吗?**
Nín yù yuē le mǎ
닌 위위에러마

 예약했습니다.
1570 **预约了。**
Yù yuē le
위위에러

 확인서는 여기 있습니다.
1571 **确认书在这里。**
Què rèn shū zài zhè lǐ
췌런수 짜이쩌리

 예약은 한국에서 했습니다.
1572 **在韩国预约的。**
Zài hán guó yù yuē de
짜이한궈 위위에더

 아직 예약을 하지 않았습니다.
1573 **还没(有)预约。**
Hái méi yǒu yù yuē
하이메이(여우) 위위에
* 여기서 有는 생략 가능하다.

1574 오늘밤 빈방은 있습니까?
今晚有空房间吗?
Jīn wǎn yǒu kōng fáng jiān má
찐완 여우 콩팡지엔마

* 今晚은「今天(오늘)」과「晚上(저녁)」을 합쳐놓은 말이다.

1575 성함을 말씀하십시오.
请说姓名。
Qǐng shuō xìng míng
칭숴 씽밍

1576 숙박 쿠폰을 가지고 있습니다.
住宿券在我手里。
Zhù sù quàn zài wǒ shǒu lǐ
주쑤췐 짜이 워셔우리

1577 조용한 방으로 부탁합니다.
请给我个安静的房间。
Qǐng gěi wǒ ge ān jìng de fáng jiān
칭게이워거 안징더 팡지엔

1578 전망이 좋은 방으로 부탁합니다.
请给我个能看风景的房间。
Qǐng gěi wǒ ge néng kàn fēng jǐng de fáng jiān
칭게이워거 넝칸펑징더 팡지엔

Unit 2 방으로 들어갈 때

1579 방을 보여 주세요.
请给我看一下房间。
Qǐng gěi wǒ kàn yí xià fáng jiān
칭게이워 칸이샤 팡지엔

1580 좀더 큰 방은 없습니까?
有更大一点的房间吗?
Yǒu gēng dà yì diǎn de fáng jiān má
여우껑따이디엔더 팡지엔마

* 更은 비교를 할 때 쓰이며「더욱이」라고 해석한다.

1581 좀더 좋은 방은 없습니까?
有没有更好的房间?
Yǒu méi yǒu gèng hǎo de fáng jiān
여우메이여우 껑하오더 팡지엔
*有没有는「긍정 + 부정」의 형태로 정반의문문이다.

1582 이 방으로 하겠습니다.
就住这个房间吧。
Jiù zhù zhè ge fáng jiān ba
지우쭈 쩌거 팡지엔바

1583 숙박카드에 기입해 주십시오.
请记录到住宿卡里。
Qǐng jì lù dào zhù sù kǎ lǐ
칭지루따오 쭈쑤카리
*卡 카드(card)

1584 이게 방 열쇠입니다.
这是房间钥匙。
Zhè shì fáng jiān yào shi
쩌스 팡지엔 야오스

1585 귀중품을 보관해 주시겠어요?
可以保管贵重物品吗?
Kě yǐ bǎo guǎn guì zhòng wù pǐn ma
커이 빠오꽌 꾸이죵우핀마

1586 종업원이 방으로 안내하겠습니다.
服务员会带您到房间。
Fú wù yuán huì dài nín dào fáng jiān
푸우위엔 후이따이닌 따오 팡지엔

1587 짐을 방까지 옮겨 주겠어요?
能把行李搬到房间吗?
Néng bǎ xíng lǐ bān dào fáng jiān ma
넝바씽리 빤따오 팡지엔마
*行李 여행짐, 행장, 수화물

1588 여기가 손님방입니다.
这就是客人的房间。
Zhè jiù shì kè rén de fáng jiān
쩌지우스 커런더 팡지엔

호텔을 이용할 때 **263**

Unit 3 룸서비스를 부탁할 때

1589 룸서비스를 부탁합니다.
请叫房间服务员。
Qǐng jiào fáng jiān fú wù yuán
칭쟈오 팡지엔 푸우위엔

1590 내일 아침 8시에 아침을 먹고 싶은데요.
我想明天早上八点钟吃早餐。
Wǒ xiǎng míng tiān zǎo shàng bā diǎn zhōng chī zǎo cān
워샹 밍티엔 짜오샹 빠디엔죵 츠자오찬

1591 여기는 1234호실입니다.
这里是一二三四房间。
Zhè lǐ shì yāo èr sān sì fáng jiān
쩌리스 야오얼싼쓰 팡지엔

1592 도와주시겠어요?
能帮忙吗?
Néng bāng máng ma
넝 빵망마
*이 표현은 정반의문문인 能不能帮忙?으로 바꿔 쓸 수 있다.

1593 어느 정도 시간이 걸립니까?
需要多长时间?
Xū yào duō cháng shí jiān
쉬야오 뛰창스지엔

1594 세탁 서비스 항목은 있습니까?
有洗衣服务项目吗?
Yǒu xǐ yī fú wù xiàng mù ma
여우 씨이푸우 샹무마

1595 따뜻한 마실 물이 필요한데요.
需要开水。
Xū yào kāi shuǐ
쉬야오 카이쉐이
*중국에서는 물이 귀하다. 식당에서건 물을 시키는 경우가 많은데, 일반적으로 물을 달라고 할 때는 开水를 쓴다. 문장 해석상 뜨거운 물이라고 해석했지만 开水는 끓인 물이라고 생각하면 된다.

264 여행과 출장에 관한 표현

마사지를 부탁합니다.
1596 请给我按摩。
Qǐng gěi wǒ àn mó
칭게이워 안모

식당 예약 좀 해 주시겠어요?
1597 请帮我预定位子。
Qǐng bāng wǒ yù dìng wèi zi
칭빵워 위딩 웨이즈

Unit 4 모닝콜과 전화를 할 때

모닝콜을 부탁합니다.
1598 需要叫早。
Xū yào jiào zǎo
쉬야오 쨔오자오

몇 시에 말입니까?
1599 几点钟?
Jǐ diǎn zhōng
지디엔종

7시에 부탁합니다.
1600 七点钟。
Qī diǎn zhōng
치디엔종

방 번호를 말씀하십시오.
1601 请告诉我您的房间号。
Qǐng gào sù wǒ nín de fáng jiān hào
칭까오수워 닌더 팡지엔하오

한국으로 전화를 하고 싶은데요.
1602 我想往韩国打电话。
Wǒ xiǎng wǎng hán guó dǎ diàn huà
워샹 왕한궈 따띠엔화

*打电话 전화를 걸다 ↔ 挂(guà)电话 전화를 끊다

Unit 5 룸서비스가 들어올 때

1603 (노크하면) 누구십니까?
您是谁?
Nín shì shéi
닌 스 쉐이

1604 잠시 기다리세요.
请稍等。
Qǐng shāo děng
칭 샤오 덩

1605 들어오세요.
请进。
Qǐng jìn
칭 진

1606 이건 팁입니다.
这是小费。
Zhè shì xiǎo fèi
쩌스 샤오 페이

Unit 6 호텔내의 시설을 이용할 때

1607 자판기는 있습니까?
有自动售货机吗?
Yǒu zì dòng shòu huò jī má
여우 쯔동서우훠지마

1608 식당은 어디에 있습니까?
餐厅在哪儿?
Cān tīng zài nǎ r
찬팅 짜이날

1609 아침식사는 어디서 합니까?
请问, 在哪儿吃早餐?
Qǐng wèn zài nǎ ér chī zǎo cān
칭원   짜이날 츠짜오찬

1610 몇 시까지 영업합니까?
营业到几点?
Yíng yè dào jǐ diǎn
잉예따오 지디엔

1611 테니스코트는 있습니까?
有网球场吗?
Yǒu wǎng qiú chǎng má
여우 왕치우창마

1612 커피숍은 어디에 있습니까?
咖啡厅在哪儿?
Kā fēi tīng zài nǎ r
카페이팅 짜이날
*咖啡 커피(소리나는 대로 음역한 것)

1613 바는 언제까지 합니까?
酒吧营业到几点?
Jiǔ bā yíng yè dào jǐ diǎn
지우바잉예 따오 지디엔

1614 가라오케는 어디서 할 수 있나요?
在哪儿可以唱歌?
Zài nǎ r kě yǐ chàng gē
짜이날 커이창거

1615 이메일을 체크하고 싶은데요.
我想检查我的电子邮件。
Wǒ xiǎng jiǎn chá wǒ de diàn zi yóu jiàn
워샹지엔차 워더 띠엔즈 여우지엔

1616 팩스(복사기)는 있습니까?
有传真机(复印机)吗?
Yǒu chuán zhēn jī fù yìn jī má
여우 촨쩐지(푸인지)마

1617 여기서 관광버스 표를 살 수 있습니까?
在这里可以买观光车票吗?
Zài zhè lǐ kě yǐ mǎi guānguāng chē piào má
짜이쩌리 커이마이 관광처퍄오마

미용실은 어디입니까?
1618 **美容院在哪儿?**
Měi róngyuàn zài nǎ r
메이종위엔 짜이날

*理发馆(lǐfàguǎn) 이발소

계산은 방으로 해 주세요.
1619 **请一起算到房费里。**
Qǐng yī qǐ suàn dào fáng fèi lǐ
칭 이치쏼따오 팡페이리

Unit 7 방으로 들어갈 수 없을 때

마스터키를 부탁합니다.
1620 **请给我钥匙的原本可以吗?**
Qǐng gěi wǒ yào shí dè yuán běn kě yǐ mǎ
칭게이워 야오스더 위엔뻔 커이마

열쇠가 잠겨 방에 들어갈 수 없습니다.
1621 **房门锁着进不去。**
Fángmén suǒ zhe jìn bù qù
팡먼숴저 찐부취

*进不去 들어갈 수 없다 ↔ 进得去 들어갈 수 있다

열쇠를 방에 두고 나왔습니다.
1622 **钥匙落在房里了。**
Yào shí là zài fáng lǐ le
야오스 라짜이 팡리러

*落 빠뜨리다, 놔두고 가져오는(가는) 것을 잊어버리다

카드키는 어떻게 사용합니까?
1623 **钥匙卡怎么用?**
Yào shi kǎ zěn mè yòng
야오스카 쩐머융

방 번호를 잊어버렸습니다.
1624 **忘了房间号码。**
Wàng le fáng jiān hào mǎ
왕러 팡지엔 하오마

1625 복도에 이상한 사람이 있습니다.
走廊有奇怪的人。
Zǒu láng yǒu qí guài de rén
저우랑 여우 치꽈이더런
*奇怪 이상한, 괴이한, 의아한

Unit 8 호텔에서의 트러블

1626 옆방이 무척 시끄럽습니다.
隔壁房间太吵了。
Gé bì fáng jiān tài chǎo le
거삐 팡지엔 타이차오러
*吵 시끄럽다, 떠들썩하다

1627 (시끄러워서) 잠을 잘 수 없습니다.
太吵了，睡不着觉。
Tài chǎo le shuì bù zháo jiao
타이차오러 쉐이부자오쟈오

1628 다른 방으로 바꿔 주시겠어요?
请给我换别的房间。
Qǐng gěi wǒ huàn bié de fáng jiān
칭게이워환 삐에더 팡지엔

1629 물이 샙니다.
漏水。
Lòu shuǐ
러우쉐이

1630 뜨거운 물이 나오지 않는데요.
不出热水。
Bù chū rè shuǐ
뿌추 러쉐이

1631 화장실 물이 잘 흐르지 않습니다.
洗手间水流不好。
Xǐ shǒu jiān shuǐ liú bù hǎo
시셔우지엔 쉐이리우 뿌하오

1632 수도꼭지가 고장났습니다.
水龙头出故障了。
Shuǐlóng tóu chū gù zhàng le
쉐이롱터우 추꾸장러

1633 물이 뜨겁지 않습니다.
水不烫。
Shuǐ bú tàng
쉐이부탕

1634 빨리 고쳐 주세요.
请快帮我修一下。
Qǐng kuài bāng wǒ xiū yí xià
칭콰이빵워 씨우이샤

1635 방 청소가 아직 안 되었습니다.
房间还没(有)打扫。
Fáng jiān hái méi yǒu dǎ sǎo
팡지엔 하이메이(여우)따사오

* 여기서 有는 생략이 가능하다.

1636 방이 아직 청소되어 있지 않습니다.
房间还没打扫干净。
Fáng jiān hái méi dǎ sǎo gān jìng
팡지엔 하이메이 따싸오 깐징

* 干净은 「깨끗하다, 청결하다」라는 뜻의 형용사로 이 문장에서 청소의 결과를 나타내주고 있다.

1637 미니바가 비어 있습니다.
迷你巴台空了。
Mí nǐ bā tái kōng le
미니바타이 콩러

1638 타월을 바꿔 주세요.
请帮我换手巾。
Qǐng bāng wǒ huàn shǒu jīn
칭빵워 환셔우진

1639 텔레비전 화면이 나오지 않습니다.
电视机没有画面。
Diàn shì jī méi yǒu huà miàn
띠엔스지 메이여우 화미엔

Unit 9 체크아웃을 준비할 때

1640 체크아웃은 몇 시입니까?
退房是几点?
Tuì fáng shì jǐ diǎn
투이팡스 지디엔

1641 체크아웃 시간은 몇 시까지입니까?
退房截止时间是几点?
Tuì fáng jié zhǐ shí jiān shì jǐ diǎn
투이팡 지에즈스지엔 스지디엔

1642 몇 시에 떠날 겁니까?
几点钟离开?
Jǐ diǎn zhōng lí kāi
지디엔쫑 리카이

1643 하룻밤 더 묵고 싶은데요.
想再住一晚。
Xiǎng zài zhù yì wǎn
샹짜이 쭈이완

1644 하루 일찍 떠나고 싶은데요.
想提前一天离开。
Xiǎng tí qián yì tiān lí kāi
샹티 치엔이티엔 리카이

1645 오전까지 방을 쓸 수 있나요?
房间可以用到上午吗?
Fáng jiān kě yǐ yòng dào shàng wǔ mǎ
팡지엔 커이융따오 샹우마

1646 오전 10시에 택시를 불러 주세요.
请帮我上午十点钟叫出租车。
Qǐng bāng wǒ shàng wǔ shí diǎn zhōng jiào chū zū chē
칭빵워 샹우스디엔쫑 쟈오추주처

1647 차를 한 대 불러주십시오.
请给我叫一辆车。
Qǐng gěi wǒ jiào yí liàng chē
칭게이워 쟈오이량처

호텔을 이용할 때 271

Unit 10 체크아웃할 때

1648 (전화로) 체크아웃을 하고 싶은데요.
我想退房。
Wǒ xiǎng tuì fáng
워샹 투이팡

1649 몇 호실입니까?
多少房间?
Duō shǎo fáng jiān
뚜샤오 팡지엔

1650 1234호실 홍길동입니다.
我是一二三四号房间的洪吉童。
Wǒ shì yāo èr sān sì hào fáng jiān de hóng jí tóng
워스 야오얼싼쓰하오 팡지엔더 홍지통

1651 열쇠를 주시겠습니까?
麻烦您交出钥匙。
Má fán nín jiāo chū yào chí
마판닌 쟈오추 야오츠

1652 포터를 보내 주세요.
请给我叫一下行李员。
Qǐng gěi wǒ jiào yí xià xíng lǐ yuán
칭게이워 쟈오이샤 싱리위엔

1653 맡긴 귀중품을 꺼내 주세요.
请给我寄存的贵重物品。
Qǐng gěi wǒ jì cún de guì zhòng wù pǐn
칭게이워 지춘더 꾸이쫑우핀

1654 출발할 때까지 짐을 맡아 주시겠어요?
出发之前能给我看一下行李吗?
Chū fā zhī qián néng gěi wǒ kàn yí xià xíng lǐ má
추파즈치엔 넝게이워 칸이샤 씽리마

1655 방에 물건을 두고 나왔습니다.
我把东西忘在房间里了。
Wǒ bǎ dōng xī wàng zài fáng jiān lǐ le
워바뚱시 왕짜이 팡지엔러러

 계산을 할 때

계산을 부탁합니다.
1656 请结帐。
Qǐng jié zhàng
칭 지에장

신용카드도 됩니까?
1657 刷卡可以吗?
Shuā kǎ kě yǐ mǎ
솨카 커이마

여행자수표도 됩니까?
1658 旅行者支票可以吗?
Lǚ xíng zhě zhī piào kě yǐ mǎ
뤼싱저 즈퍄오 커이마

전부 포함된 겁니까?
1659 全包括在内吗?
Quán bāo kuò zài nèi mǎ
췐빠오쿼 짜이네이마

이것은 무슨 비용입니까?
1660 这是什么费用?
Zhè shì shén me fèi yòng
쩌스 션머페이용

이 항목들을 설명해주실 수 있습니까?
1661 能说明这些收费项目吗?
Néng shuōmíng zhè xiē shōu fèi xiàng mù mǎ
넝숴밍 쩌씨에 셔우페이 샹무마

계산이 틀린 것 같은데요.
1662 好象计算错了。
Hǎo xiàng jì suàn cuò le
하오샹 지쏸춰러

고맙습니다. 즐겁게 보냈습니다.
1663 谢谢! 我过得很好。
Xiè xie wǒ guò dé hěn hǎo
씨에씨에 워꿔더 헌하오

식당을 이용할 때

Key Point

중국의 음식에는 재료가 정말 다양합니다. 중국은 희귀한 재료의 음식이 많다. 대표적인 예로「상어힘줄요리」와「원숭이골 요리」등이 있습니다. 우리의 음식 문화와는 달리 중국음식은 기름진 음식이 많기 때문에 여행시에 미리 알아두도록 합시다. 중국의「메뉴菜单(càidān)」에 나와있는 요리들은 대개 소재, 형태, 양념, 조리법 순의 조합으로 이루어져 있습니다. 그래서 한자의 의미를 알면 어떤 요리인지 어느 정도 짐작할 수 있습니다.

Unit 1 식당을 찾을 때

1664 이 근처에 맛있게 하는 음식점은 없습니까?
这附近有特别好吃的饭店吗?
Zhè fù jìn yǒu tè bié hǎo chī de fàn diàn má
쩌푸진 여우 터비에 하오츠더 판디엔마

1665 이곳에 한국 식당은 있습니까?
这里有韩国饭店吗?
Zhè li yǒu hán guó fàn diàn má
쩌리 여우 한궈 판띠엔마

1666 이 지방의 명물요리를 먹고 싶은데요.
我想吃这地方的特色菜。
Wǒ xiǎng chī zhè dì fāng de tè sè cài
워샹츠 쩌띠팡더 터써차이

1667 음식을 맛있게 하는 가게가 있으면 가르쳐 주세요.
如果有不错的餐厅请告诉我。
Rú guǒ yǒu bù cuò de cān tīng qǐng gào sù wǒ
루궈 여우 부춰더찬팅 칭까오수워

1668 싸고 맛있는 가게는 있습니까?
有既便宜又好吃的店铺吗?
Yǒu jì pián yí yòu hǎo chī de diàn pū má
여우 지피엔이 여우 하오츠더 띠엔푸마

*有 ~ 吗? ~있습니까?, 既 ~ 又 ~하기도 하고 ~하기도 하다

1669 가볍게 식사를 하고 싶은데요.
想随便吃点东西。
Xiǎng suí biàn chī diǎn dōng xī
샹 수이비엔츠 디엔똥시
*东西 음식

1670 이 시간에 문을 연 가게는 있습니까?
这个时候有营业的店吗?
Zhè ge shí hòu yǒu yíng yè de diàn mǎ
쩌거스허우 여우잉예더 띠엔마

1671 (책을 보이며) 이 식당은 어디에 있습니까?
这个饭店在哪儿?
Zhè ge fàn diàn zài nǎ r
쩌거판디엔 짜이날

1672 이 지도 어디에 있습니까?
在这个地图的哪个位置?
Zài zhè ge dì tú de nǎ gè wèi zhì
짜이 쩌거띠투더 나거웨이즈

1673 걸어서 갈 수 있습니까?
能走着去吗?
Néng zǒu zhe qù mǎ
넝쩌우저 취마

1674 몇 시부터 엽니까?
从几点开始?
Cóng jǐ diǎn kāi shǐ
총지디엔 카이스
*开始 시작하다, 착수하다 ↔ 闭(bì) 닫다

1675 조용한 분위기의 레스토랑이 좋겠습니다.
喜欢安静的餐厅。
Xǐ huān ān jìng de cān tīng
시환 안징더 찬팅
*餐厅 식당

1676 붐비는 레스토랑이 좋겠습니다.
喜欢热闹的餐厅。
Xǐ huān rè nào de cān tīng
시환 러나오더 찬팅

식당을 이용할 때 275

식당이 많은 곳은 어디입니까?
1677 **饭店多的地方是哪儿?**
Fàn diàn duō de dì fang shì nǎ r
판띠엔 뚸더 띠팡스날

로마라는 이탈리아 식당을 아십니까?
1678 **知道叫罗马的意大利餐厅吗?**
Zhī dào jiào luó mǎ de yì dà lì cān tīng ma
즈다오 쟈오 뤄마더 이따리찬팅마

*意大利 이탈리아(음역) 罗马 로마(음역)

이곳 사람들이 많이 가는 식당은 있습니까?
1679 **有没有这个地方的人常去的饭店?**
Yǒu méi yǒu zhè gè dì fāng de rén cháng qù de fàn diàn
여우메이여우 쩌거디팡더런 창취더 판띠엔

*饭店 호텔 여관, 레스토랑, 식당

예약이 필요한가요?
1680 **需要预定吗?**
Xū yào yù dìng ma
쉬야오 위딩마

Unit 2 식당을 예약할 때

그 레스토랑을 예약해 주세요.
1681 **请给我预约那个餐厅。**
Qǐng gěi wǒ yù yuē nà ge cān tīng
칭게이워 위위에 나거찬팅

여기서 예약할 수 있나요?
1682 **在这里可以预约吗?**
Zài zhè lǐ kě yǐ yù yuē ma
짜이쩌리 커이 위위에마

오늘밤 예약하고 싶은데요.
1683 **想今天晚上预约。**
Xiǎng jīn tiān wǎnshàng yù yuē
샹 찐티엔왈샹 위위에

1684 손님은 몇 분이십니까?
几位客人?
Jǐ wèi kè rén
지웨이 커런

*客人 손님, 길손

1685 오후 6시 반에 5명이 갑니다.
下午六点半去五名。
Xià wǔ liù diǎn bàn qù wǔ míng
샤우 리우디엔빤 쳐우밍

1686 전원 같은 자리로 해 주세요.
我希望全体坐在一起。
Wǒ xī wàng quán tǐ zuò zài yì qǐ
워씨왕 췐티 쭤짜이이치

1687 거기는 어떻게 갑니까?
那儿怎么去?
Nà r zěn me qù
날 쩐머취

1688 몇 시라면 좋으시겠습니까?
最好几点钟?
Zuì hǎo jǐ diǎn zhōng
쭈이하오 지디엔쭝

1689 몇 시라면 자리가 납니까?
几点中有位子吗?
Jǐ diǎn zhōng yǒu wèi zǐ mǎ
지디엔쭝 여우웨이즈마

1690 복장에 규제는 있습니까?
服装有规定吗?
Fú zhuāng yǒu guī dìng mǎ
푸좡 여우꾸이딩마

1691 금연(흡연)석으로 부탁합니다.
我想定一个禁烟(吸烟)席的位子。
Wǒ xiǎng dìng yī ge jìn yān xī yān xí de wèi zǐ
워샹 띵이거 찐옌(씨옌)씨더웨이즈

*담배 烟草(yāncǎo), 香烟(xiāngyān)

식당을 이용할 때 277

미안합니다. 예약을 취소하고 싶습니다.
1692 **对不起我想取消预定。**
Duì bu qǐ wǒ xiǎng qǔ xiāo yù dìng
뚜이부치 워샹 취샤오 위딩

Unit 3 자리에 앉을 때까지

안녕하세요. 예약은 하셨습니까?
1693 **您好，预约了吗?**
Nín hǎo yù yuē le ma
닌하오 위위에러마

6시에 예약한 홍길동입니다.
1694 **六点钟预约的洪吉童。**
Liù diǎn zhōng yù yuē de Hóng jí tóng
리우디엔쭁 위위에더 홍지통

예약을 하지 않았습니다.
1695 **没有预约。**
Méi yǒu yù yuē
메이여우 위위에

몇분이십니까?
1696 **几位?**
Jǐ wèi
지웨이

* 几个人(jǐgèrén) 몇 사람, 口位人(kǒuwèirén) 몇 분(경어)

안내해드릴 때까지 기다려 주십시오.
1697 **请稍等，一会儿有人会来招呼您。**
Qǐng shāo děng yí huì r yǒu rén huì lái zhāo hū nín
칭샤오덩 이후얼 여우런 훼이라이 자오후닌

* 请稍等 기다리십시오

조용한 안쪽 자리로 부탁합니다.
1698 **请给我里面安静的位子。**
Qǐng gěi wǒ lǐ miàn ān jìng de wèi zi
칭게이워 리미엔 안찡더웨이즈

 Unit 4 메뉴를 볼 때

메뉴 좀 보여 주세요.
请给我看菜单。
Qǐng gěi wǒ kàn cài dān
칭게이워 칸차이딴

한국어 메뉴는 있습니까?
有韩国语菜单吗?
Yǒu hán guó yǔ cài dān má
여우 한궈위 차이딴마

메뉴에 대해서 가르쳐 주세요.
对于这个菜单请给我介绍一下。
Duì yú zhè ge cài dān qǐng gěi wǒ jiè shào yí xià
뚜이위 쩌거차이딴 칭게이워 지에샤오 이샤

이 지방의 명물요리는 있습니까?
有这地方的特色料理吗?
Yǒu zhè dì fāng dè tè sè liào lǐ má
여우 쩌띠팡더 터써 랴오리마

무엇을 권하시겠습니까?
要推荐什么?
Yào tuī jiàn shén me
야오투이지엔 썬머

나중에 다시 올래요?
能请您再来一次吗?
Néng qǐng nín zài lái yí cì má
넝칭닌 짜이라이 이츠마

당신들이 제일 잘하는 요리는 무엇입니까?
你们这儿拿手菜是什么?
Nǐ mèn zhè r ná shǒu cài shì shén me
니먼쩔 나셔우차이 스썬머

어떤 요리인지 설명해 주시겠어요?
能介绍一下这道菜吗?
Néng jiè shào yí xià zhè dào cài má
넝지에샤오 이샤 쩌따오 차이마

Unit 5 주문을 받을 때

주문하시겠습니까?
1707 点什么菜?
Diǎnshén me cài
디엔 션머차이

술은 무엇으로 하시겠습니까?
1708 点什么酒?
Diǎnshén me jiǔ
디엔 션머지우

다른 주문은 없으십니까?
1709 还需要别的菜吗?
Hái xū yào bié de cài mǎ
하이쉬야오 비에더차이마

디저트는 어떻게 하시겠습니까?
1710 想要什么餐后点心?
Xiǎng yào shén me cān hòu diǎn xīn
샹야오션머 찬허우 디엔신

Unit 6 주문을 할 때

웨이터, 주문 받아요.
1711 服务员，点菜。
Fú wù yuán diǎn cài
푸우위엔   디엔차이

이것은 무슨 요리입니까?
1712 这是什么菜?
Zhè shì shén me cài
쩌스 션머차이

여기서 잘하는 요리는 무엇입니까?
1713 这里的拿手好菜是什么?
Zhè lǐ de ná shǒu hǎo cài shì shén me
쩌리더 나셔우하오차이 스션머

1714 오늘 특별 요리가 있습니까?
今天的特别料理是什么?
Jīn tiān dè tè bié liào lǐ shì shén mè
찐티엔더 터비에랴오리 스션머

1715 이것으로 부탁합니다.
我要点这个。
Wǒ yào diǎn zhè ge
워야오 디엔쩌거

1716 (메뉴를 가리키며) 이것과 이것으로 주세요.
请给我这个和这个。
Qǐng gěi wǒ zhè ge hé zhè gè
칭게이워쩌거 허쩌거

1717 저도 같은 것으로 주세요.
也请给我一样的。
Yě qǐng gěi wǒ yí yàng de
예칭게이워 이양더

1718 빨리 되는 것은 있습니까?
有快一点的吗?
Yǒu kuài yì diǎn de má
여우 콰이이디엔더마

1719 저것과 같은 요리를 주시겠어요?
能给我和那个一样的菜吗?
Néng gěi wǒ hé nà gè yí yàng de cài má
넝게이워 허나거 이양더차이마

1720 저 사람이 먹고 있는 건 뭡니까?
他们吃的是什么?
Tā mèn chī de shì shén mè
타먼츠더 스션머

1721 잠시 후에 주문을 받으시겠습니까?
稍后点菜可以吗?
Shāo hòu diǎn cài kě yǐ mǎ
샤오 허우디엔차이 커이마

＊「주문하다」라는 표현을 할 때에는 点이라는 동사를 사용하고, 「음식을 주문하다」라고 말할 때는 点菜라고 한다.

식당을 이용할 때

Unit 7 먹는 법과 재료를 물을 때

1722 먹는 법을 가르쳐 주시겠어요?
能告诉我怎么吃吗?
Néng gào su wǒ zěn me chī ma
넝까오수워 쩐머츠마

1723 이건 어떻게 먹으면 됩니까?
这个怎么吃?
Zhè gè zěn me chī
쩌거 쩐머츠

1724 이 고기는 무엇입니까?
这肉是什么?
Zhè ròu shì shén me
쩌러우 스션머

1725 이것은 재료로 무엇을 사용한 겁니까?
这个是拿什么作材料的?
Zhè ge shì ná shén me zuò cái liào de
쩌거스 나션머쭤 차이랴오더

1726 요리재료는 뭡니까?
这道菜的原料是什么?
Zhè dào cài de yuán liào shì shén me
쩌따오차이더 위엔랴오 스션머

Unit 8 필요한 것을 부탁할 때

1727 빵을 좀더 주세요.
请再给我点面包。
Qǐng zài gěi wǒ diǎn miàn bāo
칭짜이게이워 디엔 미엔빠오

1728 디저트 메뉴는 있습니까?
有餐后点心菜谱吗?
Yǒu cān hòu diǎn xīn cài pǔ ma
여우찬허우 디엔신 차이푸마

1729 물 한 잔 주세요.
请给我一杯水。
Qǐng gěi wǒ yī bēi shuǐ
칭게이워 이뻬이쉐이

*广泉水(guǎngquánshuǐ) 생수

1730 소금 좀 갖다 주시겠어요?
能给我点盐吗?
Néng gěi wǒ diǎn yán mǎ
넝게이워 디엔 옌마

1731 젓가락을 떨어뜨렸습니다.
筷子掉在地上了。
Kuài zi diào zài dì shàng le
콰이즈 땨오짜이 띠샹러

1732 나이프(포크)를 떨어뜨렸습니다.
餐刀(叉子)掉了。
Cān dāo Chā zi diào le
찬따오(차즈) 댜오러

*刀子 칼, 나이프, 叉子 포크

1733 ~을 추가로 부탁합니다.
请再加点。
qǐng zài jiā diǎn
칭짜이쟈디엔

Unit 9 디저트·식사를 마칠 때

1734 디저트를 주세요.
请给我餐后点心。
Qǐng gěi wǒ cān hòu diǎn xīn
칭게이워 찬허우 디엔씬

1735 디저트는 뭐가 있나요?
餐后甜品有什么?
Cān hòu tián pǐn yǒu shén me
찬허우 티엔핀 여우션머

1736 (디저트를 권할 때) 아뇨, 됐습니다.
不，谢谢。
Bù xiè xie
뿌 씨에시에

1737 이걸 치워주시겠어요?
能收拾一下这个吗?
Néng shōu shí yí xià zhè ge ma
넝셔우스이샤 쩌거마
*收拾 정리하다, 치우다

1738 맛은 어떻습니까?
味道怎么样?
Wèi dao zěn me yàng
웨이따오 쩐머양

1739 맛있는데요!
很好吃。
Hěn hǎo chī
헌하오츠

1740 (동석한 사람에게) 담배를 피워도 되겠습니까?
可以抽烟吗?
Kě yǐ chōu yān ma
커이 쳐우옌마

Unit 10 술을 주문할 때

1741 이 요리에는 어느 와인이 어울립니까?
这个菜配什么葡萄酒好?
Zhè ge cài pèi shén me pú táo jiǔ hǎo
쩌거차이 페이션머 푸타오지우 하오
*「요리」는 料理(처리하다)라고 하지 않고 菜라고 쓰는 것이 일반적이다.

1742 글라스로 주문됩니까?
可以按杯预约吗?
Kě yǐ àn bēi yù yuē ma
커이 안뻬이 위위에마

284 여행과 출장에 관한 표현

1743
레드와인을 한 잔 주세요.

给我一杯红酒。
Gěi wǒ yí bēi hóng jiǔ
게이워 이뻬이 홍지우

1744
생맥주는 있습니까?

有扎啤吗?
Yǒu zhá pí ma
여우 자피마

1745
식사하기 전에 무슨 마실 것을 드릴까요?

用餐之前需要喝什么饮料?
Yòng cān zhī qián xū yào hē shén me yǐn liào
용찬즈치엔 쉬야오 허션머 인랴오

1746
이 지방의 독특한 술입니까?

是这地方的特色酒吗?
Shì zhè dì fang de tè sè jiǔ ma
스 쩌띠팡더 터써지우마

1747
어떤 맥주가 있습니까?

都有什么啤酒?
Dōu yǒu shén me pí jiǔ
떠우여우 션머피지우

*都는 뒤의 의문 대명사에 나타난 사람이나 사물을 총괄한다.

1748
(웨이터) 음료는 어떻게 하시겠습니까?

需要什么饮料?
Xū yào shén me yǐn liào
쉬야오 션머인랴오

1749
물만 주시겠어요?

能给我水吗?
Néng gěi wǒ shuǐ ma
넝게이워 쉐이마

*能给 ~해 주시겠어요?

1750
무슨 먹을 것은 없습니까?

有什么能吃的吗?
Yǒu shén me néng chī de ma
여우션머 넝츠더마

어떤 술입니까?
1751 **是什么酒?**
Shì shén me jiǔ
스 션머지우

좀 가벼운 술이 좋겠습니다.
1752 **需要轻一点的酒。**
Xū yào qīng yì diǎn de jiǔ
쉬야오 칭이디엔더 지우

Unit 11 술을 마실 때

맥주가 안 차갑네요.
1753 **啤酒不凉。**
Pí jiǔ bù liáng
피지우 뿌량

건배!
1754 **干杯!**
Gān bēi
깐뻬이

한 잔 더 주세요.
1755 **请再给一杯。**
Qǐng zài gěi yì bēi
칭짜이게이 이뻬이

한 병 더 주세요.
1756 **请再来一瓶。**
Qǐng zài lái yì píng
칭짜이라이 이핑

생수 좀 주세요.
1757 **请来一瓶矿泉水。**
Qǐng lái yì píng kuàngquánshuǐ
칭라이이핑 쾅췐쉐이

제가 내겠습니다.
1758 **我请客。**
Wǒ qǐng kè
워칭커

Unit 12 요리가 늦게 나올 때

주문한 게 아직 안 나왔습니다.
1759
点的菜还没出来。
Diǎn de cài hái méi chū lái
디엔더차이 하이메이 추라이

어느 정도 기다려야 합니까?
1760
还得等多长时间?
Hái děi děng duō cháng shí jiān
하이테이덩 뛰창스지엔

아직 시간이 많이 걸립니까?
1761
还得等很长时间吗?
Hái děi děng hěn cháng shí jiān má
하이테이덩 헌창스지엔마

조금 서둘러 주겠어요?
1762
能快点吗?
Néng kuài diǎn má
넝 콰이디엔마

벌써 30분이나 기다리고 있습니다.
1763
都已经等三十分钟了。
Dōu yǐ jīng děng sān shí fēn zhōng le
떠우이징덩 산스펀쭝러

커피를 두 잔 부탁했는데요.
1764
要了两杯咖啡。
Yào le liǎng bēi kā fēi
야오러 량뻬이 카페이

Unit 13 주문을 취소하거나 바꿀 때

이건 주문하지 않았는데요.
1765
没点这个菜。
Méi diǎn zhè ge cài
메이디엔 쩌거차이

주문을 확인해 주겠어요?
1766 能确认一下点的菜吗?
Néng què rèn yí xià diǎn de cài má
넝 체런 이 샤 디엔더 차이 마
*确认 확인하다

주문을 취소하고 싶은데요.
1767 想取消所点的。
Xiǎng qǔ xiāo suǒ diǎn de
샹 취샤오 쒀디엔더

주문을 좀 바꿔도 되겠습니까?
1768 能换一下所点的菜吗?
Néng huàn yí xià suǒ diǎn de cài má
넝 환 이 샤 쒀디엔더 차이 마
*换 바꾸다, 교환하다

글라스가 더럽습니다.
1769 杯子脏。
Bēi zǐ zàng
뻬이즈 짱

새 것으로 바꿔 주세요.
1770 请给我换新的。
Qǐng gěi wǒ huàn xīn de
칭게이워 환신더

Unit 14 요리에 문제가 있을 때

수프에 뭐가 들어있습니다.
1771 汤里有什么东西。
Tāng lǐ yǒu shén me dōng xī
탕리 여우션머똥시

요리가 덜 된 것 같네요.
1772 菜没熟。
Cài méi shú
차이 메이수

1773 이 스테이크는 너무 구워졌어요.
牛排烤的太熟了。
Niú pái kǎo de tài shú le
니우파이 카오더 타이수러

1774 이 요리를 데워 주세요.
请热一下这个菜。
Qǐng rè yí xià zhè ge cài
칭러이샤 쩌거차이

1775 너무 많아서 다 먹을 수 없습니다.
太多了，吃不完。
Tài duō le chī bù wán
타이뚜어러 츠부완

* 吃不得(de) 음식이 나빠서 먹을 수 없다
吃不了(liǎo) 음식의 양이 많아서 먹을 수 없다
吃不起(qǐ) 돈이 없어서(비싸서) 먹을 수 없다

Unit 15 패스트푸드를 주문할 때

1776 이 근처에 패스트푸드점은 있습니까?
这附近有快餐店吗?
Zhè fù jìn yǒu kuài cān diàn má
쩌푸진 여우 콰이찬디엔마

1777 햄버거하고 커피 주시겠어요?
请给我汉堡和咖啡。
Qǐng gěi wǒ hàn bǎo hé kā fēi
칭게이워 한빠오 허카페이

* 汉堡(hànbǎo) 햄버거　三明治(sānmíngzhì) 샌드위치

1778 겨자를 많이 발라 주세요.
请多给我抹点芥末。
Qǐng duō gěi wǒ mǒ diǎn jiè mò
칭뚸게이워 모디엔 지에모

1779 어디서 주문합니까?
在哪定餐?
Zài nǎ dìng cān
짜이나 띵찬

1780 2번 세트로 주세요.
请给我二号套餐。
Qǐng gěi wǒ èr hào tào cān
칭게이워 얼하오 타오찬
*套餐 (조화를 잘 맞춘) 세트 요리

1781 어느 사이즈로 하시겠습니까?
请问要多大尺码的?
Qǐng wèn yào duō dà chǐ mǎ dè
칭원 야오뚜어다 츠마더

1782 L(M/S) 사이즈를 주세요.
请给我L(M/S)号的。
Qǐng gěi wǒ　　　　　hào dè
칭게이워　L(M/S)하오더

1783 마요네즈는 바르겠습니까?
需要抹蛋黄酱吗?
Xū yào mǒ dàn huáng jiàng mǎ
쉬야오 모단황장마

1784 됐습니다.
不用了。
Bú yòng le
부용러
*不用了 ~할 필요가 없다

1785 이것을 주세요.
请给我这个。
Qǐng gěi wǒ zhè ge
칭게이워 쩌거

1786 샌드위치를 주세요.
请给我三明治。
Qǐng gěi wǒ sān míng zhì
칭게이워 쌍밍즈

1787 케첩을 주세요.
请给我蕃茄酱。
Qǐng gěi wǒ fán qié jiàng
칭게이워 판치에장

(재료를 가리키며) 이것을 샌드위치에 넣어 주세요.
1788 **请把这个放进三明治里。**
Qǐng bǎ zhè ge fàng jìn sān míng zhì lǐ
칭바쩌거 팡진 샨밍즈리

 시간이 없으니까, 점심에는 패스트푸드를 먹자.
1789 **没时间了, 中午就吃快餐吧。**
Méi shí jiān le zhōng wǔ jiù chī kuài cān ba
메이스지엔러 쭝우 지우츠 콰이찬바
＊快餐은「패스트푸드」라는 의미로, 영어의 의미를 중국어로 해석하여 사용한 것이다.

 Unit 16 패스트푸드 주문을 마칠 때

 (주문은) 전부입니다.
1790 **这是全部。**
Zhè shì quán bù
쩌스 췌뿌

 여기서 드시겠습니까, 아니면 가지고 가실 겁니까?
1791 **在这里吃还是带走?**
Zài zhè lǐ chī hái shì dài zǒu
짜이쩌리츠 하이스따이저우
＊带走 싸가지고 가다

 여기서 먹겠습니다.
1792 **在这里吃。**
Zài zhè lǐ chī
짜이쩌리 츠

 가지고 갈 거예요.
1793 **带走。**
Dài zǒu
따이저우

 이 자리에 앉아도 되겠습니까?
1794 **可以坐这个位置吗?**
Kě yǐ zuò zhè ge wèi zhì ma
커이쭤 쩌거 웨이즈마

Unit 17 지불방법을 말할 때

1795 매우 맛있었습니다.
非常好吃。
Fēi cháng hǎo chī
페이창 하오츠

1796 여기서 지불할 수 있나요?
可以在这儿支付吗?
Kě yǐ zài zhè r zhī fù mǎ
커이 짜이쩔 즈푸마

1797 어디서 지불하나요?
在哪儿支付?
Zài nǎ r zhī fù
짜이낳 즈푸

1798 따로따로 지불하고 싶은데요.
想分开支付。
Xiǎng fēn kāi zhī fù
샹펀카이 즈푸

1799 제가 모두 내겠습니다.
都让我支付吧。
Dōu ràng wǒ zhī fù bā
떠우랑 워즈푸바

*一共 모두(합계)
예) 一共多少钱? 모두 얼마지요?
都(dōu) 모두(종류)
예) 你们都是中国人吗? 당신들은 모두 중국인입니까?

1800 제 몫은 얼마인가요?
我的份是多少?
Wǒ de fèn shì duō shǎo
워더펀 스뛰샤오

1801 팁은 포함되어 있습니까?
包含小费吗?
Bāo hán xiǎo fèi mǎ
빠오한 샤오페이마

여행과 출장에 관한 표현

제가 내겠습니다.
1802 **我付。**
Wǒ fù
워 푸

나누어 계산하기로 합시다.
1803 **我们各付各的吧。**
Wǒ men gè fù gè de ba
워먼 꺼푸꺼더마
* 各付各的는 「각자의 것을 계산하다」라는 의미로 우리가 흔히 말하는 「더치페이」라는 의미로 사용된다.

신용카드도 받나요?
1804 **信用卡可以吗?**
Xìn yòng kǎ kě yǐ ma
신융카 커이마

현금으로 낼게요.
1805 **我付现金。**
Wǒ fù xiàn jīn
워푸 씨엔진

Unit 18 계산할 때

계산해 주세요.
1806 **请结帐。**
Qǐng jié zhàng
칭 지에장
* 帐单(zhàngdān) 계산서, 명세서

전부해서 얼마입니까?
1807 **全部多少钱?**
Quán bù duō shǎoqián
첸뿌 뚸사오치엔

이 요금은 무엇입니까?
1808 **这个费用是什么?**
Zhè ge fèi yòng shì shén me
쩌거페이용 스썬머

1809 계산서를 나눠주시겠어요?
请把账单分给我们。
Qǐng bǎ zhàng dān fēn gěi wǒ mén
칭바장딴 펀게이워먼

1810 카드로 계산해도 되겠습니까?
能用信用卡付钱吗?
Néng yòng xìn yòng kǎ fù qián má
넝용씬용카 푸치엔마
＊付钱 계산(하다), 청산(하다)

1811 계산이 틀린 것 같습니다.
好象计算错了。
Hǎo xiàng jì suàn cuò le
하오샹 지쏸처러

1812 봉사료는 포함되어 있습니까?
服务费包含在内吗?
Fú wù fèi bāo hán zài nèi má
푸우페이 빠오한 짜이네이마

1813 영수증을 주세요.
请给我收据。
Qǐng gěi wǒ shōu jù
칭게이워 셔우쥐

1814 거스름돈이 틀린 것 같은데요.
零钱好象找错了。
Líng qián hǎo xiàng zhǎo cuò le
링치엔 하오샹 자오처러
＊「거스름돈을 내주다」라는 표현은 找錢, 找零錢이라고 한다.

관광을 할 때

Key Point

여행의 목적이 관광인 사람은 관광지의 선택이 무엇보다 중요합니다. 정보가 없어 진정 꼭 봐야 할 곳은 놓치고, 안 봐도 그만인 것을 본다는 것은 여행의 손실입니다. 물론 그 나라, 그 지역의 핵심지역 관광지는 드러나게 되어 있어 놓치는 경우는 드물지만 그래도 일반적인 관광지가 아닌 자신의 취향과 전문분야에 따라 보고싶은 관광지가 있는 만큼 선택을 잘하는 것이 실용적인 여행을 즐기는 데 무엇보다 필요합니다.

Unit 1 시내의 관광안내소에서

1815 관광안내소는 어디에 있습니까?
观光介绍所在哪里?
Guānguāng jiè shào suǒ zài nǎ lǐ
판광지에샤오숴 짜이나리

1816 이 도시의 관광안내 팸플릿이 있습니까?
有这个城市的观光介绍文吗?
Yǒu zhè ge chéng shì de guānguāng jiè shàowén ma
여우쩌거청스더 판광지에샤오원마

1817 무료 시내지도는 있습니까?
有免费市内地图吗?
Yǒumiǎn fèi shì nèi dì tú ma
여우미엔페이 스네이띠투마

1818 관광지도를 주시겠어요?
请给我观光地图。
Qǐng gěi wǒ guānguāng dì tú
칭게이워 관광띠투

1819 여기서 볼 만한 곳을 가르쳐 주시겠어요?
能告诉我好看的观光景点吗?
Néng gào sù wǒ hǎo kàn de guānguāng jǐng diǎn ma
넝까오수워 하오칸더 판광찡디엔마

1820 당일치기로 어디가 좋을까요?
一日游去哪里好呢?
Yí rì yóu qù nǎ lǐ hǎo ne
이르여우 취나리 하오너

1821 경치가 좋은 곳을 아십니까?
知道什么地方景色好吗?
Zhī dào shén me dì fāng jǐng sè hǎo má
즈따오 션머띠팡 징쎄 하오마

1822 젊은 사람이 가는 곳은 어디입니까?
年轻人喜欢去的地方是哪里?
Niánqīng rén xǐ huān qù de dì fāng shì nǎ lǐ
니엔칭런 시환 취더띠팡 스나리

1823 거기에 가려면 투어에 참가해야 합니까?
想去那里要参加观光团吗?
Xiǎng qù nà lǐ yào cān jiā guānguāngtuán má
샹취 나리 야오찬쟈 꽌꽝퇀마

1824 유람선은 있습니까?
有观光船吗?
Yǒu guānguāngchuán má
여우 꽌꽝촨마

1825 여기서 표를 살 수 있습니까?
在这里可以买票吗?
Zài zhè lǐ kě yǐ mǎi piào má
짜이쩌리 커이 마이퍄오마

1826 할인 티켓은 있나요?
有打折票吗?
Yǒu dǎ zhé piào má
여우 따저퍄오마

1827 지금 축제는 하고 있나요?
现在有什么节日吗?
Xiàn zài yǒu shén me jié rì má
씨엔짜이 여우션머 지에르마

* 节日 경축일, 기념일, 명절

Unit 2 거리·시간 등을 물을 때

1828 여기서 멉니까?
离这里远吗?
Lí zhè lǐ yuǎn má
리 쩌리 위엔마

1829 여기서 걸어서 갈 수 있습니까?
从这里可以走着去吗?
Cóng zhè lǐ kě yǐ zǒu zhe qù má
총 쩌리 커이커우 저춰마

1830 왕복으로 어느 정도 시간이 걸립니까?
来回需要多长时间?
Lái huí xū yào duō cháng shí jiān
라이 후이쉬야오 뚸창스지엔

1831 버스로 갈 수 있습니까?
能坐车去吗?
Néng zuò chē qù má
넝 쭤처취마

Unit 3 투어를 이용할 때

1832 관광버스 투어는 있습니까?
有观光汽车团吗?
Yǒu guāngguāng qì chē tuán má
여우 꽌꽝치처퇀마

1833 어떤 투어가 있습니까?
都有什么观光团?
Dōu yǒu shén me guānguāngtuán
떠우여우 션머꽌광퇀

1834 어디서 관광투어를 신청할 수 있습니까?
在哪里可以申请加入观光团?
Zài nǎ lǐ kě yǐ shēnqǐng jiā rù guānguāngtuán
짜이나리 커이션칭 쟈루꽌광퇀

1835 투어는 매일 있습니까?
观光团每天都有吗?
Guānguāngtuán měi tiān doū yǒu má
관광퇀 메이티엔 떠우 여우마

1836 오전(오후) 코스는 있습니까?
有上午(下午)团吗?
Yǒu shàng wǔ xià wǔ tuán má
여우 샹우(쌰우)퇀마

1837 야간관광은 있습니까?
有夜间团吗?
Yǒu yè jiān tuán má
여우 예지엔퇀마

1838 투어는 몇 시간 걸립니까?
旅游需要几个小时?
Lǚ yóu xū yào jǐ ge xiǎo shí
뤼여우 쉬야오 지거쌰오스

1839 식사는 나옵니까?
提供饭吗?
Tí gōng fàn má
티공 판마

1840 몇 시에 출발합니까?
几点钟出发?
Jǐ diǎn zhōng chū fā
지디엔총 추파

1841 어디서 출발합니까?
在哪儿出发?
Zài nǎ r chū fā
짜이날 추파

1842 투어는 몇 시에 어디에서 시작됩니까?
旅程什么时候在哪里开始?
Lǚ chéng shén mè shí hòu zài nǎ lǐ kāi shǐ
뤼청 션머스허우 짜이나리 카이스

1843 한국어 가이드는 있나요?
有韩国导游吗?
Yǒu hán guó dǎo yóu má
여우 한궈따오여우마

298 여행과 출장에 관한 표현

요금은 얼마입니까?
1844
价钱是多少?
Jià qián shì duō shǎo
쟈치엔 스뚸사오
*价钱 가격, 값

 **Unit 4   관광버스 안에서**

저것은 무엇입니까?
1845
那是什么?
Nà shì shén me
나스 선머

저것은 무슨 강입니까?
1846
那是什么河?
Nà shì shén me hé
나스 선머허

저것은 무슨 산입니까?
1847
那是什么山?
Nà shì shén me shān
나스 선머산

여기서 얼마나 멉니까?
1848
离这里有多远?
Lí zhè lǐ yǒu duō yuǎn
리쩌리 여우뚸위엔
*远 멀다 ↔ 近(jìn) 가깝다

시간은 어느 정도 있습니까?
1849
有多少时间?
Yǒu duō shǎo shí jiān
여우 뚸사오스지엔

자유시간은 있나요?
1850
有自由时间吗?
Yǒu zì yóu shí jiān ma
여우 쯔여우스지엔마

몇 시에 버스로 돌아오면 됩니까?
1851 要几点钟回到车里?
Yào jǐ diǎnzhōng huí dào chē lǐ
야오 지디엔쭝 후이따오처리

Unit 5 관광을 할 때

전망대는 어떻게 오릅니까?
1852 展望台怎么上去?
Zhǎnwàng tái zěn me shàng qù
잔왕타이 쩐머샹취

* 上去(shàngqù) 올라가다 ↔ 下去(xiàqù) 내려가다

저 건물은 무엇입니까?
1853 那建筑物是什么?
Nà jiàn zhù wù shì shén me
나지엔주우 스션머

누가 여기 살았습니까?
1854 谁住过?
Shéi zhù guo
쉐이 주꿔

언제 세워졌습니까?
1855 什么时候建的?
Shén me shí hou jiàn de
션머스허우 지엔더

퍼레이드는 언제 있습니까?
1856 阅兵是什么时候?
Yuèbīng shì shén me shí hou
위에삥스 션머스허우

몇 시에 돌아와요?
1857 几点回来?
Jǐ diǎn huí lái
지디엔 훼이라이

* 回来 돌아오다

 Unit 6 관람을 할 때

1858 티켓은 어디서 삽니까?
门票在哪儿买?
Ménpiào zài nǎr mǎi
먼퍄오 짜이날마이
* 买(mǎi) 사다 ↔ 卖(mài) 팔다

1859 입장료는 유료입니까?
入场券是收费的吗?
Rù chǎngquàn shì shōu fèi de má
루창췌스 셔우페이더마

1860 입장료는 얼마입니까?
入场券多少钱?
Rù chǎngquàn duō shǎoqián
루창췌 뚸사오치엔

1861 오늘 표는 아직 있습니까?
今天的票还有吗?
Jīn tiān de piào hái yǒu má
찐티엔더퍄오 하이여우마
* 还 아직도, 여전히 (동작이나 상태가 지속됨을 나타내고, 어떨 때에는 앞에 虽然, 即使, 尽管 등이 수반되기도 한다.)

1862 몇 시에 시작됩니까?
几点钟开始?
Jǐ diǎnzhōng kāi shǐ
지디엔쫑 카이스

1863 여기서 티켓을 예약할 수 있나요?
在这里能预定票吗?
Zài zhè lǐ néng yù dìng piào má
짜이쩌리 넝위딩 퍄오마
* 预定 예약하다

1864 단체할인은 있습니까?
有团体票打折吗?
Yǒutuán tǐ piào dǎ zhé má
여우 퇀티퍄오 따저마

어른 2장 주세요.
请给我两张成人票。
Qǐng gěi wǒ liǎngzhāngchéng rén piào
칭게이워 량장 청런퍄오

이 티켓으로 모든 전시를 볼 수 있습니까?
用这个票可以看所有展览吗?
Yòng zhè ge piào kě yǐ kàn suǒ yǒu zhǎn lǎn mǎ
융쩌거퍄오 커이칸 쒀여우 잔란마

무료 팜플렛은 있습니까?
有免费的小册子吗?
Yǒu miǎn fèi de xiǎo cè zi mǎ
여우 미엔페이더 쌰오처즈마

짐을 맡아 주세요.
我想存行李。
Wǒ xiǎng cún xíng lǐ
워샹 춘씽리

관내를 안내할 가이드는 있습니까?
有介绍馆内的解说员吗?
Yǒu jiè shào guǎn nèi de jiě shuō yuán mǎ
여우 지에샤오 관네이더 지에쉬위엔마

이 그림은 누가 그렸습니까?
这画是谁画的?
Zhè huà shì shéi huà de
쩌화스 쉐이화더

그 박물관은 오늘 엽니까?
那个博物馆今天开吗?
Nà ge bó wù guǎn jīn tiān kāi mǎ
나거 보우관 찐티엔 카이마

재입관할 수 있습니까?
可以再入内吗?
Kě yǐ zài rù nèi mǎ
커이 짜이 루네이마

극장 이름은 뭡니까?
电影院叫什么名字?
Diànyǐngyuàn jiào shén me míng zì
띠엔잉위엔 쟈오 션머밍즈

오늘밤에는 무엇을 상영합니까?
今天晚上上映什么?
Jīn tiān wǎn shàng shàng yìng shén me
찐티엔완샹 샹잉션머

재미있습니까?
有意思吗?
Yǒu yì sī må
여우이스마
＊有意思 재미있다 ↔ 没有意思 재미없다

누가 출연합니까?
谁演的?
Shéi yǎn de
쉐이 옌더

Unit 7  사진촬영을 허락받을 때

여기서 사진을 찍어도 됩니까?
可以在这里照相吗?
Kě yǐ zài zhè li zhàoxiǎng må
커이 짜이쩌러 쟈오샹마

여기서 플래시를 터뜨려도 됩니까?
在这里可以用闪光灯吗?
Zài zhè li kě yǐ yòng shǎnguāngdēng må
짜이쩌러 커이용 샨꽝덩마

비디오 촬영을 해도 됩니까?
可以录像吗?
Kě yǐ lù xiàng må
커이 루샹마

당신 사진을 찍어도 되겠습니까?
可以照您吗?
Kě yǐ zhào nín mǎ
커이자오 닌마

함께 사진을 찍으시겠습니까?
可以一起照相吗?
Kě yǐ yì qǐ zhàoxiāng mǎ
커이 이치 자오샹마

미안해요, 바빠서요.
对不起, 我很急。
Duì bù qǐ　wǒ hěn jí
뚜이부치　워헌지
*很急 (무척) 바쁘다

Unit 8 사진촬영을 부탁할 때

사진 좀 찍어 주시겠어요?
能和我照张相吗?
Néng hé wǒ zhàozhāngxiāng mǎ
넝허워 자오장샹마

셔터를 누르면 됩니다.
按快门就可以了。
An kuàimén jiù kě yǐ le
안콰이먼　지우커이러

여기서 우리들을 찍어 주십시오.
请在这里给我们照相。
Qǐng zài zhè li gěi wǒ men zhàoxiāng
칭짜이 쩌리 게이워먼 자오샹

한 장 더 부탁합니다.
请再照一张。
Qǐng zài zhào yì zhāng
칭짜이자오 이짱
*照 (사진) 찍다, 촬영하다

나중에 사진을 보내드리겠습니다.
过后把照片邮寄给您。
Guò hòu bǎ zhàopiàn yóu jì gěi nín
꿔허우 바자오피엔 여우지게이닌
*过后 이후(에), 이 다음(에)

주소를 여기서 적어 주시겠어요?
请把地址写在这里。
Qǐng bǎ dì zhǐ xiě zài zhè li
칭바 띠즈 시에짜이쩌리

Unit 9 필름가게에서

이거하고 같은 컬러필름은 있습니까?
有和这个一样的彩色胶卷吗?
Yǒu hé zhè ge yí yàng de cǎi sè jiāo juǎn má
여우허 쩌거이양더 차이써 쟈오쥐엔마

건전지는 어디서 살 수 있나요?
在哪里能买到电池?
Zài nǎ li néng mǎi dào diàn chí
짜이나리넝마이따오 띠엔츠
*买到 사들이다, 사서 손에 넣다

어디서 현상할 수 있습니까?
在哪儿可以冲洗胶卷?
Zài nǎ er kě yǐ chōng xǐ jiāo juǎn
짜이날커이총씨 쟈오쥐엔

이것을 현상해 주시겠어요?
请给我冲洗这个。
Qǐng gěi wǒ chōng xǐ zhè ge
칭게이워 총씨쩌거

인화를 해 주시겠어요?
请给我加洗。
Qǐng gěi wǒ jiā xǐ
칭게이워 쟈씨

언제 됩니까?
什么时候可以取?
Shén me shí hòu kě yǐ qǔ
션머스허우 커이취

Unit 10 기념품점에서

엽서는 어디서 삽니까?
明信片在哪儿买?
Míng xìn piàn zài nǎ r mǎi
밍씬피엔 짜이낳마이

엽서는 있습니까?
有明信片吗?
Yǒu míng xìn piàn mǎ
여우 밍씬피엔마

기념품 가게는 어디에 있습니까?
纪念品店在哪儿?
Jì niàn pǐn diàn zài nǎ r
지니엔핀띠엔 짜이낳

기념품으로 인기 있는 것은 무엇입니까?
什么纪念品受欢迎?
Shén me jì niàn pǐn shòu huān yíng
션머지니엔핀 셔우환잉

뭔가 먹을 만한 곳은 있습니까?
什么地方的东西好吃?
Shén me dì fang de dōng xī hǎo chī
션머띠팡더 뚱시하오츠

이 박물관의 오리지널 상품입니까?
是这个博物馆的原始收藏品吗?
Shì zhè gè bó wù guǎn de yuán shǐ shōucáng pǐn mǎ
스쩌거보우꽌더 위엔스셔우창핀마

쇼핑을 할 때

Key Point

해외여행을 하면서 빼놓을 수 없는 즐거움중의 하나가 바로 쇼핑입니다. 자국에서는 한번도 접해보지 않은 물건들을 볼 수 있는 행운도 있고 또한 그 나라의 특성을 잘 나타내는 특산품을 구경할 수 있는 재미도 있습니다. 특히 현대식 백화점 같은 곳이 아닌 그 나라의 특성이 잘 나타나 있는 재래시장에서의 쇼핑은 비용도 적게 들뿐만 아니라 그 나라의 생활상을 엿볼 수 있는 좋은 기회가 될 것입니다.

Unit 1 쇼핑센터를 찾을 때

1901 쇼핑센터는 어디에 있습니까?
购物中心在哪里?
Gòu wù zhōng xīn zài nǎ lǐ
꺼우우쭝씬 짜이나리

1902 이 도시의 쇼핑가는 어디에 있습니까?
这个城市的购物街在哪里?
Zhè gè chéng shì dè gòu wù jiē zài nǎ lǐ
쩌거청스더 꺼우우지에 짜이나리

1903 쇼핑 가이드는 있나요?
有购物导游吗?
Yǒu gòu wù dǎo yóu mǎ
여우 꺼우우 따오여우마

1904 선물은 어디서 살 수 있습니까?
在哪儿可以买礼物?
Zài nǎ er kě yǐ mǎi lǐ wù
짜이날 커이마이 리우
＊礼物 예물, 선물, (간단한) 방문 선물

1905 면세점은 있습니까?
有免税店吗?
Yǒu miǎn shuì diàn mǎ
여우 미엔수이디엔마

1906 이 주변에 백화점은 있습니까?
这附近有百货商店吗?
Zhè fù jìn yǒu bǎi huò shāng diàn ma
쩌푸진여우 바이훠샹디엔마

*附近 부근, 근처

Unit 2 가게를 찾을 때

1907 가장 가까운 슈퍼는 어디에 있습니까?
最近的超市在哪里?
Zuì jìn de chāo shì zài nǎ lǐ
쭈이진더차오스 짜이나리

1908 편의점을 찾고 있습니다.
我在找便利店。
Wǒ zài zhǎo biàn lì diàn
워짜이자오 삐엔리띠엔

1909 좋은 스포츠 용품점을 가르쳐 주시겠어요?
请告诉我好体育用品商店。
Qǐng gào sù wǒ hǎo tǐ yù yòng pǐn shāng diàn
칭까오수워 하오티위융핀 샹디엔

1910 세일은 어디서 하고 있습니까?
在哪里打折?
Zài nǎ lǐ dǎ zhé
짜이나리 따저

*打折 할인하다, 꺾(이)다, 꺾(어지)다

1911 이 주변에 할인점은 있습니까?
这附近有贱卖商店吗?
Zhè fù jìn yǒu jiàn mài shāng diàn ma
쩌푸진 여우 지엔마이샹디엔마

1912 그건 어디서 살 수 있나요?
在哪里能买到?
Zài nǎ lǐ néng mǎi dào
짜이나리 넝마이따오

 **Unit 3** 가게로 가고자 할 때

1913 그 가게는 오늘 영업합니까?
那个店今天营业吗?
Nà ge diàn jīn tiān yíng yè må
나거띠엔 찐티엔 잉예마

1914 여기서 멉니까?
离这儿远吗?
Lí zhè er yuǎn må
리쩔 위엔마

1915 몇 시에 문을 엽니까?
几点开门?
Jǐ diǎn kāi mén
지디엔 카이먼
* 开门 문을 열다 ↔ 闭门(bìmén) 문을 닫다

1916 영업시간은 몇 시부터 몇 시까지입니까?
营业时间是从几点到几点?
Yíng yè shí jiān shì cóng jǐ diǎn dào jǐ diǎn
잉예스지엔스 총지디엔 따오지디엔
* 从A 到B A부터 B까지

1917 몇 시까지 합니까?
到几点?
Dào jǐ diǎn
따오지디엔
* 到(dào) ~까지

 Unit 4 가게에 들어갔을 때

1918 (점원) 어서 오십시오.
欢迎光临!
Huānyíng guāng lín
환잉꽝린
* 光临 왕림, 왕림하다

무얼 찾으십니까?
1919 **在找什么?**
Zài zhǎoshén me
짜이자오 션머

그냥 좀 보고 있을 뿐입니다.
1920 **只是看一看。**
Zhǐ shì kàn yi kàn
즈스 칸이칸
* 只 겨우; 단지, 다만, 오직

필요한 것이 있으시면 말씀하십시오.
1921 **有什么需要的请说。**
Yǒu shén me xū yào dě qǐng shuō
여우션머 쉬야오더 칭숴

Unit 5 물건을 찾을 때

여기 잠깐 봐 주시겠어요?
1922 **请过来一下。**
Qǐng guò lái yí xià
칭 꿔라이이샤
* 一下 잠시, 잠깐 (지속적인 의미를 가지는 동사의 보어로 쓰인다.)

블라우스를 찾고 있습니다.
1923 **在找短袖衫。**
Zài zhǎo duǎn xiù shān
짜이자오 뚜안 씨우샨

코트를 찾고 있습니다.
1924 **我想买大衣。**
Wǒ xiǎng mǎi dà yī
워샹마이 따이

운동화를 사고 싶은데요.
1925 **我想买运动鞋。**
Wǒ xiǎng mǎi yùn dòng xié
워샹마이 윈똥씨에

아내에게 선물할 것을 찾고 있습니다.
1926
在找送给妻子的礼物。
Zài zhǎo sòng gěi qī zǐ dè lǐ wù
짜이자오 쏭게이 치즈더 리우

좀 캐주얼한 것을 찾고 있습니다.
1927
在找轻便一点的。
Zài zhǎo qīng biàn yì diǎn de
짜이자오 칭비엔 이디엔더

*轻便 (제작, 사용 등이) 간편하다, 편리하다

선물로 적당한 것은 없습니까?
1928
没有可以做礼物用的吗?
Méi yǒu kě yǐ zuò lǐ wù yòng dè mǎ
메이여우 커이 쭤리우용더마

Unit 6 구체적으로 찾는 물건을 말할 때

저걸 보여 주시겠어요?
1929
能给我看一下那个吗?
Néng gěi wǒ kàn yí xià nà ge mǎ
넝게이워 칸이샤 나거마

면으로 된 것이 필요한데요.
1930
需要棉质的。
Xū yào mián zhì de
쉬야오 미엔즈더

이것과 같은 것은 있습니까?
1931
有和这个一样的吗?
Yǒu hé zhè ge yí yàng de mǎ
여우 허쩌거 이양더마

*一样的 같은 것

이것뿐입니까?
1932
就这些吗?
Jiù zhè xiē mǎ
지우 쩌씨에마

이것 6호는 있습니까?
1933 这个有六号吗?
Zhè ge yǒu liù hào ma
쩌거 여우 리우하오마

Unit 7 물건을 고를 때

그걸 봐도 될까요?
1934 看看那个也可以吗?
Kàn kàn nà ge yě kě yǐ ma
칸칸나거 예커이마

몇 가지 보여 주세요.
1935 能给我看一下吗?
Néng gěi wǒ kàn yī xià ma
넝게이워 칸이샤마

이 가방을 보여 주시겠어요?
1936 能给我看一下这皮包吗?
Néng gěi wǒ kàn yī xià zhè pí bāo ma
넝게이워 칸이샤 쩌피빠오마

* 皮包(píbāo) 가방 书包(shūbāo) 책가방 钱包(qiánbāo) 지갑

다른 것을 보여 주시겠어요?
1937 要先能给我看一下别的吗?
Yào xiānnéng gěi wǒ kàn yī xià bié de ma
야오씨엔 넝게이워 칸이샤 비에더마

더 품질이 좋은 것은 없습니까?
1938 没有质量更好的吗?
Méi yǒu zhì liànggèng hǎo de ma
메이여우즈량 껑하오더마

* 质量 품질 品质(pǐnzhì) 품성, 인품

잠깐 다른 것을 보겠습니다.
1939 能给我看一下别的吗?
Néng gěi wǒ kàn yī xià bié de ma
넝게이워 칸이샤 비에더마

Unit 8 색상을 고를 때

1940 무슨 색이 있습니까?
有什么颜色?
Yǒu shén me yán sè
여우 션머 옌서
*颜色 색채, 색, 색깔

1941 더 화려한 것은 있습니까?
有更艳一点的吗?
Yǒu gèng yàn yi diǎn de ma
여우 껑옌 이디엔더마
*艳 (색채나 문장이) 화려하다, 선명하고 아름답다, 요염하다

1942 더 수수한 것은 있습니까?
有更素一点的吗?
Yǒu gèng sù yi diǎn de ma
여우 껑쑤 이디엔더마
*素 (색깔이나 모양이) 점잖다, 소박하다, 수수하다, 단순하다

1943 이 색은 좋아하지 않습니다.
不喜欢这个颜色。
Bù xǐ huān zhè ge yán sè
뿌시환 쩌거옌서

 **Unit 8 디자인을 고를 때**

1944 다른 스타일은 있습니까?
有别的款式吗?
Yǒu bié de kuǎn shì ma
여우 비에더 콴스마
*款式 격식, 양식, 스타일, 깔끔하고 훌륭하다

1945 어떤 디자인이 유행하고 있습니까?
现在流行哪种款式?
Xiàn zài liú xíng nǎ zhǒng kuǎn shì
씨엔짜이 리우싱 나종콴스

이런 디자인은 좋아하지 않습니다.
不喜欢这个款式。
Bù xǐ huān zhè ge kuǎn shì
뿌시환 쩌거콴스

다른 디자인은 있습니까?
有别的设计吗?
Yǒu bié de shè jì må
여우 비에더 써지마

디자인이 비슷한 것은 있습니까?
有差不多款式的吗。
Yǒu chā bù duō kuǎn shì de mǎ
여우 차뿌뛰 콴스더마

이 벨트는 남성용입니까?
这皮带是男式的吗?
Zhè pí dài shì nán shì de mǎ
쩌 피따이스 난스더마

* 皮带(pídài) 벨트, 허리띠 领带(lǐngdài) 넥타이

Unit 10 사이즈를 고를 때

어떤 사이즈를 찾으십니까?
找多大尺寸的?
Zhǎo duō dà chǐ cùn de
자오 뛰다 초츨더

사이즈는 이것뿐입니까?

就这些尺寸吗?
Jiù zhè xiē chǐ cùn mǎ
지우 쩌시에 초츨마

제 사이즈를 잘 모르겠는데요.
不清楚我的尺寸。
Bù qīng chǔ wǒ de chǐ cùn
뿌칭추 워더초츨

* 不清楚 분명하지 않다

사이즈를 재 주시겠어요?
能给我量一下尺寸吗?
Néng gěi wǒ liáng yí xià chǐ cùn má
넝게이워 량이샤 츠춘마

*量 (길이, 크기, 무게, 넓이, 분량 등을) 재다, 달다, 측량하다

 더 큰 것은 있습니까?
有更大的吗?
Yǒugēng dà dè má
여우 껑따더마

*更 다시, 또, 되풀이해서

더 작은 것은 있습니까?
有更小的吗?
Yǒugēngxiǎo dè má
여우 껑샤오더마

Unit 11 품질에 대해 물을 때

 재질은 무엇입니까?
是什么料?
Shì shén mè liào
스 선머랴오

 중국제품입니까?
是中国制品吗?
Shì zhōng guó zhì pǐn má
스 쫑궈즈핀마

 품질은 좋은가요?
质量好吗?
Zhì liáng hǎo má
즈량 하오마

 이건 실크 100%입니까?
这是百分之百的丝吗?
Zhè shì bǎi fēn zhī bǎi dè sī má
쩌스 바이펀즈바이더 쓰마

*百分 백분, 퍼센트

쇼핑을 할 때 **315**

이건 수제입니까?
1960 这是手工制的吗?
Zhè shì shǒugōng zhì dè mǎ
쩌스 서우꽁즈더마

이건 무슨 향입니까?
1961 这是什么香?
Zhè shì shén mè xiāng
쩌스 션머샹

Unit 12 값을 물을 때

계산은 어디서 합니까?
1962 在哪儿结帐?
Zài nǎ r jié zhàng
짜이날 지에장

전부해서 얼마가 됩니까?
1963 全部多少钱?
Quán bù duō shǎoqián
췐뿌 뚸사오치엔
*多少 얼마

하나에 얼마입니까?
1964 多少钱一个?
duō shǎoqián yí ge
뚸사오치엔 이거

(다른 상품의 가격을 물을 때) 이건 어때요?
1965 这个多少钱?
Zhè ge duō shǎoqián
쩌거 뚸사오치엔

이건 세일 중입니까?
1966 这个正在打折吗?
Zhè ge zhèng zài dǎ zhé mǎ
쩌거 쩡짜이 따저마
*正在 마침, 한참 (~하고 있는 중이다)

316 여행과 출장에 관한 표현

세금이 포함된 가격입니까?
1967
包括税金吗?
Bāo kuò shuì jīn ma
빠오 쿼 수이진마

Unit 13 값을 흥정할 때

너무 비쌉니다.
1968
太贵了。
Tài guì le
타이 꾸이 러

* 贵 (가격이) 비싸다 ↔ 便宜 (값이) 싸다, 헐하다

깎아 주시겠어요?
1969
能便宜点吗?
Néngpián yi diǎn ma
넝피엔이 디엔마

더 싼 것은 없습니까?
1970
有更便宜的吗?
Yǒugèngpián yi de ma
여우껑 피엔이더마

더 싸게 해 주실래요?
1971
能再便宜点吗?
Néng zài pián yi diǎn ma
넝짜이 피엔이 디엔마

깎아주면 사겠습니다.
1972
便宜点就买。
Pián yi diǎn jiù mǎi
피엔이디엔 지우마이

* 就는 어떠한 조건이나 상황을 나타내는 가정문의 뒤에 쓰여서 앞의 조건이 상황에선 어떠했으리라
는 것을 나타낸다.

현금으로 지불하면 더 싸게 됩니까?
1973
付现金的话更便宜吗?
Fù xiàn jīn de huàgèngpián yi ma
푸씨엔진더화 껑피엔이마

Unit 14 구입 결정과 지불 방법

 이걸로 사겠습니다.
1974
就买这个。
Jiù mǎi zhè ge

지우마이 쩌거

 지불은 어떻게 하시겠습니까?
1975
怎么支付?
Zěn me zhī fù

쩐머 즈푸

*支付 지불하다, 지급하다

 카드도 됩니까?
1976
刷卡也可以吗?
Shuā kǎ yě kě yǐ má

솨아카 예커이마

*可以는「~해도 된다」의 뜻으로 허가를 나타낸다.

 여행자수표도 받나요?
1977
旅行支票行吗?
Lǚ xíng zhī piào xíng má

뤼싱즈퍄오 씽마

 영수증을 주시겠어요?
1978
请给我收据。
Qǐng gěi wǒ shōu jù

칭게이워 셔우쥐

Unit 15 포장을 부탁할 때

 봉지를 주시겠어요?
1979
能给我袋子吗?
Néng gěi wǒ dài zi má

넝게이워 따이즈마

*袋子 주머니, 자루, 포대

봉지에 넣기만 하면 됩니다.
1980
请放到包装袋里。
Qǐng fàng dào bāo zhuāng dài lǐ
칭팡따오 빠오좡따이 리
* 到 (동사의 보어로 쓰여) ~에 미치다, ~에 이르다, ~을 해내다

이걸 선물용으로 포장해 주시겠어요?
1981
这是做礼物用的能包装一下吗?
Zhè shì zuò lǐ wù yòng de néng bāo zhuāng yí xià ma
쩌스 쭤리우융더 넝빠오좡 이쌰마

따로따로 포장해 주세요.
1982
请给我分着包装。
Qǐng gěi wǒ fēn zhuó bāo zhuāng
칭게이워 펀줘빠오좡

이거 넣을 박스 좀 얻을 수 있나요?
1983
能弄来装这个用的盒子吗?
Néng nòng lái zhuāng zhè ge yòng de hé zi ma
넝 농라이좡 쩌거융더 허즈마

이거 포장할 수 있나요? 우편으로 보내고 싶은데요.
1984
这个能包装吗? 要邮寄用的。
Zhè ge néng bāo zhuāng ma   yào yóu jì yòng de
쩌거넝 빠오좡마   야오 여우지융더

Unit 16 배달을 부탁할 때

이걸 호텔까지 갖다 주시겠어요?
1985
能送到宾馆吗?
Néng sòng dào bīn guǎn ma
넝쏭따오 삔관마

오늘 중으로 배달해 주었으면 하는데요.
1986
希望在今天之内送过来。
Xī wàng zài jīn tiān zhī nèi sòng guò lái
시왕짜이 찐티엔즈네이 쏭꿔라이
* 之内 ~의 안, ~의 내

1987
언제 배달해 주시겠습니까?
什么时候能送来?
Shén me shí hòu néng sòng lái
션머스허우 넝쏭라이

1988
별도로 요금이 듭니까?
另外还需要什么费用吗?
Lìng wài hái xū yào shén me fèi yòng mǎ
링와이 하이쉬야오 션머페이융마

1989
이 카드를 첨부해서 보내 주세요.
请把这个卡一起送过来。
Qǐng bǎ zhè ge kǎ yī qǐ sòng guò lái
칭바쩌거카이치 쏭꿔라이

1990
이 주소로 보내 주세요.
请寄到以下地址。
Qǐng jì dào yǐ xià dì zhǐ
칭지따오 이샤띠즈
*地址 소재지, 주소

Unit 17 배송을 부탁할 때

1991
이 가게에서 한국으로 발송해 주시겠어요?
请在这个店发送到韩国。
Qǐng zài zhè ge diàn fā sòng dào hán guó
칭짜이쩌거띠엔 파쏭따오한궈

1992
한국 제 주소로 보내 주시겠어요?
能发送到韩国我的地址吗?
Néng fā sòng dào hán guó wǒ de dì zhǐ mǎ
넝파쏭 따오한궈 워더띠즈마

1993
항공편으로 부탁합니다.
我想用航空寄信。
Wǒ xiǎng yòng háng kōng jì xìn
워샹융 항콩지씬
*寄信 편지를 내다(부치다)

선편으로 부탁합니다.
我想用海运寄信。
Wǒ xiǎngyòng hǎi yùn jì xìn
워샹용 하이윈지씬

한국까지 항공편으로 며칠 정도 걸립니까?
用航空邮件邮寄到韩国多长时间?
Yònghángkōng yóu jiàn yóu jì dào hán guó duō cháng shí jiān
용항콩여우지엔 여우지따오한꿔 뚸창스지엔

*多长时间 얼마나 긴 시간

항공편으로 얼마나 듭니까?
用航空邮件多少钱?
Yònghángkōng yóu jiàn duō shǎoqián
용항콩여우지엔 뚸사오치엔

 **구입한 물건을 교환할 때**

여기에 얼룩이 있습니다.
这里有污渍。
Zhè lǐ yǒu wū zì
쩌리 여우우쯔

새 것으로 바꿔드리겠습니다.
给您换新的。
Gěi nín huàn xīn de
게이닌 환씬더

구입 시에 망가져 있었습니까?
进货时就是坏的吗?
Jìn huò shí jiù shì huài de má
찐훠스 지우스 화이더마

샀을 때는 몰랐습니다.
买的时候没发现。
Mǎi de shí hòu méi fā xiàn
마이더스허우 메이파시엔

*发现 발견(하다), 나타나다

사이즈가 안 맞았어요.
2001
大小不合适。
Dà xiǎo bù hé shì
따샤오 뿌허스
＊合适 알맞다, 적당하다, 적합하다 ↔ 不合适

다른 것으로 바꿔 주시겠어요?
2002
能给我换别的吗?
Néng gěi wǒ huàn bié de ma
넝게이워 환삐에더마

Unit 19 구입한 물건을 반품할 때

어디로 가면 됩니까?
2003
要往哪儿走?
Yào wǎng nǎr zǒu
야오 왕날쩌우

반품하고 싶은데요.
2004
我想退货。
Wǒ xiǎng tuì huò
워샹 투이훠

아직 쓰지 않았습니다.
2005
还没有用过。
Hái méi yǒu yòng guò
하이메이여우 융꿔
＊还 아직도, 여전히 (동작이나 상태가 지속됨을 나타낸다.)

가짜가 하나 섞여 있습니다.
2006
有一个假的。
Yǒu yī ge jiǎ de
여우이거 쟈더

영수증은 여기 있습니다.
2007
收据在这里。
Shōu jù zài zhè lǐ
셔우쥐 짜이쩌리

어제 산 것입니다.
是昨天买的。
Shì zuó tiān mǎi de
스쭤티엔 마이더

* 「是~的」의 구문은 이미 알고 있는 사실을 강조하는 용법으로 쓰인다.

Unit 20 환불과 배달사고

환불해 주시겠어요?
能退还吗?
Néng tuì huán ma
넝 투이환마

산 물건하고 다릅니다.
和买的东西不一样。
Hé mǎi de dōng xī bù yí yàng
허마이더뚱시 뿌이양

* 一样 (똑)같다, 동일하다 ↔ 不一样 같지 않다

구입한 게 아직 배달되지 않았습니다.
买的东西还没送到。
Mǎi de dōng xī hái méi sòng dào
마이더뚱시 하이메이쏭따오

대금은 이미 지불했습니다.
贷款已经付清了。
Dài kuǎn yǐ jīng fù qīng le
따이콴 이징 푸칭러

수리해 주든지 환불해 주시겠어요?
请给我修一下或者退还一下。
Qǐng gěi wǒ xiū yí xià huò zhě tuì huán yí xià
칭게이워 씨우이샤 훠저 투이환이샤

계산이 틀린 것 같습니다.
帐算错了。
Zhàngsuàn cuò le
장쑤안 춰러

여행을 마치고 귀국할 때

Key Point

출발 72시간 전에는 반드시 예약을 해야 합니다. 그렇지 않으면 탑승할 의지가 없는 것으로 간주하여 예약이 취소되어 비행기를 타지 못할 수도 있습니다. 중국 항공사는 재확인을 하지 않으면 예약을 취소하는 경우가 많으므로 각별히 주의해야 합니다. 전화로 항공사에 이름, 출발일, 비행기편 등을 말하면 되는데, 중국 항공사의 경우 전화로 확인되지 않는 경우가 있습니다. 그럴 때에는 항공권과 여권을 지참하고 현지의 항공사의 카운터 또는 사무실에 가서 재확인을 받습니다.

Unit 1 돌아갈 항공편을 예약할 때

2015 여보세요. 북방항공입니까?
您好，这里是北方航空吗?
Nín hǎo　zhè lǐ shì běi fānghángkōng ma
닌하오　쩌리스　베이팡항콩마

2016 인천행을 예약하고 싶은데요.
想预约到仁川的飞机。
Xiǎng yù yuē dào Rénchuān de fēi jī
샹위위에　따오런촨더　페이지

2017 내일 비행기는 예약이 됩니까?
明天的飞机能预约吗?
Míng tiān de fēi jī néng yù yuē ma
밍티엔더　페이지　넝위위에마

2018 다른 비행기는 없습니까?
没有别的飞机吗?
Méi yǒu bié de fēi jī ma
메이여우　비에더　페이지마

2019 편명과 출발 시간을 알려 주십시오.
请告诉我航班和时间。
Qǐng gào sù wǒ háng bān hé shí jiān
칭까오수워　항반허스지엔
*和 ~과(와)

몇 시까지 탑승수속을 하면 됩니까?
到几点登机?
Dào jǐ diǎndēng jī
따오 지디엔 떵지
*登机 비행기를 타다

Unit 2 예약을 재확인할 때

예약내용을 재확인하고 싶은데요.
想再确认一下预约内容。
Xiǎng zài què rèn yí xià yù yuē nèi róng
샹짜이 췌런이샤 위위에네이롱

성함과 편명을 말씀하십시오.
请说姓名和航班名。
Qǐng shuō xìngmíng hé háng bān míng
칭숴 씽밍 허항빤밍

무슨 편 몇 시발입니까?
什么航班几点钟?
Shén me háng bān jǐ diǎnzhōng
션머항빤 지디엔종
*钟 시, 시간

저는 분명히 예약했습니다.
我明明是预约好了。
Wǒ míngmíng shì yù yuē hǎo le
워밍밍스 위위에하오 러

한국에서 예약했는데요.
我在韩国预约了。
Wǒ zài hán guó yù yuē le
워짜이한궈 위위에러

즉시 확인해 주십시오.
请马上确认一下。
Qǐng mǎ shàng què rèn yí xià
칭마샹 췌런이샤

Unit 3 예약 변경과 취소를 할 때

2027 항공편을 변경할 수 있습니까?
能换航班吗?
Nénghuànháng bān mǎ
넝환 항빤마

2028 예약을 취소하고 싶은데요.
想取消预约。
Xiǎng qǔ xiāo yù yuē
샹취샤오 위위에

2029 다른 항공사 비행기를 확인해 주세요.
请确认一下别的航空公司。
Qǐng què rèn yí xià bié de hángkōnggōng sī
칭체런이샤 삐에더 항콩꽁스

2030 해약 대기로 부탁할 수 있습니까?
请给我换成待机可以吗?
Qǐng gěi wǒ huànchéng dài jī kě yǐ mǎ
칭게이워 환청따이지 커이마

Unit 4 탑승수속을 할 때

2031 탑승수속은 어디서 합니까?
登机手续在哪儿办?
Dēng jī shǒu xù zài nǎ r bàn
떵지셔우쉬 짜이날빤

2032 대한항공 카운터는 어디입니까?
大韩航空柜台在哪儿?
Dà hán hángkōng guì tái zài nǎ r
따한항콩 꾸이타이 짜이날

2033 공항세는 있습니까?
有机场税吗?
Yǒu jī chǎngshuì mǎ
여우 지창수이마

앞쪽 자리가 좋겠는데요.
我想前面的位置会更好。
Wǒ xiǎng qián miàn de wèi zhì huì gēng hǎo
워샹 치엔미엔더웨이즈 후이껑하오

통로쪽(창쪽)으로 부탁합니다.
请给我过道(窗户)旁的位置。
Qǐng gěi wǒ guò dào chuāng hù páng de wèi zhì
칭게이워 꿔다오 (촹후)팡더웨이즈

친구와 같은 좌석으로 주세요.
请给我靠近朋友的座位。
Qǐng gěi wǒ kào jìn péng yǒu de zuò wèi
칭게이워 카오찐 펑여우더 쭤웨이

*靠近 가깝다, 가까이 다가가다, 접근하다

Unit 5 수화물을 체크할 때

맡기실 짐은 있으십니까?
有需要托运的行李吗?
Yǒu xū yào tuō yùn de xíng lǐ ma
여우쉬야오 퉈윈더 씽리마

*行李 여행짐, 행장, 수화물

그 가방은 맡기시겠습니까?
那个包要托运吗?
Nà ge bāo yào tuō yùn ma
나거빠오 야오퉈윈마

*托运 운송을 위탁하다, 탁송하다

이 가방은 기내로 가지고 들어갑니다.
这个包要拿到机内的。
Zhè ge bāo yào ná dào jī nèi de
쩌거빠오 야오나따오 지네이더

다른 맡기실 짐은 없습니까?
还有其他行李要存吗?
Hái yǒu qí tā xíng lǐ yào cún ma
하이여우 치타씽리 야오춘마

Unit 6 탑승안내

2041 (탑승권을 보이며) 게이트는 몇 번입니까?
登机口是多少号?
Dēng jī kǒu shì duō shǎo hào
떵지커우 스뚜어사오하오

2042 3번 게이트는 어느 쪽입니까?
三号登机口在哪边?
Sān hào dēng jī kǒu zài nǎ biān
싼하오떵지커우 짜이나비엔

2043 인천행 탑승 게이트는 여기입니까?
到仁川的登机口是这儿吗?
Dào Rén chuān de dēng jī kǒu shì zhè r ma
따오런촨더 떵지커우 스절뻐마

2044 왜 출발이 늦는 겁니까?
为什么还不出发?
Wèi shén me hái bù chū fā
웨이션머 하이뿌추파

* 为什么 무엇 때문에, 왜, 어째서(원인 혹은 목적을 물음)

2045 탑승은 시작되었습니까?
开始登机了吗?
Kāi shǐ dēng jī le ma
카이스 떵지러마

2046 방금 인천행 비행기를 놓쳤는데요.
我刚刚错过了去仁川的飞机。
Wǒ gānggāng cuò guò le qù Rén chuān de fēi jī
워깡깡 취꿔러 취런촨더 페이지

긴급상황에 관한 표현

1. 난처하거나 말이 통하지 않을 때
2. 분실·도난을 당했을 때
3. 교통사고를 당했을 때
4. 몸이 아플 때

여기서는 중국에서의 여행이나 출장시 위급한 상황에 처했을 때 침착하게 대처할 수 있는 회화 표현을 익히도록 하였습니다. 또한, 외국에 나가면 환경의 변화로 생각지도 않은 질병에 걸리기도 합니다. 병원이나 약국에 가서 자신의 증상을 정확히 전달할 수 있어야 정확한 치료를 받을 수 있으므로 질병의 증상에 관한 표현을 잘 익히도록 합시다.

난처하거나 말이 통하지 않을 때

Key Point

「도와주세요, 살려주세요」 등의 도움을 요청하는 표현으로는 「救命啊, 有人吗(jiù mìngā, yǒurénma)?」 등의 도움을 요청할 수 있는 표현을 알아둡시다.
중국의 범죄 신고는 110, 화재는 119, 의료구조 120, 전화번호 안내는 114번이므로 긴급상황 시에 필요한 번호를 숙지해 두면 많은 도움이 될 것입니다.

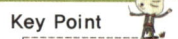 난처할 때

2047 문제가 생겼습니다.
有问题了。
Yǒu wèn tí le
여우원티러

2048 지금 무척 난처합니다.
现在很困难。
Xiàn zài hěn kùn nán
씨엔짜이 헌쿤난

2049 무슨 좋은 방법은 없을까요?
没有什么好办法吗?
Méi yǒu shén me hǎo bàn fǎ mǎ
메이여우 선머하오 빤파마
* 办法 방법, 수단, 방식, 조치, 방책, 술책

2050 어떻게 하면 좋을까요?
怎么办好?
Zěn me bàn hǎo
쩐머빤 하오

2051 화장실은 어디죠?
洗手间在哪里?
Xī shǒu jiān zài nǎ lǐ
시서우찌엔 짜이나리

어떻게 해 주십시오.
2052 请帮帮忙好吗?
Qǐngbāngbāngmáng hǎo ma
칭빵방망 하오마
*帮忙 일(손)을 돕다, 원조하다, 일을 거들어주다

 **Unit 2 위급할 때**

 무엇을 원하세요?
2053 需要我做什么?
Xū yào wǒ zuò shén me
쉬야오 워쮜션머

 시키는 대로 할게요.
2054 我照您说的办。
Wǒ zhào nín shuō de bàn
워자오 닌숴더빤

 뭐야?
2055 什么?
Shén me
션머

 가진 돈이 없어요!
2056 没有钱。
Méi yǒu qián
메이여우치엔

 잠깐! 뭐 하는 겁니까?
2057 等等, 干什么呢?
Děngděng gàn shén me ne
떵덩 깐션머너

 그만 두세요(하지 말아요).
2058 算了, 别做了。
Suàn liǎo bié zuò le
쑤안러 비에쭤러
*算了 그만두다, 내버려두다, 됐다, 그만

난처하거나 말이 통하지 않을 때 331

만지지 말아요!
2059
不要碰!
Bú yào pèng
부야오 펑

저리 가요!
2060
别过来!
Bié guò lái
비에 꿔라이

가까이 오지 말아요.
2061
不要靠近。
Bú yào kào jìn
부야오 카오진

경찰을 부르겠다!
2062
我要叫警察了。
Wǒ yào jiào jǐng chá le
워야오쟈오 징차러

도와주세요!
2063
请帮忙!
Qǐng Bāngmáng
칭빵망

Unit 3 중국어의 이해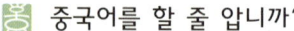

중국어를 할 줄 압니까?
2064
会中国语吗?
Huì zhōng guó yǔ má
후이 쭝궈위마

* 중국에서는 공식적으로 汉语(hànyǔ) 혹은 普通话(pǔtōnghuà)를 현대 중국어의 표준으로 삼고 있다. 영어권에서는 Mandarin(만다린)이라 칭하기도 한다.

중국어는 할 줄 모릅니다.
2065
我不会说中文。
Wǒ bú huì shuōzhōng wén
워뿌후이숴 쭝원

중국어는 잘 못합니다.
2066 中国语不怎么会。
Zhōng guó yǔ bù zěn me huì
쭝궈위 뿌전머훼이

중국어는 압니까?
2067 懂中国语吗?
Dǒng zhōng guó yǔ mǎ
둥쭝궈위마
*懂 알다, 이해하다

중국어로는 설명할 수 없습니다.
2068 不会用中国语说明。
Bù huì yòng zhōng guó yǔ shuōmíng
부후이 융쭝궈위 숴밍
*不会 (방법을 터득하지 않아서, 기능상) 할 줄 모르다

 말을 못 알아들을 때

천천히 말씀해 주시면 알겠습니다.
2069 慢点说会明白的。
Màn diǎn shuō huì míng bái de
만디엔숴 후이밍바이더

좀더 천천히 말씀해 주세요.
2070 请再慢点儿说。
Qǐng zài màn diǎn r shuō
칭짜이 만디알숴

당신이 말하는 것을 모르겠습니다.
2071 您说的我不明白。
Nín shuō de wǒ bù míng bái
닌숴더 워뿌밍바이
*明白 이해하다

그건 무슨 뜻입니까?
2072 那是什么意思?
Nà shì shén me yì sī
나스 선머이쓰

2073 좀 써 주세요.
请写一下。
Qǐng xiě yí xià
칭씨에 이샤

2074 여기에는 한국어를 할 줄 아는 사람이 없어요.
这里没有人会说韩文。
Zhè lǐ méi yǒu rén huì shuō hán wén
쩌리 메이여우런 후이숴한원

Unit 5 통역과 한국어에 대해서

2075 통역을 좀 부탁하고 싶은데요.
想拜托您翻译一下。
Xiǎng bài tuō nín fān yì yí xià
샹빠이퉈닌 판이이샤

2076 어느 나라 말을 하십니까?
您说哪国语言?
Nín shuō nǎ guó yǔ yán
닌숴 나꿔위옌

2077 그 식당에 한국어를 하는 사람은 있습니까?
那个饭店有会韩国语的人吗?
Nà ge fàn diàn yǒu huì hán guó yǔ de rén mǎ
나거판띠엔여우 후이한궈위더런마

2078 한국어로 쓰인 것은 있습니까?
有用韩国语写的吗?
Yǒu yòng hán guó yǔ xiě de mǎ
여우융한궈위 씨에더마

2079 한국어판은 있습니까?
韩国语版的怎么样?
Hán guó yǔ bǎn de zěn me yàng
한궈위빤더 쩐머양

*怎么样 어떠하냐, 어떻게 (성질, 상황, 방식 따위를 물음)

334 긴급상황에 관한 표현

분실·도난을 당했을 때

Key Point

지갑, 손가방 등을 도난, 분실했을 경우, 먼저 공안국 외사과(公安局外事科)로 가서 도난, 분실 경위를 상세히 기술하면 담당자가 조서를 꾸며주지만, 다시 찾을 가능성은 극히 적습니다. 여권을 도난, 분실했다면 공안국에서 도난(분실) 증명서를 발급받아야 하며, 여권용 사진 2장을 지참한 뒤 한국영사관에 가서 일반여권재발급 신청서를 작성하여 제출하고 일단 본인이라는 것이 확인되면 여권이 재발급되며 그것을 갖고 공안국에 가서 다시 비자를 신청하면 됩니다.

Unit 1 분실했을 때

2080 분실물 취급소는 어디에 있습니까?
领取丢失物品的地方在哪里?
Lǐng qǔ diū shī wù pǐn de dì fāng zài nǎ lǐ
링취 띠우스우핀더띠팡 짜이나리

2081 무엇을 잃어버렸습니까?
您丢了什么东西?
Nín diū le shén me dōng xī
닌띠우러 션머똥시
*东西 물품, 물건, 음식

2082 여권을 잃어버렸습니다.
丢护照了。
Diū hù zhào le
띠우 후자오러

2083 열차 안에 지갑을 두고 내렸습니다.
钱包丢在火车上了。
Qián bāo diū zài huǒ chē shàng le
치엔빠오 띠우짜이 훠쳐상러

2084 여기서 카메라 못 보셨어요?
在这儿没看到照相机吗?
Zài zhè r méi kàn dào zhàoxiāng jī má
짜이쩔 메이칸따오 자오샹지마

분실·도난을 당했을 때 335

어디서 잃어버렸는지 기억이 안 납니다.
2085 记不清在哪儿丢的了。
Jì bù qīng zài nǎ r diū de le
지뿌칭 짜이날 띠우더러
*记不 기억이 안 나다 记 기억하다, 명심하다, 암기하다

Unit 2 도난당했을 때

멈춰! 도둑이야!
2086 站住! 小偷!
Zhàn zhù xiǎo tōu
짠쭈 샤오터우
*小偷儿 좀도둑

내놔!
2087 拿出来!
Ná chū lái
나추라이

저놈이 내 가방을 뺏어갔어요!
2088 是他把我的包拿走了。
Shì tā bǎ wǒ de bāo ná zǒu le
스타 바워더빠오 나쩌우러

지갑을 도둑맞았어요!
2089 钱包被偷了。
Qián bāo bèi tōu le
치엔빠오 뻬이터우러
*被 ~당하다(피동)

지갑을 소매치기 당한 것 같아요.
2090 钱包大概被扒了去了。
Qián bāo dà gài bèi bā le qù le
치엔빠오 따까이 뻬이빠러취러

방에 도둑이 들어왔습니다.
2091 房间里进小偷了。
Fáng jiān lǐ jìn xiǎo tōu le
팡지엔리 찐샤오터우러

Unit 3 경찰서에서

2092 경찰서는 어디에 있습니까?
警察局在哪儿?
Jǐng chá jú zài nǎ r
징차쥐 짜이날

2093 경찰에 신고해 주시겠어요?
能帮我报警吗?
Néng bāng wǒ bào jǐng mǎ
넝빵워 빠오징마

2094 누구에게 알려야 하죠?
要跟谁说?
Yào gēn shéi shuō
야오 껀쉐이숴

2095 그 사람의 얼굴은 봤나요?
看到他的脸了吗?
Kàn dào tā dè liǎn le mǎ
칸따오 타더 리엔러마

2096 경찰에 도난신고서를 내고 싶은데요.
想往警察局提出被盗申请。
Xiǎng wǎng jǐng chá jú tí chū bèi dào shēnqǐng
샹왕징차쥐 티추 뻬이따오션칭

2097 한국대사관은 어디입니까?
韩国大使馆在哪儿?
Hán guó dà shǐ guǎn zài nǎ r
한궈 따스꽌 짜이날

2098 찾으면 한국으로 보내주시겠어요?
找到后可以邮寄到韩国吗?
Zhǎo dào hòu kě yǐ yóu jì dào Hán guó mǎ
자오따오허우 커이 여우지따오 한궈마

2099 찾으면 연락드리겠습니다.
找到以后我们和你联系。
Zhǎo dào yǐ hòu wǒ mèn hé nǐ lián xì
자오따오 이허우 워먼 허 니 리엔씨

분실·도난을 당했을 때 337

교통사고를 당했을 때

Key Point

중국에서 교통사고가 발생했을 때 즉시 122 혹은 110으로 신고(외국인의 경우 공안국의 교통관리국 사고처에서 담당)하고, 현장보존 및 증거·증인 확보를 합니다. 현장을 보존함과 동시에 목격자 인명 피해 정도·차량 파손상태·관련 차량번호·보험 가입 여부 등을 확인 기록(카메라 휴대시 사진 촬영으로 증거 확보)합니다. 택시승객은 일방적인 피해자가 되어 택시회사나 기사가 보상책임을 부담하므로 택시번호, 운전사의 인적사항 및 연락처를 확보해야 합니다.

Unit 1 교통사고를 당했을 때

2100 큰일났습니다.
出大事了。
Chū dà shì le
추 따스러

2101 교통사고가 일어났습니다.
出车祸了。
Chū chē huò le
추 처훠러

* 车祸 = 交通事故(jiāotōngshìgù) 교통사고

2102 친구가 차에 치었습니다.
我的朋友被车撞了。
Wǒ de péng yǒu bèi chē zhuàng le
워더펑여우 뻬이처쫭러

2103 구급차를 불러 주세요.
请叫救护车。
Qǐng jiào jiù hù chē
칭쟈오 지우후처

2104 저를 병원으로 데려가 주시겠어요?
请送我到医院可以吗?
Qǐng sòng wǒ dào yī yuàn kě yǐ ma
칭쏭워 따오이위엔 커이마

어떤 사람이 다쳤어요.
2105 有人受伤了。
Yǒu rén shòushāng le
여우런 서우샹러
*有는 일반적으로 존재를 나타내지만 문장 첫머리에 쓰일 때는 「어떤」이라는 뜻이 된다.

Unit 2 교통사고를 냈을 때

사고를 냈습니다.
2106 我肇事了。
Wǒ zhào shì le
워 자오스러

보험을 들었습니까?
2107 参加保险了吗?
Cān jiā bǎo xiǎn le mǎ
찬쟈 빠오시엔러마

속도위반입니다.
2108 超速了。
Chāo sù le
차오쑤러

제한속도로 달렸는데요.
2109 按规定速度驾驶的呀。
Àn guī dìng sù dù jià shǐ de yā
안 꾸이딩쑤뚜 쟈스더야
*按 ~에 따라

렌터카 회사로 연락해 주시겠어요?
2110 请联络借车公司。
Qǐng lián luò jiè chē gōng sī
칭리엔눠 지에쳐꽁쓰

사고증명서를 써 주시겠어요?
2111 请帮我写事故证明书。
Qǐngbāng wǒ xiě shì gù zhèngmíng shū
칭 빵워씨에 스꾸쩡밍수

Unit 3 사고 경위를 진술할 때

2112
도로표지판의 뜻을 잘 몰랐습니다.
我没弄清楚道路指示盘。
Wǒ méi nòngqīng chū dào lù zhǐ shì pán
워 메이농칭추 따오루 즈스판

2113
제 책임이 아닙니다.
不是我的责任。
Bú shì wǒ de zé rèn
부스 워더 쩌런

2114
상황이 잘 기억나지 않습니다.
记不清是什么情况了。
Jì bù qīng shì shén me qíngkuàng le
지부칭 스 션머칭쾅러
*记不清 똑똑히(명확하게) 기억나지 않다

2115
신호를 무시했습니다.
忽视信号了。
Hū shì xìn hào le
후스 신하오러

2116
저야말로 피해자입니다.
我是被害人啊!
Wǒ shì bèi hài rén a
워스 뻬이하이런아

2117
여행을 계속해도 되겠습니까?
可以继续旅行吗?
Kě yǐ jì xù lǚ xíng ma
커이 지쉬 뤼싱마

몸이 아플 때

Key Point

집을 떠나면 고생이라는 말이 있습니다. 생활습관이 변하고 음식이 맞지 않으며 게다가 기후에 적응하지 못하면 자칫 소화장애를 일으키거나 감기에 걸리기 쉽습니다. 이럴 때는 빨리 병원으로 가야 합니다. 북경, 상해 등 대도시에는 외국인 전용의 외래창구를 설치하고 있는 병원이 있습니다. 이곳에는 물론 외국어가 가능한 의사도 있으며, 게다가 최근에는 외국계 클리닉도 개설되어 있습니다.

Unit 1 병원에서

2118 의사를 불러 주세요.
请叫大夫。
Qǐng jiào dài fū
칭쟈오 따이 푸
*叫 부르다, 불러오다, 찾다

2119 의사에게 진찰을 받고 싶은데요.
想让大夫看病。
Xiǎngràng dài fū kàn bìng
샹랑 따이 푸 칸삥

2120 병원으로 데리고 가 주시겠어요?
能送我到医院吗?
Néngsòng wǒ dào yī yuàn má
넝쏭워 따오이위엔마

2121 진료 예약은 필요합니까?
看病需要预约吗?
Kànbìng xū yào yù yuē má
칸삥 쉬야오 위위에마

2122 진료 예약을 하고 싶은데요.
想预约,看病。
Xiǎng yù yuē kàn bìng
샹 위위에 칸삥

한국어를 아는 의사는 있나요?
2123 有没有懂韩语的医生?
Yǒu méi yǒu dǒng hán yǔ de yī shēng
여우메이여우 똥한위터 이성
*医生 의생, 의사, 의원 (의학지식을 갖추고 의료에 종사하는 사람)

Unit 2 상태를 말할 때

몸이 안 좋습니다.
2124 身体不舒服。
Shēn tǐ bù shū fu
선티 뿌수푸
*舒服 (육체나 정신적으로) 편안하다, 상쾌하다, 안락하다, 쾌적하다

아이 상태가 좀 이상합니다.
2125 小孩的状态有点奇怪。
Xiǎo hái de zhuàng tài yǒu diǎn qí guài
샤오하이더 쫭타이 여우디엔 치꽈이

현기증이 납니다.
2126 我觉得头晕。
Wǒ jué dé tóu yūn
워줴더 터우윈

몸이 나른합니다.
2127 身体无力。
Shēn tǐ wú lì
선티 우리

식욕이 없습니다.
2128 没有食欲。
Méi yǒu shí yù
메이여우 스위

잠이 오지 않습니다.
2129 睡不着。
Shuì bù zháo
쉐이부자오

Unit 3 병의 증상을 물을 때

어디가 아파서 왔습니까?
2130 您是来看什么病的?
Nín shì lái kàn shén me bìng de
닌 스라이칸 션머삥더
*病 병, 질병

어디가 아프세요?
2131 你哪儿生病了?
Nǐ nǎ r shēngbìng le
니날 셩삥러

구체적으로 어디가 아프세요?
2132 您具体哪儿疼?
Nín jù tǐ nǎ r téng
닌쮜티 날텅
*疼 아프다

어디가 불편하세요?
2133 哪儿觉得不舒服?
Nǎ r jué de bù shū fú
날쮀더 뿌수푸

병명은 무엇입니까?
2134 病名是什么?
Bìngmíng shì shén me
삥밍 스션머

증상을 좀 말씀해 주시겠어요?
2135 能告诉我有什么症状吗?
Néng gào sù wǒ yǒu shén me zhèngzhuàng ma
넝까오수워 여우션머 쩡쫭마
*告诉 알리다, 말하다

어떤 증상이 있으십니까?
2136 您都有什么症状?
Nín dōu yǒu shén me zhèngzhuàng
닌떠우여우 션머쩡쫭
*都 뒤의 의문 대명사에 나타난 사람이나 사물을 총괄함

2137 오한증세도 있죠?
是不还带寒战症状?
Shì bù hái dài hán zhànzhèngzhuàng
스뿌 하이따이 한짠쩡좡

*是不는 「그러지요?」의 뜻으로 문장의 앞이나 끝에 쓰여 상대방을 납득시키는 어기(语气)를 나타낸다.

2138 통증 때문에 괴롭죠?
是不是疼得很难受?
Shì bú shì téng dé hěn nán shòu
스부스 텅더 헌난서우

*难受 (육체적, 정신적으로) 괴롭다, 참을 수 없다, 견딜 수 없다

Unit 4 내과에서

2139 발열, 두통, 콧물이 나는 증상이 있습니다.
有发热，头痛，流鼻涕等症状。
Yǒu fā rè tóu tòng liú bí tì děngzhèngzhuàng
여우파러 터우통 리우비티덩 떵쩡좡

2140 복부에 쑤시는 듯한 느낌이 있습니다.
我的腹部有刺痛的感觉。
Wǒ dè fù bù yǒu cì tòng dè gǎn jué
워더푸뿌 여우츠통더 깐쮀

2141 한차례 심한 통증을 느꼈습니다.
感觉到了一阵剧烈的疼痛。
Gǎn jué dào le yī zhèn jù liè dè téngtòng
깐쮀따오러 이쩐쮜리에더 텅통

2142 그가 열이 많이 납니다.
他发烧得厉害。
Tā fā shāo dé lì hài
타 파샤오더 리하이

2143 그런 냄새만 맡으면 토하고 싶습니다.
一闻到那种气味我就想吐。
Yī wén dào nà zhǒng qì wèi wǒ jiù xiǎng tǔ
이원따오 나종치웨이 워지우 샹투

피로 때문에 입술이 텄습니다.
2144
因为疲劳，嘴唇都裂开了。
Yīn wèi pí láo zuǐ chún dōu liè kāi le
인웨이 피라오 쭈이춘 떠우 리에카이러

*因为A所以B A했기 때문에 B하다(因为는 所以 둘 중 하나는 생략 가능)

무엇 때문인지 머리가 약간 어지럽습니다.
2145
不知怎么的头有点发昏。
Bù zhī zěn me dè tóu yǒu diǎn fā hūn
뿌즈 쩐머더 터우 여우디엔 파훈

현기증이 좀 납니다.
2146
我有点头晕。
Wǒ yǒu diǎn tóu yūn
워 여우디엔 터우윈

너무 피곤해서 현기증이 납니다.
2147
太累了，搞得我发昏。
Tài lèi le gǎo dè wǒ fā hūn
타이 레이러 까오더 워파훈

Unit 5 신경외과에서

다리가 약간 쑤시듯이 아픕니다.
2148
我的腿有点儿刺痛。
Wǒ dè tuǐ yǒu diǎn r cì tòng
워더투이 여우디얄 츠통

다리가 저려서 걷지 못하겠습니다.
2149
我因为腿麻走不动了
Wǒ yīn wèi tuǐ má zǒu bù dòng le
워 인웨이 투이마 저우부똥러

*走不动 걸어서 움직일 수 있는 힘이 없다 ↔ 走得动

병 때문에 두 손이 저립니다.
2150
因为病症两手发麻。
Yīn wèi bìng zhèng liǎng shǒu fā má
인웨이 삥쩡 량셔우파마

Unit 6 외과에서

다리를 다쳐서 많이 아파요.
我的腿受了伤，疼得厉害。
Wǒ de tuǐ shòu le shāng   téng de lì hài
워더 투이 셔우러샹   텅더 리하이
*疼得厉害 몹시 아프다

무릎관절을 삐었습니다.
扭伤了膝关节。
Niǔ shāng le xī guān jié
니우샹러 씨꽌지에

부주의해서 발목을 삐었습니다.
不小心捩伤了脚脖子。
Bù xiǎo xīn liè shāng le jiǎo bó zi
뿌샤오씬 리에샹러 쟈오뽀즈
*小心 조심하다 ↔ 不小心 조심하지 않다

오른쪽 다리가 부러졌습니다.
我的右腿骨折了。
Wǒ de yòu tuǐ gǔ zhé le
워더 여우투이 꾸저러

축구할 때 발가락이 채여 부러졌습니다.
踢球时被踢断了脚趾骨。
Tī qiú shí bèi tī duàn le jiǎo zhǐ gǔ
티치우스 뻬이티똰러 쟈오즈구

타박상으로 다리가 많이 부었습니다.
被踢伤的腿肿得厉害。
Bèi tī shāng de tuǐ zhǒng dé lì hài
뻬이 티샹더투이 죵더 리하이
*肿得厉害 몹시 붓다

부주의하여 손가락을 베었습니다.
不小心割伤了手指。
Bù xiǎo xīn gē shāng le shǒu zhǐ
뿌샤오씬 거샹러 쇼우즈

2158 부주의로 무릎을 다쳤어.
不小心碰伤了膝盖。
Bù xiǎo xīn pèng shāng le xī gài
뿌쌰오씬 펑샹러 씨가이

2159 햇볕에 까맣게 탔습니다.
他被太阳晒黑了。
Tā bèi tài yáng shài hēi le
타 뻬이타이양 샤이헤이러

2160 모기한테 물려서 부었습니다.
被蚊子叮得都肿了。
Bèi wén zǐ dīng dé dōu zhǒng le
뻬이원즈 띵더 떠우죵러

2161 손을 불에 데었습니다.
我的手被火烧伤了。
Wǒ de shǒu bèi huǒ shāoshāng le
워더쇼우 뻬이훠 샤오샹러

2162 뜨거운 물을 엎질러서 손이 데였습니다.
我打翻了热水烫伤了手。
Wǒ dǎ fān le rè shuǐ tàng shāng le shǒu
워따판러 러쉐이 탕샹러쇼우

Unit 7 안과·치과에서

2163 시력이 매우 안 좋습니다.
视力很差。
Shì lì hěn chà
스리 헌차
*差 틀리다, 맞지 않다

2164 시력이 안 좋아서 안경을 씁니다.
视力不好，所以戴眼镜。
Shì lì bù hǎo　suǒ yǐ dài yǎn jìng
스리 뿌하오　수워이 따이옌징
*眼镜 안경 眼睛 눈의 통칭

2165 시력이 별로 좋지 않습니다.
视力不太好。
Shì lì bú tài hǎo
스리 부타이하오
*不太 그다지 ~하지 않다

2166 이가 약간 흔들거립니다.
我的牙齿有点松动。
Wǒ de yá chǐ yǒu diǎn sōng dòng
워더야츠 여우디앤 쏭똥

2167 충치로 인해 많이 아픕니다.
因为虫牙疼得厉害。
Yīn wéi chóng yá téng de lì hài
인웨이 총야 텅더 리하이
*厉害 대단하다, 굉장하다

2168 부주의로 이를 부딪쳐 부러뜨렸습니다.
不小心把牙齿给碰断了。
Bù xiǎo xīn bǎ yá chǐ gěi pèng duàn le
뿌샤오씬 바야츠 게이펑똰러

Unit 8 건강검진과 수술을 받을 때

2169 병원에 가서 검사해 봤어요?
去医院检查了吗?
Qù yī yuàn jiǎn chá le ma
취 이위엔 지엔차러마

2170 금년에 건강검진을 받아본 적이 있습니까?
今年你做过身体检查吗?
Jīn nián nǐ zuò guò shēn tǐ jiǎn chá má
찐니엔 니쭤궈 션티 지엔차마

2171 한번 건강검진을 받아보세요.
我建议你检查一下身体。
Wǒ jiàn yì nǐ jiǎn chá yī xià shēn tǐ
워 지엔이니 지엔차이싸 션티

2172 진단 결과는 어떻습니까?
诊断结果怎么样?
Zhěnduàn jié guǒ zěn mè yàng
쩐똰 지에궈 쩐머양

2173 혈액검사 결과가 음성으로 나타났습니다.
血液检查结果, 是阴性。
Xiě yè jiǎn chá jié guǒ shì yīn xìng
씨에예 지엔차 지에궈 스인씽

2174 수술을 받는다면서요?
听说你要动手术?
Tīngshuō nǐ yào dòngshǒu shù
팅숴 니야오 뚱서우수
*听说 듣는 바로는(듣자니, 듣건대) ~이라 한다

2175 그는 최근에 수술을 받았습니다.
他最近做了手术。
Tā zuì jìn zuò le shǒu shù
타 쭈이진 쮜러서우수

Unit 9 입원과 병문안을 할 때

2176 그는 입원치료를 받아야 합니다.
他得住院治疗。
Tā děi zhù yuàn zhì liáo
타데이 쭈위엔 즈랴오
*住院 입원하다 ↔ 出院(chūyuàn) 퇴원하다

2177 그는 이미 입원했습니다.
他已经住了院。
Tā yǐ jīng zhù le yuàn
타 이징 쭈러위엔

2178 그는 입원치료를 받아야 할 것 같습니다.
他可能得住院接受治疗。
Tā kě néng děi zhù yuàn jiē shòu zhì liáo
타 커넝데이 쭈위엔 지에서우 즈랴오

입원비는 언제 냅니까?
2179 **住院费什么时候交?**
Zhù yuàn fèi shén mè shí hòu jiāo
쭈위엔페이 션머스허우 쟈오

그가 입원했어요. 병원에 병문안 가보세요.
2180 **他住了院，你到医院看看他吧。**
Tā zhù le yuàn nǐ dào yī yuàn kàn kàn tā ba
타 쭈러위엔 니따오이위엔 칸칸타바

어쩌다가 다치셨습니까?
2181 **你是怎么受伤的?**
Nǐ shì zěn mè shòushāng dè
니스 쩐머 셔우샹더
*受伤 상처를 입다, 부상을 당하다

Unit 10 퇴원에 대해서

그는 이미 퇴원했습니다.
2182 **他已经出院了。**
Tā yǐ jīng chū yuàn le
타 이징 추위엔러

하루 빨리 퇴원하기를 바랍니다.
2183 **真希望你早日出院。**
Zhēn xī wàng nǐ zǎo rì chū yuàn
쩐씨왕 니짜오르 추위엔
*早日 조기(早期), 조속한 시일(시간)

퇴원 후 집에서 한동안 쉬어야 합니다.
2184 **出院后，得在家里休息一段日子。**
Chū yuàn hòu děi zài jiā lǐ xiū xī yí duàn rì zi
추위엔 허우 테이짜이쟈리 씨우씨 이똰르쯔

일주일 내에 퇴원할 수 있습니다.
2185 **一周之内就可以出院了。**
Yī zhōu zhī nèi jiù kě yǐ chū yuàn le
이쩌우즈네이 지우커이 추위엔러

350 긴급상황에 관한 표현

며칠 후면 퇴원할 수 있습니다.
2186
过几天就可以出院了。
Guò jǐ tiān jiù kě yǐ chū yuàn le
꿔지티엔 지우커이 추위앤러

구체적으로 언제 퇴원합니까?
2187
具体什么时候可以出院?
Jù tǐ shén me shí hòu kě yǐ chū yuàn
쥐티 션머스허우 커이 추위앤

Unit 11 약을 조제받을 때

약을 처방해 주십시오.
2188
请开药。
Qǐng kāi yào
칭 카이야오
* 약방 药方(yàofāng) 药局(yàojú)

처방대로 약을 조제해주세요.
2189
请按处方给我配药。
Qǐng àn chù fāng gěi wǒ pèi yào
칭안추팡 게이워 페이야오
* 按 ~에 따라서, ~에 의해서, ~에 비추어, ~대로

검진을 하고 나서 처방을 써드릴게요.
2190
诊察后，给你处方吧。
Zhěn chá hòu gěi nǐ chù fāng ba
쩐차 허우 게이니 추팡바

처방전을 써드릴게요.
2191
我给你开个药方吧。
Wǒ gěi nǐ kāi gè yào fāng ba
워게이니 카이거 야오팡바

처방전을 쓴 데서 약을 지으세요.
2192
你在开处方的地方抓药吧。
Nǐ zài kāi chù fāng de dì fāng zhuā yào ba
니짜이 카이추팡더팡 좌야오바

2193 하루에 몇 번 먹습니까?
一天吃几次?
Yī tiān chī jǐ cì
이티엔 츠 지츠

2194 한 번에 몇 알 먹습니까?
一次要吃几片?
Yī cì yào chī jǐ piàn
이츠 야오츠 지피엔

2195 한방을 처방해 주세요.
请给我开中药。
Qǐng gěi wǒ kāi zhōng yào
칭게이워 카이 쭝야오

2196 약을 먹었니?
吃药了吗?
Chī yào le má
츠야오러마

* 중국어에서는 가루약이나 알약을 먹을 때는 吃药(chīyào)라 하고, 한약이나 물약을 먹을 때는 喝药(hēyào)라고 한다.

2197 약을 먹으니까 좀 좋아졌니?
吃了药好点儿吗?
Chī le yào hǎo diǎn r má
츠 러야오 하오띠알마

Unit 12 약을 구입할 때

2198 이 근처에 약국은 있습니까?
这附近有药房吗?
Zhè fù jìn yǒu yào fáng má
쩌푸진여우 야오팡마

2199 가장 가까운 약국은 어디에 있습니까?
最近的药房在哪儿?
Zuì jìn dè yào fáng zài nǎ r
쭈이진더 야오팡 짜이날

352 긴급상황에 관한 표현

2200 이 약은 효과가 있습니다.
这药有效果。
Zhè yào yǒu xiào guǒ
쩌야오 여우 싸오궈

2201 이 약은 감기 치료에 아주 효과가 빠릅니다.
这药对治疗感冒疗效显著。
Zhè yào duì zhì liáo gǎn mào liáo xiào xiǎn zhù
쩌야오 뚜이 즈랴오깐마오 랴오싸오 씨엔주

*显著 현저하다, 뚜렷하다, 두드러지다

2202 이 약은 나에게 효과가 없습니다.
这药对我来说没有效果。
Zhè yào duì wǒ lái shuō méi yǒu xiào guǒ
쩌야오 뚜이워라이쉬 메이여우 싸오궈

2203 이 약은 기침 치료에 특효가 있습니다.
这药对治疗咳嗽有特殊效果。
Zhè yào duì zhì liáo ké sòu yǒu tè shū xiào guǒ
쩌야오 뚜이 즈랴오커서우 여우 터수싸오궈

*咳嗽 기침

2204 질병 치료에 신기한 효과가 있습니다.
对于治疗疾病有神奇的效果。
Duì yú zhì liáo jí bìng yǒu shén qí de xiào guǒ
뚜이위 즈랴오지삥 여우션치더 싸오궈

2205 이 약을 잘 듣습니까?
这药有效果吗?
Zhè yào yǒu xiào guǒ må
쩌야오 여우 싸오궈마